MEIKE WINNEMUTH

Bin im Garten

Ein Jahr
wachsen
und wachsen
lassen

PENGUIN VERLAG

Illustriert von Inka Hagen

Klimaneutral
ClimatePartner.com/14044-1912-1001
Druckprodukt

2. Auflage
Erweiterte Taschenbuchausgabe
Copyright der Originalausgabe © 2019 Penguin Verlag, München,
in der Penguin Random House Verlagsgruppe GmbH,
Neumarkter Straße 28, 81673 München
Fotos: Felix Amsel, Meike Winnemuth; mit Ausnahme von:
S. 52 Getty Images/The LIFE Picture Collection/Ralph Morse
S. 72 Marsha Arnold
Bildbearbeitung: Lorenz & Zeller, Inning am Ammersee
Illustrationen: Inka Hagen, www.inkahagen.de
Umschlaggestaltung: FAVORITBUERO, München
Umschlagabbildungen: Felix Amsel; GoodStudio/Shutterstock
Satz: Leingärtner, Nabburg
Druck und Bindung: PB Tisk, a.s., Pribram
Printed in the Czech Republic
ISBN 978-3-328-10815-3
www.penguin-verlag.de

VORWORT

»Was machen Sie denn hier? Das sind doch Sie, oder?«, fragt die Dame auf dem Parkplatz.

»Ähm … Wen genau meinen Sie denn?«

»Na, Sie sind doch diese Weltreisende? Ich habe Sie mal im Fernsehen gesehen. Beim Jauch gewonnen, ein Jahr unterwegs …?«

»Ja«, sage ich. »Das bin ich. Oder war ich. Ist schon ein paar Jahre her.«

Wir plaudern ein bisschen über das Reisen, über die Welt, über das Weltreisen. Sie blickt in meinen Einkaufswagen. »Und was wollen Sie damit?«

Wir stehen vor einem Gartencenter, im Wagen liegen drei Sack Pflanzerde, zwei Sack Hornspäne, eine Packung Urgesteinsmehl, ein Paar Gartenhandschuhe, obenauf eine Palette mit etwas ramponiertem Wald-Geißbart von der Resterampe, Stück ein Euro, ein Mitleidskauf.

»Das ist für meinen Garten«, sage ich.

»Ach! Wohnen Sie denn jetzt hier in der Nähe?«

»Ja.«

»Soso. Da bin ich ja mal gespannt, wie lange Sie es bei uns aushalten.«

Ich will antworten, aber sie ist schon in ihr Auto gestiegen. Seufzend wuchte ich die Säcke in den Kofferraum.

Auf dem Weg nach Hause denke ich über die Begegnung nach, sie ist nicht die erste dieser Art. Es scheint immer noch erklärungsbedürftig zu sein, dass ich jetzt hier bin, fern der Welt, so scheinen es alle anderen wahrzunehmen. »Ach, Sie reisen gar nicht mehr?« Das klingt immer enttäuscht. Als ob ich Verrat am schönen Leben begehe, als ob sich ein Zugvogel freiwillig in einen Wellensittichkäfig gesetzt hat.

Zur Urlaubszeit rufen immer noch Frühstücksradioredaktionen an, ob ich nicht morgen um viertel vor sieben *live on air* fünf super Kofferpacktipps geben könne. Nee, sage ich, tut mir leid. Mal abgesehen davon, dass ich zu der Zeit keinen geraden Satz rausbringe: Ich bin längst woanders.

Ich habe ein Blechschild mit dem Aufdruck »Bin im Garten«, das ich immer an die Haustürklinke hänge, wenn ich hinten arbeite, aber eigentlich ist es nicht mehr nötig. Der Postbote und die meisten anderen Besucher gehen sowieso automatisch hinten rum, die wissen schon, wo ich bin.

Bin im Garten, das ist inzwischen ebenso sehr eine Orts- wie eine Zustandsbeschreibung. Ich grabe Pflanzlöcher und verwurzele mich, ich schaufele Erde und finde festen Boden unter den Füßen, ich bin an einem Ort angekommen, den ich vorher noch nicht kannte: zuhause. Ein selbstgeschaffenes Reich, in dem mein Wille geschehe – dachte ich vorher. Die Natur hat sich kaputtgelacht, und ziemlich bald habe ich mitgelacht.

Beim Reisen geht es nicht darum, sich durch die Welt zu bewegen, sondern von der Welt bewegt zu werden, berührt und verändert. Das funktioniert auch auf ein paar hundert Quadratmetern, wie ich in diesem Jahr festgestellt habe. Wenn man die Reisemetapher endgültig zu Tode reiten möchte: Mein erster Ausflug in den Garten war in vielem eine Abenteuerreise in ein fremdes Land mit anfangs noch undurchschaubaren Gesetzen. Terra incognita. Aber es ist ein sehr gastfreundliches Land, in das ich da geraten bin, es hat mich umarmt und reich beschenkt, mit Blumen und Bohnen, mit Erbsen und Erfahrungen.

Und es liegt nur ein paar Schritte weit entfernt.

Dieses Buch ist das Logbuch eines Gartenjahrs, ein Versuch, das Unbeschreibliche zu beschreiben: die Freude, das Staunen, die tiefe Verbundenheit mit einem kleinen Fleckchen Erde, das bis zum Himmel reicht. Was es nicht ist, das muss ich warnend vorausschicken: ein Buch voller Gartentipps und -tricks. Das soll lieber jemand schreiben, der deutlich mehr Erfahrung hat als ich. Ich lerne es ja selbst gerade erst, und würde man sich von einer Dreijährigen das Laufen beibringen lassen wollen?

Wenn man von seinem Garten spricht, habe ich schnell gemerkt, ist das so, als ob man von seinem Säugling oder von seinem Haustier erzählt: endlos faszinierend für den Gartenbesitzer oder die Mutter oder den Hundehalter, zum Augenrollen für alle, die das Pech haben, zuhören zu müssen. Tja. Nun haben Sie leider das Buch gekauft, da müssen Sie jetzt durch. Aber mit Glück haben Sie selbst einen Garten, den Sie lieben, dann haben Sie sich vermutlich denselben Virus eingefangen wie ich. Und falls Sie keinen Garten haben, aber gern einen hätten: Vielleicht habe ich Sie hinterher angesteckt, es einfach zu probieren, idealerweise mit dem goldenen Leitsatz im Herzen, der für das Reisen, den Garten und praktisch alles im Leben gilt: Einfach mal machen – es könnte ja gut werden.

Neuland

JANUAR

Über große Pläne, kleine Ängste und einen Aufbruch ins Unbekannte. Mal wieder. Über das Suchen und Finden von einem Zuhause. Über das Fehlen von a) Ahnung und b) Erfahrung und die Tatsache, dass das alles nicht zählt im Garten. Das wird schon klappen. Grün ist die Hoffnung.

1. Januar

Es ist spät geworden gestern, es war viel Champagner im Spiel und ab einem gewissen tragischen Punkt viele Gläser »Lütje Minze« bei meinen Nachbarn Uwe und Helga, zu denen wir nach Mitternacht gezogen waren. »Lütje Minze« ist ein Produkt der örtlichen Schnapsbrennerei, es vernichtet bei jedem Schluck zehntausend Gehirnzellen, die Mehrheit der Geschmacksknospen und nahezu die gesamte Restwürde, die man an einem Silvesterabend noch hat.

Jetzt ist früher Nachmittag, Zeit fürs Frühstück. Und Zeit, das neue Jahr zu begrüßen. Ganz, ganz leise.

»Nie wieder Lütje Minze«, murmelt meine beste Freundin Katharina in ihren Kaffee.

»Nie wieder«, sage ich.

Sie blickt in den trüben Garten hinaus. »Und du willst wirklich das ganze Jahr hierbleiben?«

»Jepp.«

Das ist zumindest der Plan. Er ist noch etwas wacklig, aber geht ungefähr so: ein Jahr im Garten leben. Gemüse anbauen. Bäume pflanzen. Blümchen natürlich auch. Wurzeln schlagen. Boden unter den Füßen finden, und zwar einen, den ich persönlich dorthin geschaufelt habe. Ein guter Plan – ich weiß nur noch nicht, ob ich ihm gewachsen bin.

Denn große Ahnung, was ich hier tue, habe ich eigentlich nicht. Und Erfahrung schon gar nicht. Eigentlich nur Sehnsucht, aber die ist ja, wie ich weiß, der beste Treibstoff von allen. Die hat mich einmal um die Welt getragen, die hat mich mein Leben gleich mehrmals umkrempeln lassen. Und jetzt hat sie mich an diesen Ort geschwemmt, fern der Stadt, nah am Meer, das nächste Kino 30 Kilometer entfernt. In eine kleine quadratische Hütte mit einem Holzofen und ohne Waschmaschine, aber mit einem Garten. Meinem Garten.

Meiner neuen Welt.

»Du und Garten? Das hältst du doch gar nicht aus, dann kannst du doch gar nicht mehr reisen«, hatten viele gesagt, als ich davon erzählte. Kann ich vielleicht nicht, will ich aber auch nicht. Ich bin gereist, wirklich viel gereist, das war und ist schön. Aber an einem Ort war ich eben noch nie: da, wo ich bleiben will.

Hier.

2. Januar

Katharina muss zurück nach Hamburg ins Büro, ich fahre sie zum 20 Kilometer entfernten Bahnhof.

»Pass auf deinen Rücken auf, ja? Und gib Bescheid, wenn du Hilfe brauchst«, sagt sie zum Abschied.

»Ja, Mutti.«

Ab jetzt bin ich wieder allein, Zeit für eine Bestandsaufnahme. Ahnung, wie gesagt: überschaubar. Jahrzehntelang hatte ich keinerlei Kontakt mit irgendeiner Form von Grünzeug, bestenfalls mit Supermarkt-Basilikum, das nach spätestens zwei Tagen still im Topf verschied.

Als ich jünger war, kam mir Gärtnern vor wie Oper: langweilig, witzlos, ein Hobby für alte Leute mit zu viel Zeit, eine Geheimgesellschaft, zu der man keinen Zutritt hat. Ein bisschen weltabgewandt fand ich das alles, ein Kreisen um die kleine Scholle, die man beackert, ein Leben auf Knien. Leute mit Gärten konnten nie wegfahren. »Wir würden ja gern, aber der Gaaarten …«, hieß es dann immer. Ich habe nie verstanden, was so toll daran sein soll, vom eigenen Lattenzaun eingeknastet zu sein. Ich war jung, ich hatte Besseres zu tun, als Blumen zu gießen.

Mit 40 zog ich in eine Wohnung mit einer großen Dachterrasse. Hier mussten Pflanzen her, das sah sogar ich ein. Vermutlich war ich inzwischen einfach reif dafür. Einiges wie das Gärtnern, der Whisky und das Tragen von Hausschuhen erschließt sich ja erst im Alter, da muss man reinwachsen.

Damals gab es bei Ikea quadratische Zinkcontainer, 40 mal 40 Zentimeter, mit vorgebohrten Löchern im Boden, eigentlich für Transportrollen, perfekt aber auch für den Wasserabzug. Ich kaufte 30 davon, stellte sie zu einem großen Hochbeet zusammen, schleppte Erde die Treppe hoch, gab absurdes Geld im Gartencenter aus und begann zu lernen: was hier oben auf dem Dach den Wind und die Sonne überlebt, was wann blüht, was wie hoch wird, was nebeneinander gut aussieht und was nacheinander.

Ein Blumenbeet ist ein Spiel mit vier Dimensionen: Zu Höhe, Breite, Länge kommt auch noch die Zeit, die wiederum direkte Auswirkungen hat auf Höhe, Breite, Länge, Farbe und Verwesungsgrad der Pflanzen. Mein Schachbrett-System war perfekt für die ersten Levels in diesem Spiel: Ich konnte die 30 Kisten immer wieder umstellen, je nach Jahreszeit neu sortieren. Was verblüht war, wurde in der Mitte versteckt, was zu groß wurde, wanderte in den Hintergrund. Wenn eine Pflanze die Ellenbogen ausfuhr und sich zu breit machte, durfte sie an den Rand, und wenn eine so überhaupt nicht mitspielen wollte: tschüss, da kommt auch schon der Nachrücker von der Ersatzbank. Es war ein sich immer wieder neu

organisierendes Puzzle, und schon damals verstand ich: Die Spielregeln macht die Natur. Ich darf nur das Brett aufstellen und die Figuren verteilen.

Ich pflanzte hohe Ziergräser, die im Wind raschelten, magentafarbenes Eisenkraut auf staksigen Stielen, stahlblaue Kugeldisteln, Schein-Sonnenhut und andere Steppenstauden, Wiesenblumen, Kräuter. Zähes Zeug, das mit der Extremlage hier oben klar kam und dem ich beim Überleben ein bisschen unter die Arme griff: Der Wasserschlauch schlängelte sich fast den ganzen Sommer quer durch die Wohnung von der Küche am Sofa vorbei hinaus auf die Terrasse.

Schnell wurde es manisch, das wird es bei mir meist. Ich studierte Pflanzenlexika, Gräseranthologien, Gartenkataloge, kaufte verrückt teure englische Gießkannen (der Snob gießt nur mit der original »Long Reach« von Haws, mit Messingbrause natürlich), warf mit lateinischen Pflanzennamen um mich und benahm mich auch sonst in jeder Hinsicht lächerlich. Diagnose: akuter Gartenvirus. Wenn man den erst mal hat: keine Aussicht auf Heilung.

Dann ging eine große Liebe zu Ende, der Mann kam mir abhanden, die Dachterrasse war danach keine Heimat mehr. Ich verkaufte die Wohnung mitsamt den Pflanzen. Ich wollte nichts mehr davon, ich wollte nur weg, es war mir alles egal geworden. Ich zog ruhelos durch viele Städte und durch viele Wohnungen und endete in einem Altbau ohne Balkon.

Was aber nicht zu Ende war, so sehr ich sie auch zu verdrängen versuchte: die Sehnsucht. Da war ein Samenkörnchen gelegt, das geduldig schlummerte. Eines Tages würde es keimen. Irgendwann, sagte ich mir manchmal, irgendwann werde ich einen Garten haben. Wenn ich alt bin. Wenn ich alles andere erlebt und erledigt habe. Garten ist wie Rente, glaubte ich, das Leben nach dem Leben.

Und jetzt sitze ich hier in einem Garten. Meinem Garten. Weit vor der Rente. Wie konnte das nur passieren?

Es war wie alles Wichtige in meinem Leben reiner Zufall. Zufällig die Anzeige gesehen, zufällig sowieso in der Nähe gewesen, die Besitzer, die in Hessen lebten, waren auch gerade da.

Da war das Haus – ein Wochenendhäuschen aus den frühen Siebzigern, keine 300 Meter von der Ostsee entfernt. Ein flacher Holzbungalow, 48 Quadratmeter groß, eine Zigarrenkiste umgeben von Waschbeton.

Und da war der Garten, der sich bis zum Wald erstreckte. Eine Kletterrose blühte, ein Bambus rauschte im Wind. Hinten links am

Waldrand ein kleines Gartenhaus, dahinter eine Lichtung aus Ahorn und Buchen. Zur Rechten, nicht weit entfernt, ein Backsteinleuchtturm, dahinter Salzwiesen mit Longhornrindern, und dann auch schon das Meer.

Das ist es, dachte ich, das will ich. Das und kein anderes.

Innerhalb einer halben Stunde hatte ich das Haus per Handschlag gekauft. Ohne groß zu verhandeln, ohne Vergleichsangebote, ohne Marktübersicht und ohne Zögern. Es war das erste und einzige Haus, das ich je besichtigt habe, bis dahin wäre ich nicht mal auf die Idee gekommen, eines besitzen zu wollen. Bloß nichts Festes, bloß keine Ketten, bloß keine Sorge um eingefrorene Leitungen und Kanalgebühren, hatte ich immer gedacht. Ein Haus bedeutet Verantwortung und Verpflichtung. Wollte ich alles nicht, ich wollte frei sein.

Andererseits ist, wenn ich's recht bedenke, das Haus sogar das Ergebnis meiner Freiheit. Es gab eine Schlüsselszene auf einer einjährigen Weltreise vor einigen Jahren: Ich ging in Hawaii früh-

morgens am Strand von Hunakai entlang. Am Ufer stand ein Mann mit seinem Hund und schaute aufs Meer, ganz still. Und auf einen Schlag dachte ich: Der hat ein Leben und ich nicht. Der geht jeden Tag mit dem Hund hierher, und danach frühstückt er. Und morgen wieder. Und ich irre durch die Welt, heute hier, morgen dort, ohne Kontinuität und ohne Halt. Ich will denselben Baum im Früh-

jahr, im Sommer, im Herbst und meinetwegen sogar im Winter sehen, dachte ich plötzlich, ich will den Wandel, aber am selben Ort, denn nur dort erlebt man ihn wirklich. Ich will irgendwo hingehören. Ich will endlich wieder ein Zuhause. Eine Heimat.

Erst kam der Hund. Fiete, Foxterrier. Die erste Stufe der Bindung, der sanfte Übergang vom Nomadentum zur Sesshaftigkeit. Da war plötzlich eine Leine in meiner Hand und am anderen Ende ein Lebewesen mit sehr eigenen Ideen. Der Hund führte mich in den Wald, den ich früher immer unheimlich fand und jetzt wunderschön. Er führte mich ans Meer, das ich immer schon geliebt hatte und zusammen mit ihm nur noch mehr liebte. Ich sah die Welt mit seinen Augen, und die Augen sahen: Dreck. Das Hauptbahnhofsviertel, in dem ich lebe, ist übersät mit Müll, mit Scherben aus zerdepperten Bierflaschen, mit Dönerresten, mit Plastik, mit scharfkantigen Kronkorken. War mir früher nie aufgefallen. Jetzt aber sehr.

Und deshalb das Meer und deshalb die Hütte und deshalb der Garten und deshalb dieses Jahr.

Schuld allein ist nur Hawaii.

3. Januar

Jeden Tag geht mein erster Weg ans Wasser, noch vor der ersten Kanne Tee. Zähneputzen, Gummistiefel, Hundeleine, Meer: Ich kann gar nicht sagen, was für ein unglaublicher Luxus das ist, jeden Morgen wieder, was für ein Geschenk. Ich gehe immer den gleichen Weg, am Leuchtturm vorbei, an der Jungviehweide entlang hinunter zum Strand, am  Ufer nach rechts, dann zwei, drei Kilometer mit dem Wind hin und gegen den Wind zurück – und noch nie bin ich zweimal denselben Weg gegangen. Das Meer hat jeden Tag eine andere Nuance von Unbeschreiblichkeit: himmelgrau, schlammblau, elefantengrün.

Oft hat sich der Wildstrand über Nacht völlig gewandelt. Mal liegen da Steine, wo gestern noch keine waren, mal hat der Westwind einen Schwung Seetang angeschwemmt, oft ist bei Sturmflut der ganze Strand verschwunden und zwei Tage später breiter als zuvor.

Heute ist Perigäum, der Tag, an dem der Mond auf seiner Umlaufbahn der Erde am nächsten ist. An diesem Tag sind die Gezeiten besonders stark ausgeprägt. Auf der mondzugewandten Seite der Erde steigt der Meeresspiegel ungewöhnlich hoch an, auf der abgewandten Seite ist die Ebbe verstärkt. Wenn sich Sonne, Mond und Erde in einer Linie befinden – zwischen dem 2. und 4. Januar –, haben wir Springflut.

So wie heute.

Der Strand ist fast doppelt so breit wie gewöhnlich, das Meer hat sich weit zurückgezogen. Es ist der beste Tag, um Donnerkeile, fossilierte Seeigel oder Hühnergötter zu finden, Feuersteine mit einem durch Erosion herausgewaschenen Loch. Diese Steine wurden früher an die Hühnerstange gehängt, damit die

Hennen besser legen, später mauserten sie sich zum universellen Glücksbringer. Hühnergötter suchen, das ist ein Kindheitsvergnügen, das nie alt wird. Man geht Schritt für langsamen Schritt, harkt den Sand mit Blicken, beugt sich gelegentlich hinunter, dreht einen Stein um, legt ihn wieder hin, geht weiter. Ich könnte viel Geld verdienen, wenn ich hier Hühnergott-Meditationsseminare für Gestresste anböte – ach, überhaupt genügt es ja, an jede monotone Tätigkeit das Wort »Meditation« anzuhängen, um sie sofort zu einer kostenpflichtigen Veranstaltung zu machen.

Geh-Meditation. Kartoffelschäl-Meditation. Rasenmäh-Meditation, Unkrautjät-Meditation.

Heute sind es drei Hühnergötter, ein sehr gutes Zeichen, finde ich. Zuhause lege ich sie auf die Küchenfensterbank. Das Jahr steht unter einem freundlichen Stern.

4. Januar

Ich bin jetzt im dritten Jahr hier, bisher allerdings nur unregelmäßig, mal ein langes Wochenende, mal drei Wochen. Im ersten Jahr habe ich einfach nur geschaut, was mir aus der Erde entgegenkam. Da war eine Rhododendron-Hecke von der Größe des Saarlands, zwei Azaleen, eine Kletterhortensie und diverses Gesträuch: ein Bauernjasmin, eine altmodische Spiere, der unvermeidliche Kirschlorbeer. Ansonsten im Frühjahr ein paar Narzissen und sonst nicht viel: Die Vorbesitzer waren selten da und wollten einen pflegeleichten Garten. Also Koniferen, ein bisschen Buchs, 90 Prozent Gras.

Als erstes ließ ich einen Zaun bauen. Unbegeistert, ich bin kein großer Freund von Zäunen. Vielleicht begann das Unglück der Menschheit, als ein Neandertaler zum ersten Mal auf die Idee kam, einen Zaun um seinen Gemüsegarten zu bauen. Erst wegen der wilden Tiere, dann wegen der anderen Neandertaler. Ein Zaun bedeutet: Dies ist meins und nicht deins. Raus hier, Pfoten weg.

Aus Nomaden wurden Sesshafte, aus Menschen wurden Stämme. Aus den Zäunen wurden Mauern, aus den Mauern wurden Grenzen. Von da an ging's bergab.

Hätte ich keinen Hund, hätte ich keinen Zaun. Aber mein Hund geht nun mal gern spazieren. In dem entzückend gezeichneten Rassekompendium »Wuff!« der britischen Illustratorin Fenella Smith wird der Foxterrier sinnend über einer Landkarte abgebildet, darunter steht: »Aufgrund seiner Unermüdlichkeit, immer alles erkunden zu wollen, der Marco Polo der Hundewelt.« Genau so ist es.

Foxterrier sind Einzeljäger, sie sind neugierig, unerschrocken, selbstbewusst und darauf gezüchtet, eigene Entscheidungen zu treffen.

Fietes Standardentscheidung lautet: Och, mal gucken. Mal sehen, was so los ist nebenan und wo man was zu essen organisieren kann. Schnell hatte er raus, dass Bimmermanns das Katzenfutter auf die Terrasse stellen und dass die Leute hier im Sommer gern die Türen offen lassen. Es findet nicht jeder witzig, wenn ein verhungert guckender Fox schwanzwedelnd hinter einem in der Küche sitzt. Deshalb der Zaun. Doppelstabmatte, anthrazit, RAL 7016, die perfekte Nichtfarbe, viel unsichtbarer als das allgegenwärtige Moosgrün.

Der Zaun kostete ein Vermögen. Wirklich schockierend viel. Ich habe Autos gefahren, die weniger kosteten.

Weil die Zaunbauer schon mal da waren mit ihren Geräten, legte ich mit einer alten Wäscheleine eine weit geschwungene Linie auf den Rasen, mit Buchten und Landzungen wie das Meer nebenan. Das da zwischen Wäscheleine und Zaun soll bitte weg, sagte ich, das wird ein Beet. Rasensoden raus, Mutterboden rein.

Ein Stück unbeschriebene Erde. Eine Erlaubnis. Eine Aufforderung.

So begann es mit mir und dem Garten.

5. Januar

Viel ist derzeit nicht los da draußen. Nach den starken Regenfällen der letzten Monate ist der Garten eine Schlammhölle, an einigen Stellen steht man knöcheltief im Wasser. Das scheint den Maulwurf aber nicht zu stören, der sich vergnügt durch den Rasen baggert; ich stelle ihn mir immer mit einer kleinen Taucherbrille vor.

Maulwürfe sind, wenn ich das richtig verstanden habe, des Gärtners zweitgrößter Schrecken, gleich nach der Spanischen

Wegschnecke, und sind in der Zeit zwischen Januar und März besonders aktiv, weil auf Brautschau. Die buddeln sich hektisch durch die Welt, um eine gleichgesinnte Buddlerin zu finden.

Ich persönlich finde sie nicht schlimm. Der Rasen hinter meiner Hütte ist ohnehin keine Schönheit, er ist voll Klee, Gänseblümchen und Hahnenfuß. Mir völlig egal, ich will schließlich nicht Golf darauf spielen. Der Maulwurf lockert den Boden, frisst Schädlinge und wird im Frühjahr von allein wieder in den Wald verschwinden, wenn es ihm nämlich zu laut wird bei mir. Ich sage nur: Benzinrasenmäher. Mag er nicht, er ist sehr geräuschempfindlich. Alle anderen Hausmittel (Hundehaare in die Löcher stopfen oder Wattebäusche mit stinkigem Parfüm oder Bambusstäbe mit darübergestülpten Plastikflaschen, die im Wind klappern) funktionieren nicht, die habe ich im letzten Jahr schon probiert.

Auch Fiete ist keine große Hilfe.

Problem   Lösung   Neues Problem

Wir haben uns also geeinigt, der Maulwurf und ich: Im Winter gehört der Laden ihm, zur Rasenmähersaison mir. Die wunderbar lockere Erde der Maulwurfshügel gehört mir sowieso, davon habe ich schon ganze Schubkarrenladungen für Blumenkübel verwendet. In 20 Minuten kann so ein Tierchen (groß wie ein iPhone, aber nur halb so schwer) bis zu sechs Kilo Erde bewegen, das ist Spitzensport. Ich brauche eine Stunde, bis ich alle Hügel abgetragen habe. Völlig zu Recht also fallen diese Athleten unter das Tierschutzgesetz, man darf sie nicht töten, nur vergrämen. Buttersäure soll helfen, lese ich. Aber will man sich das wirklich antun?

Ansonsten tobt da draußen nur noch eine durchgeknallte Spatzenbande, die in meinem Rhododendron wohnt und gelegentlich zur Poolparty in einer vom Regen vollgelaufenen Aussaatschale einjettet. Man muss sich das hier wie Ballermann für Spatzen vorstellen, und entsprechend lautstark sind sie auch.

6. Januar

Der Holzofen hat seine Tücken, jeden Morgen liefern wir uns einen kleinen Kampf. Zum Anfeuern muss man die Tür offenlassen, sonst zieht er nicht richtig, und ab einem bestimmten Punkt muss der Regler geschlossen werden, sonst zundert das Holz zu schnell weg.

Feuer zu machen, rechtzeitig Scheite nachzulegen – nicht zu früh und nicht zu viele – und zu wissen, wie lange die Wärme am Abend hält, das war das erste, was die Hütte mir beigebracht hat. Und wie man hier überhaupt rein- und rauskommt: Die Terrassenschiebetür ist nur mit einem genau dosierten Schwung zu schließen, aber kurz vor dem Einschnappen muss man sich mit der Schulter brachial gegen den Rahmen werfen.

Auch sonst braucht man Humor, wenn man hier wohnen will: Es gibt zwar ein Gästezimmer, doch es ist eigentlich nur eine Koje von Wand zu Wand, man muss vom Fußende aus ins Bett hechten. In der Küche steht ein altersschwacher Kühlschrank, der es irgendwie schafft, oben Eiswürfel schmelzen zu lassen und derweil unten Joghurt tiefzufrieren. Es ist alles ein bisschen anders hier, und genau das liebe ich an der Hütte. Sie hat ihre eigenen Gesetze.

Die beiden wichtigsten – und seien wir ehrlich: größten – Einrichtungsgegenstände sind zwei Pokale, die seit den Zeiten des ersten Besitzers Walter Tiedemann hier wohnen. Ich wusste lange nicht viel über Walter, der schon vor Jahren *dood bleven* ist, wie wir hier oben sagen, nur dies: 1986 hat er den ersten Preis im Brandungsangeln gewonnen und 1989 ist er Skatmeister des hiesigen Sportvereins geworden, beides prämiert durch zwei matt glänzende unterarmhohe Pötte mit Deckel und Gravur und Marmorsockel. Auf dem einen umwächst Lorbeer eine Hecht-Plakette (was insofern bemerkenswert ist, als man Hechte eher selten in Brandungen antrifft, aber Dorsch- und Butt-Plaketten waren vermutlich gerade aus), auf dem anderen vier Buben-Spielkarten. Es sind schöne Stücke, ich schaue sie gern an und staube sie regelmäßig ab.

Und jedes Mal beim Anschauen und Abstauben denke ich: In knapp sechs Jahrzehnten habe ich keinen einzigen Pokal in irgendwas gewonnen, keine Trophäe, keine Urkunde mit Goldrand, nix. Das liegt natürlich hauptsächlich daran, dass ich keine kompetitiven Sportarten wie Brandungsangeln oder Skat betreibe und auch sonst keine pokalträchtigen Hobbys habe.

Aber ist es am Ende nicht vielleicht so, dass ich einfach nur den Wettbewerb scheue? Den Vergleich? Die hochwahrscheinliche Niederlage? Wenn man nicht verlieren will, kann man auch nicht gewinnen, weder einen Pokal noch sonst was im Leben. Vielleicht fehlt mir auch, was noch schlimmer wäre, die Leidenschaft und Leidensfähigkeit, mich einer Sache ganz zu verschreiben. Das ist jetzt der Plan, das will ich hinkriegen, bis ich 60 bin, also gefühlt bis übermorgen: endlich mal etwas so konsequent betreiben, dass ich jemandem was zum Abstauben hinterlassen kann.

Es muss ja gar nicht aus Blech sein, denke ich, wenn ich aus dem Fenster schaue. Denn die größten Trophäen, die Walter mir hinterlassen hat, stehen da draußen. Er hat die Eibe neben der

Haustür und die Rhododendren gepflanzt, die in ihren 40 Jahren zu einer drei Meter hohen, fünf Meter breiten und 15 Meter langen Wand gewachsen sind. Die staube ich jetzt auch ab, sozusagen: Ich dünge und wässere sie und breche die welken Blüten aus.

Die Rhododendren, erzählt mein Nachbar Uwe, hat Walter damals als Setzlinge aus Neumünster mitgebracht, wo er stationiert war. Neumünster ist meine Geburtsstadt. Der Kreis schließt sich.

Walter war gelernter Landschaftsgärtner. Ist mit 28 zur Bundeswehr gegangen, wurde mit 56 als Stabsfeldwebel pensioniert. Er muss immer sehr schick gewesen sein, Goldknopfblazer, Krawatte, eine Seglermütze auf dem grauschwarzen Haar. Im Dorf hat er die Bäume beschnitten, meiner Nachbarin Edeltraut hat er geholfen, in ihrem Vorgarten ein militärisch präzises Buchsbaum-Parterre anzulegen, aus vier Karrees mit einem Oval in der Mitte, das es noch heute gibt und von Edeltraut geduldig und hingebungsvoll in Form gehalten wird.

Walter hat also Spuren hinterlassen. Das will ich auch. Einen Garten anlegen, einen Baum pflanzen, der mich überlebt, so wie die Rhododendren und Eiben und Edeltrauts Mini-Versailles Walter überlebt haben. Die Welt ein Stück schöner hinterlassen, als ich sie vorgefunden habe, zumindest auf den paar Quadratmetern vor und hinter meinem Haus.

Und ich möchte mein eigenes Essen anpflanzen dieses Jahr, das habe ich noch nie gemacht. Von Selbstgesätem leben, von meiner Hände Arbeit. Ich habe mein Leben lang am Schreibtisch gesessen und von Hirngespinsten gelebt, von Texten, in einen Computer getippt und durch den Äther irgendwo hingeschickt. Mir zerrinnt dieses Immaterielle zunehmend zwischen den Fingern, ich bin es müde. Ich brauche was Handfestes in meinem Leben, was Reales.

Wenn es klappt, kann ich mich im August von eigener Ernte ernähren. Wenn nicht, habe ich im September mein Idealgewicht. Win-win.

7. Januar

Ich lese nach Jahren mal wieder *Walden*, aus naheliegenden Gründen. 1845 zog der Autor Henry David Thoreau in eine zwölf Quadratmeter große Hütte im Wald, um sich auf das Wesentliche zu besinnen. »Ich zog in den Wald«, schrieb er, »weil ich den Wunsch hatte, mit Überlegung zu leben, dem eigentlichen, wirklichen Leben näherzutreten, zu sehen, ob ich nicht lernen konnte, was es zu lehren hatte, damit ich nicht, wenn es zum Sterben ginge, einsehen müsste, dass ich nicht gelebt hatte. (…) Ich wollte tief leben, alles Mark des Lebens aussaugen, so hart und spartanisch leben, dass alles, was nicht Leben war, in die Flucht geschlagen wurde.«

Walden ist seit seinem Erscheinungsjahr 1854 von nahezu jeder Generation wiederentdeckt worden. Weltliteratur eben: Wenn viele verschiedene Leute verschiedener Kulturen zu verschiedenen Zeiten einem Buch immer wieder Neues abgewinnen, dann ist es unbedingt der Beachtung wert. *Walden* stand schon in vielen Arbeiterhaushalten, bevor Marx von der Entfremdung durch Arbeit predigte, war Lieblingslektüre von 68ern, Naturschutzbewegten und Aussteigern, wurde von Sozialrevolutionären wie Mahatma Gandhi und Martin Luther King verehrt und war zu nahezu allen Zeiten Fluchtfantasie für Zivilisationsmüde, Manifest für Konsumkritiker und Bibel für »Simplify your Life«-Anhänger. Zurzeit ist das Buch die Blaupause für die »Tiny Home«-Bewegung, die auf kleinem Wohnraum mit zierlichem ökologischen Fußabdruck die Welt und nebenbei das eigene Leben retten will.

Wenngleich meine Hütte viermal so groß ist wie die Thoreaus, der nächste Supermarkt zehn Autominuten entfernt liegt und das Internet zwar langsam, aber zumindest vorhanden ist – spartanisch kann man das also beim besten Willen nicht nennen –, ist mir das Prinzip Reduktion sehr vertraut. Ich habe mit der Idee des Weniger oft herumgespielt: Für einen Selbstversuch habe ich mal ein Jahr lang das gleiche blaue Kleid getragen (das es aus Gründen der Hygiene in drei identischen Exemplaren gab), ich habe gleichzeitig jeden Tag einen Gegenstand aus meinem Besitz verschenkt, verkauft oder anderweitig entsorgt.

Es war ein Experiment, ein Spiel, aber eines, das Konsequenzen hatte: Das Bedürfnis nach Befreiung und Erleichterung ist seitdem der rote Faden in meinem Leben, das Weniger mein neuer Mehrwert. Es geht um Abrüstung an allen Fronten: Entrümpeln, Entsorgen, Entschleunigen, Entlasten, Entspannen. Seltsame Welt, denke ich manchmal: Wir haben so viel Zeit und so viele Möglichkeiten wie nie – und sind dabei so angestrengt wie nie. Ein immer größerer Teil der Anstrengung besteht darin, sich die schöne neue Welt vom Hals zu halten, weil sie einen einfach überfordert.

Vor sechs Jahren bin ich von meiner 200-qm-Altbauwohnung in ein 38-qm-Apartment gezogen. Ich sah nicht mehr ein, für diese riesige Menge Luft um mich herum zu schuften, wenn ich sie noch nicht mal genoss. Seit dem Experiment mit dem blauen Kleid und der anschließenden Weltreise mit kleinem Gepäck trage ich ausschließlich Blau, was das morgendliche »Was ziehe ich heute an?« zu einer Sekundenentscheidung macht: Ich muss nur aus dem Fenster schauen und greife dann entweder zu Hemd oder zu Pullover. Kein weiteres Nachdenken nötig: Alles passt zusammen und alles passt in einen schmalen Schrank.

Es passt überhaupt alles, in jeder Hinsicht. Es passt mir. Wie angegossen. Ich habe mein Leben um meine Bedürfnisse herum maßgeschneidert. Es geht dabei nicht vorrangig um Sparsamkeit (obwohl mir die überschaubareren laufenden Kosten ermöglichen, deutlich weniger zu arbeiten), sondern um die Erleichterung, sich nur noch auf das konzentrieren zu dürfen, was mir wirklich wichtig ist. Ich würde meine Methode deshalb auch nicht Minimalismus, sondern Essentialismus nennen: Ich verzichte auf Dinge, die mir nichts bedeuten, gebe aber Geld für Sachen aus, die andere Leute vielleicht als sinnlosen Luxus betrachten, guten Wein und gebundene Bücher zum Beispiel. Es geht darum herauszufinden, was einem persönlich wirklich wichtig und unverzichtbar ist. Der Rest kann weg.

Wirklich wichtig ist mir zum Beispiel, immer wieder Neues lernen zu dürfen, immer wieder bei null anzufangen. Ahnungslos in einem Bereich zu sein und täglich ein bisschen schlauer zu werden. Oder auf die Nase zu fallen und es beim nächsten Mal anders zu machen – ob besser, weiß ich vielleicht erst beim dritten oder zehnten Versuch.

Das Gärtnern ist ein Feld, in dem Ahnungslosigkeit bestens gedeiht, weil es so unendlich viele Möglichkeiten gibt, es zu beackern. Es gibt ein paar Grundregeln, klar. Das Grüne muss nach oben, es braucht Wasser und Licht zum Wachsen – der Rest hängt ab von tausenderlei spezifischen Umständen.

In diesem Jahr wird es auch darum gehen, sich allein durchzuschlagen – so allein wie man im 21. Jahrhundert mit einem Handy in der Hosentasche und Dauerzugriff auf Videos mit minutiösen Pflanzanleitungen sein kann. Heute braucht niemand mehr einen Großvater, der einen in der Kunst des Kartoffellegens anlernt. In der Regel weiß der Opa auch nicht, wie es geht. Muss er auch nicht wissen, dafür gibt es YouTube.

Thoreau ließ sich übrigens jede Woche Leckereien von seiner nicht allzu weit entfernt lebenden Familie liefern, lese ich gerade. Man muss es ja nicht übertreiben mit der Natur.

8. Januar

»Gesellschaft ist gewöhnlich zu billig zu haben«, schreibt Thoreau. »Wir treffen uns nach zu kurzen Zwischenräumen, als dass wir Zeit genug gehabt hätten, neuen Wert füreinander zu erlangen. Wir kommen dreimal täglich bei den Mahlzeiten zusammen und lassen den anderen immer wieder von dem schimmligen alten Käse kosten, der wir sind.«

Der schimmlige alte Käse, der wir sind! Wie gemein und wie großartig.

Weiter: »Wir wohnen dicht gedrängt zusammengepfercht, sind einander im Weg, stolpern übereinander und verlieren, meine ich, einigermaßen den Respekt voreinander. Gewiss würde weniger große Häufigkeit für jeden bedeutenden und herzlichen Verkehr genügen.«

Ja, gewiss. Das merke ich ja schon in meiner kleinen Zigarrenkisten-Siedlung. Von den 39 Hütten sind acht auch im Winter dauerhaft bewohnt, sonst ist alles ausgestorben. Der benachbarte Campingplatz ist von Oktober bis Ostern geschlossen, Durchgangverkehr gibt es nicht, wir leben am Ende einer Sackgasse. Vielleicht sieht man am Strand mal einen Angler in Wathose oder einen Hundespaziergänger, der sich gegen den Wind stemmt, ansonsten ist die Welt ganz weit weg.

Und das sorgt für den »herzlichen Verkehr«, den Thoreau ersehnt. Hier gibt man sich die Hand zur Begrüßung, wenn man sich länger nicht gesehen hat, nie geht man aneinander vorbei, ohne ein paar Worte zu wechseln. Man nimmt sich zur Kenntnis und passt aufeinander auf. Wird jemand länger nicht gesehen, schaut man mal nach dem Rechten.

Ich hatte noch nie so wenige Nachbarn wie hier und zugleich noch nie so viele, die ich tatsächlich kenne. In der Stadt wohnt man Schulter an Schulter, über-, unter- und nebeneinander. Aber eben auch nebeneinander her. Hier helfen wir uns beim Holzstapeln und Zaunbauen. Wir geben uns die Hand, zur Begrüßung und auch sonst.

9. Januar

Der Raureif hat über Nacht den Garten gezuckert. Dieser geisterhaft schöne Anblick ist für mich einer der Hauptgründe, entgegen der deutschen Gewohnheit die Stauden im Herbst nicht abzurasieren: Jetzt sieht man erst die feinen Strukturen, die zarten Halme und Stängel. Der andere, wichtigere Grund ist der, dass die Samenstände Nahrung für Vögel bergen und der Boden nicht kahlfriert. Die Blätter und die abgestorbenen Pflanzen schützen und wärmen die Erde. Boden soll man eben nicht wie Dreck behandeln.

Worauf ich hier stehe, ist mir einigermaßen klar: Lehm. Der sich nach Regen in Schlamm verwandelt und bei Trockenheit in Granit. Aber stimmt das? Ich studiere den Ratgeber *Permakultur im Hausgarten* mit seiner minutiösen Anleitung, wie man eine ordnungsgemäße »Finger- und Ausrollprobe« durchzuführen hat, um zu ermitteln, mit welchem Boden man es zu tun hat. Mit der Bodenqualität steht und fällt nämlich alles. Sie ist buchstäblich die Grundlage des Gärtnerns: Ist der Boden sandig und hält die Feuchtigkeit nicht? Lehmig mit Tendenz zu Staunässe? Humusreich? Sauer? Alkalisch? Das Ergebnis hat Konsequenzen auf die Auswahl der Pflanzen, die hier florieren. Im ersten Jahr habe ich den Fehler gemacht, einige trockenheitsliebende Gräser zu pflanzen, die nichts so sehr hassen wie nasse Füße. Die hatten damals auf meiner Dachterrasse fantastisch funktioniert, hier verabschiedeten sie sich grußlos.

Der Bodentest geht so: Man rollt die feuchte Erde zwischen den angefeuchteten Handflächen. Schafft man eine bleistiftdicke Wurst? Eine halbbleistiftdicke Wurst? Die man zu einem Ring biegen kann? Glänzt der?

Ja, ja, ja und ja.

Die letzte Anweisung lautet: »Prüfen Sie die Probe vorsichtig zwischen den Zähnen. Knirschen ➤ lehmiger Ton. Butterartige Konsistenz ➤ Ton.«

Okay. Ich beiße jetzt also vorsichtig in meinen kleinen Erd-Kringel. Wird mich schon nicht umbringen. Haben wir als Kinder nicht pfundweise Sandkastenerde gegessen? Und leben wir noch? Na bitte.

Es knirscht, aber nicht sehr. Ist das jetzt lehmiger Ton? Oder am Ende doch toniger Lehm?

Ich beschließe, die Bodenprobe mit einem Single Malt herunterzuspülen. So macht man das doch in Gärtnerkreisen fachgerecht, oder? Die leicht torfige Note passt perfekt zum lehmigen Ton. Oder tonigen Lehm.

10. Januar

Der Postbote bringt das Willkommenspaket der Royal Horticultural Society, der Königlichen Gartenbaugesellschaft, gegründet 1804 in London. Allein die Anmeldung bei diesem altehrwürdigen britischen Gartenverein war schon hübsch. Im Pulldown-Menü auf der Webseite hatte ich die Wahl zwischen Dr, Lady, Master, Miss, Mr, Mrs, Ms, Professor, Reverend und Sir. Ich habe kurz zwischen Lady und Reverend geschwankt. Und mich dann widerstrebend für Lady entschieden.

Lady M Winnemuth bekommt also anlässlich ihrer Aufnahme zur Begrüßung das Vereinsmagazin *The Garden* (das seit 1866 erscheint) sowie zwei Tütchen mit Samen geschickt, einmal Tomate mit dem Namen 'Gardener's Delight' und einmal Wicke, 'Spencer Mix', zufällig eine meiner Lieblingsblumen.

Es geht gut los mit Lady M und der Royal Horticultural Society. Mitglied bin ich aus niederen Motiven geworden: Im Mai möchte ich gern, das weiß ich jetzt schon, nach London zur legendären Chelsea Flower Show fliegen, der bedeutendsten Gartenausstellung der Welt. An Tickets ist notorisch schwer heranzukommen – nicht aber, wenn man Mitglied der RHS ist, die genießt Vorzugsbehandlung. Und ich genieße jetzt schon das warme

Gefühl, Teil einer großen gartenverrückten Gemeinschaft zu sein. Bestimmt nicht der schlechtere Teil der Menschheit.

11. Januar

Im Zeitschriftenregal des Supermarkts liegt eine Gartenzeitschrift mit der drohenden Titelzeile »Es wird durchgeblüht«. Es ist die Februar-Ausgabe, die natürlich schon Anfang Januar erschienen ist, das sagt viel über die Ungeduld von Gärtnern.

Bei mir blüht überhaupt nichts durch, ich würde es auch nicht wollen. Ich mag diese skelettöse Jahreszeit, in der nur noch die Gerippe der Stauden stehen, die Knochen der Bäume. Die Welt ist nackt und klar, beschienen von einer fahlen Wintersonne. Alles ruht und sammelt Kräfte, alle Energie geht in die Wurzeln. Es ist die Zeit vor dem Anfang, eine Vorbereitung auf das, was da kommen mag. Es ist ein einziges Nochnicht. Komisch, dass es immer nur um das Leben nach dem Tod geht, nie um das Leben vor dem Leben.

Mit der Post kommen die ersten Saatkataloge, die ich bestellt hatte, vom Kräuterspezialisten Rühlemann sowie den Ökoversendern Hof Jeebel und Dreschflegel. Beide haben sich auf alte Gemüsesorten spezialisiert, auf seltene Samen, Steckzwiebeln, Setzkartoffeln, auch Jungpflanzen sind im Angebot bei Jeebel, alles in Bioqualität. Die Saaten sind samenfest, was bedeutet, dass man aus den entstandenen Pflanzen weitere ziehen kann, die dieselben Eigenschaften haben. In den Gartencentern werden meist nur sterile Hybridsorten angeboten, deren Eigenschaften sich nicht weitervererben. Bedeutet: Für die nächste Saison kann man nicht selbstgewonnenes Saatgut verwenden, sondern muss wieder nachkaufen – super für die Saatkonzerne.

Fast der gesamte kommerzielle Anbau funktioniert nach diesem Muster, der Handel mit Saatgut ist in der Hand weniger Monopolisten, die zufällig auch noch den Agrarchemiemarkt beherrschen. Ergebnis: Monokulturen aus wenigen Hochleistungssorten, die nur unter Hochleistungsbedingungen gedeihen, also auf stark gedüngten Böden und unter massivem Pestizideinsatz. Im letzten Jahrhundert sind etwa 75 Prozent der alten Gemüse- und Obst-Sorten verloren gegangen. Die gibt es einfach nicht mehr, weil ihr Anbau nicht profitabel genug war. Für den Massenmarkt ist es wichtig, dass die Gemüsepflanzen jederzeit gleich aussehen und gleich schmecken, gleichzeitig reif werden, damit sie maschinell geerntet werden können, und anschließend lange Lieferketten sowie Lagerzeiten überstehen.

Und was wäre nun das Problem, wenn es nur noch fünf Mais-Arten gäbe? Würde irgendeiner was vermissen? Vielleicht nicht, aber die genetische Einförmigkeit fördert Epidemien. Die Pflanzen sind anfälliger für Krankheiten und Insektenbefall, was nur noch mehr Chemieeinsatz nötig macht. Die Folgen für die Umwelt sind bekannt: ausgelaugte Böden, Insektensterben, umkippende Ökosysteme. Der Ast, auf dem wir sitzen, knarrt bereits so lange, dass man sich schon die Ohren zuhalten muss, wenn man das nicht hören will.

Dagegen kämpfen die kleinen gallischen Dörfer der Öko-Saathändler wie eben die Kooperative Dreschflegel. Zu der haben sich fünfzehn Höfe zusammengeschlossen, um biologische Saatgutvermehrung von alten Sorten zu betreiben, die es schon lange nicht mehr im Handel gibt. Sie wollen die genetische Vielfalt erhalten. Finde ich gut. Unterstützenswert. Ich will es ohne Chemie probieren in diesem Jahr, und zwar von Anfang an.

Die Kataloge werde ich in den nächsten Tagen ausgiebig studieren. Schon beim ersten Durchblättern wird klar, dass ich heillos überfordert sein werde mit der Auswahl. Hof Jeebel führt über hundert Sorten Pflanzkartoffeln und zehn Sorten Pastinaken, in Rühlemanns 370-seitigem Kräuterkatalog gibt es allein 45 Sorten Salbei. Und anschließend geht es im Katalog weiter mit Sambung

Nyawa, Salomonssiegel, Sandstrohblume, Sanikel, Sassafras, Säuerling, Salzmelde, Sarsaparilla …

Nie gehört von dem Zeug. Was für ein Spaß!

12. Januar

In der Zeitschrift der Royal Horticultural Society lese ich gerade eine hübsche Geschichte über *Cardiocrinum giganteum*. Es ist die größte Lilie der Welt, sie wird drei bis vier Meter hoch und muss himmlisch duften – sofern man die Nase überhaupt hoch zu ihren Blüten bringt. Zwei Jahre braucht ihr Samen, um zu keimen, weitere sieben Jahre lässt sie sich Zeit, um zum ersten Mal zu blühen. Das tut sie dann für gerade mal zehn Tage. Allein das Wissen um ihre Existenz macht mich schon nervös. Wie geduldig bin ich? Wie entschlossen?

Es wird auch um das Durchhalten gehen in diesem Jahr. Das Warten, die Beharrlichkeit, die stete, zähe, wahrscheinlich oft öde Arbeit – alles Dinge, die ich in meiner postmodernen Sucht nach *instant gratification* ziemlich verlernt habe.

Schaffe ich das?

17. Januar

Der Januar ist die Zeit für dumme Ideen und Größenwahn. Für Gartenbücher, für »Ach, das könnte man doch eigentlich mal ausprobieren«, für »Wenn das ein norditalienischer Marchese mit fünf festangestellten Gärtnern in seinem Schlosspark hinkriegt, schaffe ich das auch«. Im Januar ist im Garten alles möglich, das ist ein Monat fern jeder Realität. Die Planung für das neue Gartenjahr steht zwar halb auf dem Standbein der Erfahrung, doch das Spielbein ist viel durchtrainierter, besonders im Winter. Was man alles machen *könnte*!

Besonders Gartenbücher sind eine üble Droge. Erstens die

Bücher selbst: grabplattenschwer, schön gedruckt, mit Bildern zum Schwelgen – verbunden mit dem wohligen Selbstbetrug, was

äußerst Nützliches gekauft zu haben, quasi ein Fachbuch, eine Investition fürs Leben. Zweitens aber auch die Inhalte: Genau so soll das aussehen bei mir, beschließe ich beim Anblick von Piet Oudolfs traumhaft leichten Gräsergärten oder von Dan Pearsons Home Farm. Natürlich würde es helfen, 20 000 Quadratmeter zur Verfügung zu haben. Andererseits: Wie sonst soll man herausfinden, was einem gefällt? Was man schön findet, weiß man ja erst, wenn man es sieht. Ich blättere, klebe Post-its zwischen die Seiten, schreibe mir Pflanzennamen raus, google nach Bezugsquellen.

Das Problem ist dabei allerdings, die Gier im Zaum zu halten. Ich lese von einer seltenen, hübschen, unkomplizierten Pflanze wie *Deutzia setchuenensis var. Corymbiflora*, der Sternblütigen Sichuan-Deutzie, recherchiere ein bisschen herum, stoße auf Sätze wie »wurde bereits von Édouard-François André nach einer früheren Beschreibung von Émile Lemoine beschrieben und benannt, aber erst von Alfred Rehder in die heute gültige Systematik eingeordnet« und bin sofort entflammt, vor allem, weil ich von keinem der drei offenbar bedeutenden Herren je gehört habe. Eine neue Welt! Mit neuen Helden! Weiter: »Eine Kostbarkeit aus China ist dieser feinzweigige, zart wirkende Strauch. Die kleinen weißen Blüten erscheinen in edler Zurückhaltung zwischen dem mattgrünen Laub. Ein echter Hingucker im Zusammenspiel mit Pflanzen des Halbschattens wie Farnen und Funkien.« Und natürlich will ich auf der Stelle eine *Deutzia setchuenensis var. Corymbiflora* besitzen (selbstverständlich erst, wenn ich es schaffe, den Namen dreimal hintereinander schnell und fehlerfrei auszusprechen).

Blöderweise ist der Erwerb feinzweigiger Sträucher in den Zeiten des Internets und des Pflanzenversands so verheerend leicht wie ein Schuhkauf bei Zalando. Ein Klick, und schon hat man einen Karton mit einem Baum vor der Tür. Ich bin da leider sehr anfällig, in diesem Jahr werde ich mich zusammenreißen müssen.

20. Januar

Ich habe gerade ein nützliches kleines Buch für Gemüse-Neulinge gelesen, Alice Holdens *Anpflanzen. Fang an mit zehn einfachen Gemüsesorten.* Alles, was darin steht, ist ganz bestimmt goldrichtig. Deppensicher beginnen mit Kräutern, Salaten, Mangold, roter Bete, Zucchini – mit Gemüse also, das von Kindergartenkindern gezogen werden kann. Aber ich mag nun mal keine Zucchini, ich finde Zucchini einen Skandal. Rote Bete? Bäh. Ich will pflanzen, was ich gern esse, nur dann werde ich alles drangeben, um meine Ernte durchzubringen. Einer Zucchini würde ich im Zweifel kaltlächelnd beim Sterben zusehen.

Nachdem ich mich eine Woche lang durch die Saatenkataloge gefressen habe, beschließe ich, einfach zu bestellen, was interessant klingt und Spaß verspricht. Im Zweifel die abwegigere Option wählen, bloß nicht das, was ich genauso gut im Supermarkt kaufen kann. Also natürlich die violetten Möhren, natürlich die blauen Kartoffeln und die 'Rote Emmalie' und 'La Ratte' und 'Angeliter Tannenzapfen', nur des Namens wegen, und die gute alte 'Linda', weil die wirklich super schmeckt und außerdem mal fast von der Kartoffelindustrie weggemobbt wurde. 'Linda' ist ein Survivor, die muss in meinen Garten.

Dazu Borlotti-Bohnen, Zuckererbsen, Radicchio di Treviso,

Fenchel, Mairübchen, Topinambur, Palmkohl. Ich habe keine Ahnung, wie Palmkohl schmeckt, ich habe nur Fotos gesehen und weiß, dass er spektakulär schön ist: eine blaugrüne Kohlfontäne, die auch gut in einer antiken Urne aussähe. Also wird er angebaut; falls er nicht schmeckt, ist er wenigstens dekorativ. Und die Minigurke *Melothria*, die im Katalog aussieht wie eine murmelgroße Wassermelone. Entzückend.

Ach, und Tomaten, viele, viele Tomaten. Alles, bloß keine Zucchini.

23. Januar

Die nächsten Wochen bis Ende Februar bin ich überwiegend in Hamburg, ein Bürojob, um Geld für neue Pflanzenkäufe zu generieren. Genau zur richtigen Zeit, denn im Garten kann ich jetzt ja doch nichts tun, er hält noch ein paar Wochen Winterschlaf. Ich hingegen bin hellwach und scharre innerlich mit den Hufen.

Dieses Jahr meine ich es ernst, nach den Erfahrungen der ersten beiden Jahre traue ich mich jetzt wirklich an die Sache ran. Mein erstes Beet, das Wäscheleinenbeet, war noch eine Mischung von dem, was ich von meiner Dachterrasse kannte – viele Gräser und Kugeldisteln, Ziersalbei und Katzenminze –, aber auch ein gerüttelt Maß an »Au ja!«-Pflanzen, die ich einfach schön fand. Rittersporn in mehr Blautönen, als der Himmel je haben wird, Lupinen, Eisenhut, Knöterich, Wiesenknopf, Witwenblumen, Astern, Strandflieder, Blaurauten, Eisenkraut, Frauenmantel.

Es müssen gut 150 Pflanzen gewesen sein, wenn nicht mehr, die ich auf der Fläche verteilt, nach bestem Wissen arrangiert (die hohen nach hinten, für die breitwüchsigen mehr Platz), umarrangiert (nee, doch besser nicht orange neben rosa) und dann eingegraben habe.

Das meiste hat überlebt.

Die Gräser sind fast alle noch da, die Witwenblumen explodieren, das Patagonische Eisenkraut hat sich selbstständig gemacht, sät sich jedes Jahr woanders hin aus und wandert so durch den ganzen Garten. Von den zwanzig Lupinen stehen noch drei, von den zehn Ritterspornen eineinhalb, der Rest: Schneckenfraß. Die Astern haben sich als Hooligans entpuppt und meine Lieblinge, die zarten *Echinacea pallida* 'Hula Dancer', plattgemacht, und wo der Salbei ist, weiß der Himmel.

Das meiste ist meine Schuld, der Rest die Schuld der Schnecken, des Bodens, der falschen Nachbarschaften – also auch wieder meine Schuld, denn ich bin als Quartiersmanagerin ja für Ansiedlung sowie Hege und Pflege zuständig. Ich sehe es so: Gäbe es mich nicht, gäbe es auch nicht den Garten und folglich nicht die Probleme im Garten. Es gilt das Verursacherprinzip, die Pflanzen können nichts dafür.

Was ich bis jetzt also verstanden habe: Einiges funktioniert, anderes nicht, und für beides gibt es Gründe. Wenn man die Gründe für Erfolg und Misserfolg durchschaut hat und beides nicht für dummen Zufall hält, ist man ein Gärtner. Bestimmt noch nicht im ersten Jahr und vielleicht auch noch nicht im zweiten, aber im dritten sollte man langsam ein paar Regeln kapiert haben.

Mein drittes Lehrjahr ist soeben angebrochen. Am Ende bin ich vielleicht reif für die Gesellenprüfung. Oder ich wechsle die Branche.

Der Januar in Zahlen

Gartenbücher, gekauft: 15. Na schön, 18

Gartenbücher, gelesen: 7 1/2

Maulwurfshügel, aktueller Stand: 23

Benötigte Fläche, um alle gewünschten Pflanzen
   unterzubringen: 5000 Quadratmeter

Tatsächlich vorhandene Fläche: 800 Quadratmeter

Hilfe!

FEBRUAR

Bevor man in eine neue Welt aufbricht,
empfiehlt es sich, ein paar Reiseführer
zu konsultieren, solche aus Papier und solche
aus Fleisch und Blut. Nur: Wem soll man sich
anvertrauen, wer weiß den richtigen Weg?
Muss man den am Ende ganz allein finden?
Und wenn ja, was wäre so schlimm daran?

1. Februar

Den Februar mochte ich nie, das ist ein so abweisender kleiner Monat, kurz, dunkel und kalt. Und voller Rituale, die mit Fasten und Reinigung zu tun haben, mit Schuld und Sühne und Askese. Am Aschermittwoch ist alles vorbei. Und der Neubeginn scheint noch so fern.

Auf meinem Lesestapel liegt ein Buch, das mir trotzdem unwahrscheinlich gute Laune macht, *Hier wächst nichts. Notizen aus unseren Gärten* von Jörg Pfenningschmidt und Jonas Reif. Entdeckt habe ich es in meiner Lieblingsbuchhandlung Wohlers gegenüber meiner Hamburger Wohnung. Der Laden ist winzig, nicht mal 30 Quadratmeter groß, aber gut sortiert, ich finde eigentlich immer was. Einmal im Monat allerdings spiele ich mit mir selbst eine Art Russisches Roulette: Ich stelle mich vor das Schaufenster und kaufe auf gut Glück ein dort ausgestelltes Buch, von dem ich nicht das Geringste weiß. Bei Wohlers stehen immer an die 20 Bücher in der Auslage, eines davon, das ist meine selbstauferlegte Spielregel, muss ich mir aussuchen, kaufen und lesen.

Bei diesem Spiel geht es um den freiwilligen Zwang, immer mal wieder Neues, nie Gewusstes, nie Gedachtes, nie Gefühltes ins Leben zu lassen. Ich habe wie jeder Mensch die Tendenz, mich nur mit den Dingen zu beschäftigen, von denen ich ziemlich sicher bin, dass ich sie mag. Wäre sonst ja auch reichlich masochistisch. Gleichzeitig weiß ich (Lebenserfahrung, Baby!), dass mich immer diejenigen Erfahrungen am weitesten bringen, zu denen ich spontan »och nö« sage. Ich muss zu meinem Glück gezwungen werden. Glück macht Arbeit, die man sich selbst auferlegen muss, sonst tut es nämlich keiner.

Im Fall von *Hier wächst nichts* hatte ich doppelt Glück: Es stand im Fenster und wäre angesichts des Titels und Covers (weißer Monoblock-Plastikstuhl vor Teppichstange auf schütterem Rasen) sowieso gekauft worden. Pfenningschmidt ist Hamburger Gartengestalter mit einer Zunge so scharf wie eine Heckenschere.

Er kann herrlich über Gartencenter herziehen, die nicht mehr Gartencenter heißen, sondern »Outdoor Living«, und in denen es kein Bentonit und keine Bambusstäbe mehr zu kaufen gibt, sondern lebensgroße rosa Glitzerhirsche, Buddhas oder fabrikmäßig rostige Deko-Gartengeräte im Shabby-Chic-Look. Er schreibt Liebeserklärungen an seinen schwulen Spaten, der vor 30 Jahren »von stolzen Arbeitern der Firma Bulldog zwischen zwei Teepausen hergestellt« wurde. Schwul ist das Gerät, weil es ein schmaler Damenspaten ist und deshalb von den Gartenbaukollegen seines Besitzers verhöhnt wird – bis sie das Ding in Aktion erleben.

Endgültig mein Herz gewonnen hat er jedoch durch seine Attacke gegen die Hortensie 'Annabelle', »deren monströse Blütenbälle schon bei Ankündigung von Regen am Boden liegen. Doch 'Annabelle' blüht weiß. Und 'Annabelle' kommt stets einher mit Buchseinfassung und Buchskugel. Hinter diesem Dreigestirn der Langeweile steht die Person der kultivierten Gartenlady.«

»Die kultivierte Gartenlady«, schreibt er weiter, »liebt monochrome Gärten (also Weiß in jeder Schattierung) und kennt die Gärten Europas. In ihrem ländlichen weißen Garten wird die Art von Kultur zelebriert, die der erfolgreiche Ehemann der Gartenlady wochentags beim Geldverdienen in Trümmer legt. Die Gartenlady spielt mit dem Gedanken, mal ein Gartenbuch zu schreiben. Über ihren weißen Garten. Diese Idee finden ihre ebenfalls gartenbegeisterten Freundinnen ganz toll.«

Ich musste hellauf lachen, als ich das las. Denn vor meinem Haus stehen sieben 'Annabelles', unterpflanzt mit weißem Storchschnabel, im Versuch, zumindest an dieser Stelle ein bisschen Gartenlady zu spielen. Immerhin habe ich weder Buchseinfassung noch Buchskugeln.

Super Typ, dachte ich, den schreibe ich mal an. Vielleicht fällt ihm was zu meinem Garten ein. Ich schicke gleich noch ein paar Fotos aus dem letzten Jahr mit. Nur die schönsten, versteht sich.

2. Februar

»Moin. Pfenningschmidt.«

»Oh. Moin!«

Er klingt sehr freundlich. »Ich habe mir Ihre Fotos angeguckt. Daraufhin stellt sich mir die Frage: Was wollen Sie von mir? Sieht doch alles gut aus. Viele Pflanzen dabei, auf die man nicht ohne weiteres kommt.«

Wusste ich doch, dass das ein super Typ ist.

Wir plaudern ein wenig über seinen Job, die Gartenberatung. »Was in den letzten Jahren auffällt: die Ungeduld der Leute mit dem Garten. Alles muss sofort fertig sein und gut aussehen. Aber die meisten haben nicht mal eine Idee, was sie eigentlich wollen. Ich hatte gerade wieder mal so ein Gespräch mit einem jungen Paar: Was wollen Sie von Ihrem Garten, habe ich gefragt, welche Vorstellung haben Sie? Keine. Da war nichts.«

Das ist eigentlich eine gute Frage: Was will ich von meinem Garten? Darüber denke ich im Anschluss an unser Gespräch lange nach. Ich kritzele eine Liste zusammen, auf der am Ende lächerlich große Wörter stehen: Schönheit, Nahrung, körperliche Arbeit, Ruhe, Freiheit, Wildheit, Nähe zur Natur, Zugehörigkeit. Pfff – kleiner geht's wohl nicht? Aber das Kleine habe ich ja schon: eine Bank, auf dem ich abends einen Sundowner mit Blick auf den Leuchtturm trinken kann. Platz genug, um mit dem Hund zu toben.

Mal ein bisschen genauer. Bio-Gemüse, schreibe ich mir auf. Wildstauden für Insekten. Obstbäume. Himbeeren. Pflanzen, die sich im Wind bewegen. So wenig Rasen wie möglich. Ein Gewächshaus, um Jungpflanzen aus Samen selbst zu ziehen.

Ich will einen Ort, den ich einerseits selbst gemacht habe, den ich gestaltet habe, der sich anderseits aber mir nicht unterwirft, sondern seine eigenen Gesetze hat. Mein Garten soll ein lebendiger Ort werden, der sich ständig verändert und weiterentwickelt. Der nie fertig ist. Der mich immer wieder überrascht, der mich zum Staunen bringt, zum Lachen und zum Weinen. Ich will einen Ort, den es nur hier geben kann.

Ich schicke eine Auflistung meiner Pflanzen an Pfenningschmidt, zurück kommt die Mail: »Hab ich doch gesagt: ich habe weitaus schlimmere Gartenfotos gesehen und weitaus schlimmere Pflanzenlisten gelesen. Sehr viele Pflanzen, die ich ebenfalls mag und verwende, und ganz wenige, bei denen ich persönlich Probleme habe. Aber das muss ja nichts heißen.«

Natürlich will ich wissen, womit er ein Problem hat. Mit dem Bambus, den ich an den Zaun gepflanzt habe, um von der Terrasse aus nicht immer auf das Auto meines Nachbarn Hartmut zu gucken? Bambus finden viele Gartengestalter doof, weil nicht einheimisch. Seine Antwort: »Nö, damit habe ich nur deshalb ein Problem, weil Bambus sofort mit Asien/Japan/China → Asiatische Weisheit → Spirituelle Lebensführung → Zen in Verbindung gebracht wird. Ich habe in meinem alten Garten mal eine Bambus-Stein-Kombination auseinandergerissen, obwohl sie sehr schön war. Aber wenn bei dem Anblick wirklich jeder Trottel ›Oh, ein Japan-Garten!‹ sagt und einen selig erleuchtet ansieht, dann geht es nicht anders. Ich wollte mit dem Bambus einfach nur die pissgelbe Forsythie vom Nachbarn verstecken und die Steine waren zum Abfangen des Hanges eingebaut. Das war Lichtjahre von Feng-Shui-Gedankenspielen entfernt.

Also: Lupinen sind nicht so mein Ding. Die haben bei mir nie richtig funktioniert. Kurze (sehr schöne!) Blüte, viele Schnecken, unschöner Anblick nach der Blüte, dann große Löcher in den Beeten nach Rückzug der Pflanze. *Baptisia* finde ich da besser.

Rittersporn ist eine großartige Staude, wenn man sonst keine Hobbys hat. Pflege, Pflege, Pflege, Platz geben, alle halbe Stunde Wässern und Düngen, Aufbinden und Mulchen mit Schneckenkorn. Ansonsten aber problemlos.

Stockrosen: Aussaat ohne Ende, meist in kleinen, zimperlichen Nachbarpflanzen, Wurzeln ohne Ende, dazu Stockrosenrost (bei

Ihnen wahrscheinlich weniger, wegen des erhöhten Salzgehaltes in Meeresnähe). Ich pflanze lieber *Alcalthaea suffruticosa*. Steril, langlebig, kaum Rost.«

Jawoll. Damit kann ich was anfangen, so muss Beratung gehen, das ist ein Fachmann nach meinem Herzen. Pfenningschmidt kommt sofort auf meine Guru-Liste. Einer der wenigen Vorteile des Erwachsenseins ist ja, dass man sich seine Lehrer selbst aussuchen darf. Hier hätten wir schon mal Nummer 1.

3. Februar

Gestern war Maria Lichtmess, früher der Beginn des bäuerlichen Wirtschaftsjahres. Gefeiert wird, dass die Tage länger werden. Und tatsächlich, erstmals habe ich nicht mehr das Gefühl, jeden Tag um 16 Uhr wimmernd unter die Bettdecke kriechen zu wollen. Und auch da draußen bahnt sich was an: Die Azalee an meiner Terrasse hat ganz eindeutig was vor in diesem Jahr. Ich bin übers Wochen-

ende in den Garten gefahren, um nach dem Rechten zu sehen, und bin verblüfft, dass sich in den wenigen Tagen meiner Abwesenheit selbst in dieser toten Jahreszeit so viel getan hat. Bislang dachte ich naiverweise, dass es vier Jahreszeiten gibt. Nicht im Garten, da gibt es ganz offiziell zehn: Vorfrühling, Erstfrühling, Vollfrühling, Frühsommer, Hochsommer, Spätsommer, Frühherbst, Vollherbst, Spätherbst und Winter. Winter ist Winter, da gibt es keinen Früh- und keinen Vollwinter. Das ist ein bisschen ungerecht, finde ich. Denn könnte nicht zumindest mit Maria Lichtmess der Spätwinter beginnen?

Die zehn gärtnerischen Jahreszeiten haben keine festen Anfangs- und Endzeiten, sondern orientieren sich am phänologischen Kalender, also an den Entwicklungsstadien der Pflanzen. Die sagen, wann Sommer ist, nicht etwa ein vom dummen Menschen willkürlich festgesetztes Datum. Meteorologischer Frühlingsanfang, Umstellung auf Sommerzeit? Ha! Die Natur reibt sich die Hände, schockfrostet die Welt noch mal schnell durch und kippt dann wolkenweise Wasser hinterher. Einfach weil sie's kann.

Wann die Pflanzen loslegen, hängt vom Wetter ab, von der Bodentemperatur, von den Lichtverhältnissen, ist also von Jahr zu Jahr und von Region zu Region unterschiedlich. Während in Bayern vielleicht schon die Forsythien blühen, eine der sogenannten Zeigerpflanzen, die zur Bestimmung der Jahreszeit herangezogen werden – in diesem Fall für den Erstfrühling –, sind bei uns im Norden unter Umständen gerade noch die vorfrühlingshaften Krokus (Krokusse? Kroki? Krokeen? Krokant? Krokodile?) am Start.

In Deutschland gibt es 1300 ehrenamtliche phänologische Beobachter. Das sind Leute, die einfach nur gucken, wie weit die Natur ist, und das dann dem Deutschen Wetterdienst melden. Die überwachen Schneeglöckchen (Vorfrühling), Blausternchen (Erstfrühling), Flieder (Vollfrühling), Pfingstrosen (Frühsommer), Johannisbeeren (Hochsommer), Dahlien (Spätsommer) und so weiter, ein schöner Job. Wenn ich mal groß bin, möchte ich auch phänologischer Beobachter werden.

Zu den Zeigerpflanzen kommen im Menschenleben ein paar andere phänologische Ereignisse, die einem untrüglich den Ablauf der Jahreszeiten anzeigen: Heute lag ein Umschlag von meinem Gartencenter im Briefkasten, darin der Gutschein, den ich mir durch die drei Prozent Skonto bei meinen Einkäufen des letzten Jahres zusammenverdient habe. 12 Euro, jederzeit einzulösen. Wie im letzten Jahr werde ich das Geld in neue Gartenhandschuhe investieren und denken: Jetzt ist der Winter bald zu Ende.

Durch solche phänologischen Ereignisse wird der Jahresverlauf sauber strukturiert: Im Januar das rituelle *Dschungelcamp-Gucken*. Dann die Brigitte-Diät. Die Umstellung von Rotwein auf Weißwein. Das erste Kugeleis auf die Hand. Der erste Spargel. Angrillen. Anbaden. Der erste Mückenstich des Jahres, dicht gefolgt vom ersten Sonnenbrand. Pflaumenkuchen. Wespen auf Pflaumenkuchen. Der neue Ikea-Katalog. Bundesligastart. Erster Lebkuchen. Erste Tageszeitungskolumne über zu frühen Lebkuchen. Umstellung von Weißwein auf Rotwein. Weihnachtsdeko aus dem Keller holen. Ansprache des Bundespräsidenten.

All diese Termine sind die Eichstriche des Lebens, sie interpunktieren das erbarmungslose Vergehen der Zeit, und man weiß genau: Wintermode kommt in die Geschäfte – wir müssen also August haben.

5. Februar

Garten-Gurus zu finden, wie ich es mir für diesen Monat vorgenommen habe, ist in Deutschland nicht ganz leicht. Fernsehgärtner sind hierzulande entweder Schrate wie John Langley (Rauschebart/Strohhut) oder patente Kindergärtnerinnen wie die fröhlich bayernde Sabrina Nitschke aus der BR-Sendung *Querbeet* (rote Pippi-Langstrumpf-Zöpfe, bunte Barbapapa-Gummistiefel). Dann gibt es noch die dauersabbelnden Dokusoap-Gartenumgestalter *Beetbrüder* im Privatfernsehen, die in sieben Tagen aus einem traurigen Hinterhof eine Rollrasen-und-Whirlpool-Oase machen, und eine ZDF-Show namens *Duell der Gartenprofis*, in der es ebenfalls um die fernsehgerechte Umgestaltung von Problemfällen geht. Man kann einiges lernen aus diesen Sendungen, immer wieder sind nützliche Erkenntnisse dabei – nicht zuletzt die allernützlichste: »So soll es bei mir auf gar keinen Fall aussehen.«

Wenn man sich durch die einschlägige Fachliteratur liest, stellt man zudem schnell fest, dass es nicht nur Hunderte von

Gartenlooks und Gestaltungsschulen gibt, sondern sogar Uneinigkeit über die Basics des Gartenbaus. Vieles ist reine Glaubenssache.

So gibt es nicht wenige, die sich streng an den anthroposophischen Aussaatkalender von Maria Thun halten, der die Mondphasen als Grundlage hat. Bestimmte Tage sind demnach besser für die Aussaat von Wurzelgemüse geeignet, andere für Blattgemüse, wieder andere für Fruchtpflanzen. »Wenn ich den Boden spatentief bearbeitete«, schreibt Maria Thun, »wurden kosmische Impulse im Boden aktiviert, die von den Samen aufgegriffen wurden und in der Gestaltung der Pflanze zum Ausdruck kamen.«

Einleuchtender (und bequemer) finde ich den sanftmütigen »No Dig«-Gartenpapst Charles Dowding, dessen YouTube-Videos ich gerade in Dauerschleife gucke. Seine Lehre: Umgraben ist Mist. Das Umgraben des Bodens störe nur die Bodenstrukturen und damit die Lebewesen darin, die Regenwürmer, Asseln, Mikroben, Mykorrhizapilze, die mit den Pflanzen ein Nährstoffnetzwerk bilden und ihre unersetzliche Arbeit einstellen, wenn die Bodenschichten durcheinandergeraten. Außerdem ermuntere Umgraben nur das ungebremste Wachstum von Unkräutern, die man nach oben befördert.

Dowding macht es seit Jahren erfolgreich so, dass er lediglich im Frühjahr neue Kompost-Schichten als Dünger auf die Beete bringt und den Boden ansonsten unbearbeitet lässt. Die Regenwürmer und die anderen Organismen holen sich dann schon das, was sie brauchen, die Schicht Kompost muss man sich wie ein kaltes Büffet für sie vorstellen. Und auf dem Weg dahin erledigen sie den Job des Gärtners, sie lockern und reichern den Boden an.

Ich finde die Idee grundsympathisch: in Ruhe lassen, was funktioniert, und sich nicht unnötig viel Arbeit machen. Meine Idee von Gärtnern ist ohnehin, dass die Natur schon am besten weiß, wie die Chose läuft, dass man ihr also nicht allzu viel ins Handwerk pfuschen sollte. Dazu gehört aber auch, dass ich einen Teil der Entscheidungen und der Kontrolle abgeben muss: Ich kann nicht alles, was mir gefällt, an jeden mir genehmen Platz pflanzen.

Es beginnt mit der Auswahl der Pflanzen: Im ersten Jahr habe ich einfach alles in den Boden geballert, was mir gefiel. Im zweiten Jahr habe ich die Überlebenden gesichtet und begonnen nachzulesen: Wieso hat es mit den Lupinen nicht geklappt? Aha, Staunässe. Können sie nicht ab. Verstanden.

Sonnenliebhaber, die ich ordnungsgemäß in die Sonne gesetzt hatte, standen trotzdem falsch, weil sie im Lauf des Jahres von ihren hohen Nachbarn komplett beschattet wurden. Ach guck, Pflanzen werden groß und sogar von Jahr zu Jahr größer. Irre Sache, das. Verstanden.

Und wer hätte gedacht, dass man es auch zu gut meinen kann mit Dünger und Wasser? Es gibt nicht wenige Pflanzen, die regelrechte Hungerkünstler sind und völlig schlappmachen, wenn man sie mästet. Auch das: verstanden.

Dieses Jahr will ich die simpelste aller Regeln von einer der berühmtesten britischen Gärtnerinnen beherzigen, Beth Chatto: »Right plant, right place«. Jede Pflanze findet ihren Platz im Garten entsprechend ihren Ansprüchen und Bedürfnissen. Für mich bedeutet das, tatsächlich nur solche Pflanzen auszusuchen, die sich in meinem Lehm wohlfühlen. Kakteen und Dattelpalmen fallen schon mal flach und vieles andere auch. »Pflanzen sind wie Menschen, sie haben ihre Vorlieben«, schrieb Chatto. »Sie nehmen es schnell übel, wenn man sie einfach ins nächstbeste Loch steckt.«

6. Februar

Ich denke gerade völlig neu über meinen geplanten Gemüseanbau nach. Geht das bei meinem Boden überhaupt? Wollen Karotten und Kartoffeln nicht viel lieber in sandigem Boden wachsen, verrotten die nicht im Lehm?

Neuer Plan: Hochbeete. Da hinein kann ich die perfekte leckere lockere Erde füllen, ich kann dem Gemüse ein Bettchen bauen, aus dem es nie wieder aufstehen will.

Hochbeete haben viele Vorteile: Weil die Seitenwände von der Sonne beheizt werden, kann man ein paar Wochen früher in die schon warme Erde aussäen und entsprechend früher ernten. Es gibt auch weniger Probleme mit Schädlingen: Die Möhrenfliege zum Beispiel schafft es gar nicht so weit nach oben, Schnecken, so hoffe ich, müsste man auf diese Weise eigentlich auch besser in den Griff kriegen.

Für Hochbeet-Bausätze kann man viel Geld ausgeben. Nach einigem Suchen stoße ich auf eine simplere Lösung: Aufsatzrahmen für Europaletten. Das sind dank Scharnieren zusammenklappbare Rahmen in einer Höhe von 20 Zentimeter, die für den Transport von Schüttgut verwendet werden. Man kann sie stapeln und so Kisten in beliebiger Höhe bauen. Ich denke, 60 Zentimeter sind für den Anfang hoch genug, darin müsste auch Wurzelgemüse ausreichend Platz finden. Das Europaletten-Format von 120 mal 80 Zentimeter ist genau richtig, um von jeder Seite an die Pflanzen heranzukommen.

Die Lösung ist perfekt für meine Zwecke: Sie ist improvisiert, flexibel, sie erlaubt Fehler und sie kostet nicht die Welt. Ein Aufsatzrahmen kostet 20 Euro, bestimmt finden sich noch billigere gebrauchte irgendwo.

11. Februar

Ich habe ein neues Samstagsritual: morgens im Bett die aktuelle Folge der britischen Radiosendung *Gardeners' Question Time* hören, die inzwischen ganz oben auf der Liste abonnierter Podcasts in meinem iPhone steht. Es beginnt immer sehr feierlich: »This (Kunstpause) is the BBC.« Ein Sprecher kündigt in distinguiertem Oxford-Englisch an, dass die Zuhörer sich jetzt leider 45 Minuten von ihren Gärten trennen müssten, am Ende der Sendung sagt er dann beinahe singend: »And now back to the weeding!«, husch, zurück ans Jäten.

Die Sendung wirkt wie ein Relikt aus einer anderen Zeit, sie wird seit 1947 live übertragen. Ein Expertenpanel reist durch Gemeindesäle, Dorfgemeinschaftshallen und Gartenclubs im ganzen Land und beantwortet Fragen aus dem Publikum: wie man Artischocken züchtet, was die beste Kletterrose für eine Nordwand ist, warum der Maulbeerbaum einfach nicht tragen will.

Hin und wieder muss einer der Sachverständigen ersetzt werden, zum Beispiel 1974, als der legendäre Gartenfachmann Fred Streeter im Alter von 98 Jahren an den Folgen einer gebrochenen Hüfte starb; er war im Garten gestolpert. Heute heißen die Experten – only in England – Bob Flowerdew, Bunny Guinness und Pippa Greenwood.

Hillary aus Leicestershire ist die erste Fragestellerin an diesem Samstag. »Ich habe zwei Baumpäonien aus Samen gezogen, die jahrelang bestens in meinem Garten wuchsen. Dann hab ich eine davon einer Freundin geschenkt, und die bei mir verbliebene ist eingegangen. Warum? Tut mir übrigens leid: Ich habe sie extra ausgegraben, um sie mitzubringen, aber ich habe sie auf dem Küchentisch vergessen.«

Ich kichere leise in die Kissen und schäme mich sofort dafür.

Ein Experte mutmaßt Trauer. »Standen die beiden einander nahe? Im Beet, meine ich. Und wie alt waren sie?

»Etwa zwei Meter auseinander. Sie waren schon etwas betagt.«

Es ist einfach zu wundervoll.

Eine Lösung für das Rätsel wurde dann doch nicht gefunden, nur der Rat, neu auszusäen, und zwar in einen tiefen Topf, ein bis zwei Jahre Geduld zu haben, denn Baumpäonien bilden erst mal Wurzeln, dann Triebe, und frohgemut in die Zukunft zu blicken.

»Sie können natürlich auch nachts zum Garten Ihrer Freundin fahren und die beiden Pflanzen heimlich austauschen. Wobei – nach dieser Sendung wahrscheinlich nicht mehr.«

14. Februar

Mein Vater Erwin und meine beste Freundin Katharina haben beide heute, am Valentinstag, Geburtstag. Wir feiern zusammen in einem Restaurant in Neumünster. Ich schenke den beiden ein gemeinsames Hochbeet, sie dürfen sich aus dem Katalog von Hof Jeebel Gemüse aussuchen, das ich für sie anbauen werde. Wange an Wange sitzen sie mit Post-its in der Hand über den Katalog gebeugt.

Katharina: »Ich will lila Chili. Und Wildspargel.«

Erwin: »Ich hätte gern Radieschen. Und Kohlrabi.«

Katharina: »Buschbohnen. Wollen wir Salat? Nee, oder? Oh, Mizuna! Geringelte rote Bete!«

Erwin: »Und Sonnenblumen.«

Das wird ein lustiges Beet.

18. Februar

Heute müssen ein paar Entscheidungen fallen. Ein letztes ausgiebiges Katalogstudium in den Saatkatalogen, ein paar Post-its raus (will ich wirklich in Bohnen ertrinken?), ein paar neue rein (och, warum nicht noch ein paar Tomaten mehr?) und dann zum Online-Bestellformular.

Ich fange mit dem Einfachsten an, drei verschiedene Radieschensorten, denn Radieschen gehen wirklich immer. 15 Tomatensorten, von winzig ('Gelbe Johannisbeere') über grün gestreift ('Green Zebra') und violett ('Black Plum') bis zur Saucentomate 'San Marzano', denn ich bin *total* vernünftig und weiß, dass ich nicht alle Tomaten gleichzeitig essen kann, ich muss auch was zu

Sugo verarbeiten. Und sechs Kartoffelsorten, weil ich halt doch nicht so vernünftig bin, Steckzwiebeln in rot und als Schalotten, Steckknoblauch, Saatgut für Paprika, Chili, Soja, violett gesprenkelte Stangenbohnen, Porree und Artischocke.

Hm, wenn ich nur ein bisschen mehr bestelle, bekomme ich Skonto. Ach komm, wenn wir schon dabei sind, Samen nehmen ja keinen Platz weg und halten bestimmt auch noch bis nächstes Jahr ... Ich ende in einem wilden Chaos aus Lust und Optimismus. Koriander und Petersilie, Mark- und Zuckererbsen, Brokkoli und Asia-Salate, Dill und Honigmelone, violette Möhren und Kohlrabi 'Superschmelz'. Superschmelz! Der heißt wirklich so. Grund genug, ihn anzubauen.

Es ist ein Festmahl, all das auszuwählen. Ich habe fast auf der Zunge, wie das alles schmecken wird. Jetzt muss es nur noch gesät werden. Und dann muss es nur noch wachsen. Kinderspiel.

Am Ende kommen 382,65 Euro zzgl. Versandkosten zusammen, wobei die teuersten Posten zwei Pilzkulturen à 25 Euro sind, die mir im Haus die Wartezeit auf den Frühling verkürzen sollen, und mehrere sogenannte Quickpot-Platten, stabile, wiederverwendbare Aussaatschalen aus dem Profibedarf. Verteilt wird die Bestellung auf drei Liefertermine: Das Saatgut kommt Anfang März, die Pflanzkartoffeln Mitte März, dann Mitte April ein paar Gemüsejungpflanzen, die ich auf Nummer sicher bestelle (denn was, wenn die Saat nicht aufläuft?). Bis Ende März wird auch das Gewächshaus stehen. Hoffentlich.

Ach so: welches Gewächshaus? Muss ich ja auch langsam mal entscheiden.

22. Februar

Auf der Website des dänischen Online-Auktionshauses Lauritz entdecke ich eine mannshohe schwarze Kiste auf Rädern und weiß sofort: Das ist es. »Flytbar udestue/væksthus/multihus/atelier, 'sommer-forlænger'« sei das, ein mobiles Wintergarten/Gewächshaus/Was-auch-immer-Multihus-bedeutet (bestimmt nichts Schlechtes)/Atelier zur Sommerverlängerung. Ein Pflanztisch und zwei Holzschemel sind inbegriffen. Auf einem der Fotos steht ein Fahrrad neben dem Häuschen, um die Größe zu demonstrieren: Höhe 245 cm inklusive Räder, 180 cm lang, 130 cm breit.

Flytbar udestue / væksthus /
Warennummer: **4906918**

Neuware   MwSt.-Ware

Die Auktion ist beendet

🔍 Größeres Bild sehen

Perfekt. Für unentschiedene Menschen wie mich ist nichts schöner als ein Multihus. Das verheißt ja nichts weniger als: alles. Es kann mir im Frühling und Sommer als Gewächshaus dienen, im Herbst als Lese- und Schreibstübchen, im Winter als Quartier für Kübelpflanzen. Ich werde damit durch meinen Garten rollern, mal in die Sonne, mal aus der Sonne heraus, je nach Lust und Laune und Bedürfnis der Setzlinge.

Der Dramatiker George Bernard Shaw hatte in seinem Garten in Hertfordshire auch eine mobile Hütte. Seine war auf einem Mittelpfosten gelagert wie ein Plattenteller und ließ sich nach der Sonne drehen. Er benutzte sie als Schreibstube, er hat fast alle seine Theaterstücke darin verfasst.

Ich habe immer von so einem Häuschen geträumt. Fünf andere Interessenten bieten mit, am Ende bleibt nur noch einer. Wie bei jeder Auktion bibbere ich ein bisschen: Der Schätzwert war auf 7000 dänische Kronen taxiert, etwa 940 Euro, ich wollte aber auf keinen Fall mehr als 400 Euro dafür ausgeben.

Fünf Minuten vor Auktionsende steige ich in die Versteigerung ein: 2200 Kronen – Mist, der andere hatte ein höheres Maximalgebot hinterlassen. 2400: überboten. 2600: immer noch überboten. Verdammt. 2800: bingo, Höchstgebot. Jetzt noch drei Minuten zittern, ob er mich im letzten Moment noch aus dem Rennen werfen würde. 3,2,1 – meins für 376 Euro.

Jetzt muss ich das Ding nur noch irgendwie aus Jütland herkriegen.

23. Februar

Ich bin für einen Tag zur Hütte hinausgefahren: Ich habe einen Ortstermin mit einem Gartenbauexperten verabredet, hochgelobt und prämiert für seine Showgärten auf Gartenausstellungen; er soll einer der besten der Gegend sein. Auf seiner Homepage lässt er zwar kein Klischee aus (»Seele baumeln«, »mit allen Sinnen genießen«), aber so was will die Kundschaft nun mal lesen, schätze ich. Potentielle Kundschaft bin auch ich: Kann als Anfängerin nicht schaden, sich Unterstützung zu holen, ich kann kompetente Hilfe gut gebrauchen.

Wir verlieren keine Zeit und gehen gleich nach hinten. Er guckt sich um. Betrachtet sorgenvoll die Maulwurfshügel. Stapft wortlos hinter mir her. Ich sabbele mir einen Ast, während wir durch den Garten wandern. »Am Zaun zum Wald würde ich gern Beeren pflanzen, Himbeeren und Johannisbeeren. Dafür müssten vielleicht ein paar *Rosa rugosa* gerodet werden. Davor soll ein kleines Gewächshaus stehen. Hinter den Rhododendron soll der Gemüsegarten hin«, sage ich. Ich erkläre den Plan, der plötzlich in

Anwesenheit des stummen Fachmanns kein guter Plan mehr zu sein scheint. Ich werde immer leiser.

Dann kommt er langsam doch ins Reden. »Einen so großen Rhododendron habe ich noch nie in einem Privatgarten gesehen. Den würde ich ein bisschen zurückschneiden, aber schräg, damit es keinen Schattenwurf gibt.«

»Ähm. Da, wo Sie schneiden wollen, ist die Nordseite. Da ist eh nur Schatten.«

Er guckt vernichtend. Ich beschließe, vorerst die Klappe zu halten.

»Die alte Pflanzung an der Terrasse: alles Schrott. Entschuldigung, wenn ich das so sage. Das sind Sachen, die nicht hierher gehören. Kirschlorbeer. Scheinzypressen. Die müssen alle raus.«

»Auch der Portugiesische Kirschlorbeer? Der ist doch eigentlich schön mit seinen schmalen matten Blättern, der …«

»Hm. Ich habe noch nie einen so hohen gesehen, die halten eigentlich nur minus acht Grad aus.«

Hier kommen wir nicht weiter.

»Die Rutenhirse haben Sie viel zu weit auseinandergesetzt, da brauchen Sie zehn auf einen Quadratmeter, damit das eine geschlossene Fläche gibt.«

Okay, notiert.

»Das hintere Beet ist völlig überwuchert. Da müssen alle Pflanzen wieder ausgegraben und das Gras abgeschält werden, sonst wird das nichts.«

Fuck. Fuckfuckfuck. Okay. Was ist mit dem matschigen Boden, kann man eine Drainage einbauen?

»Bringt nichts, es sei denn, die gesamte Nachbarschaft schließt sich an. Muss auch nicht sein, an den Pflanzen sieht man, dass es gar nicht so schlimm ist. Die *Verbena* zum Beispiel, die steht gern trocken. Und dass Sie einen Maulwurf haben, spricht auch gegen zu große Feuchtigkeit.«

»Der atmet unter Wasser«, sage ich.

Er lacht trocken. »Sie müssen mit dem Maulwurf planen.«

Bitte was? Ich will den doch loswerden.

»Den werden Sie nicht los. Lieber die Hochbeete so anlegen, dass er sie nicht von unten umbuddeln kann.« Er schaut sich ein letztes Mal um, bevor wir ins warme Haus gehen. »Immerhin. Die *Euphorbia* sieht gut genährt aus.«

Ich zucke zusammen, wie nur Frauen bei dem Ausdruck »gut genährt« zusammenzucken können. Findet er meine *Euphorbia* zu dick?

Die nächste halbe Stunde sitzt er in Winterjacke und Norwegermütze an meinem Tisch.

»Wollen Sie nicht ablegen?« frage ich.

»Nein, danke. Ich hasse die Kälte, ich fühle mich bei 30 Grad am wohlsten.«

»Tja, falsches Bundesland«, sage ich. »Immerhin arbeiten Sie sich warm.«

»Nee, ich mache vor allem Büroarbeit und Planung.«

Wozu ist er dann in voller grüner Gärtnermontur bei mir aufgetaucht? Kostümierung für die Kundschaft? Ich frage besser nicht nach. Ich zeige ihm Fotos meines frisch ersteigerten rollenden Gewächshäuschens.

»Die Räder sind ja wie bei einem Einkaufswagen, die sacken doch sofort im Rasen ein.«

Na, bisschen größer sind sie schon, verteidige ich mich matt. Verdammt, er könnte recht haben, aber langsam geht er mir auf die Nerven mit seiner Negativität.

Er sei ausgebucht bis Juli. Aber es tun sich immer mal Lücken auf, in die man so einen Privatgarten schieben kann, je nach Wetter, je nach Fortschritt auf anderen Baustellen. Das sei alles unplanbar. »Jetzt wirft uns der Winter zurück. Auf jeden Fall wird das nichts vor April.«

Na toll.

Folgender Plan: Man müsse was gegen die Kaninchen machen, ich bräuchte einen Zaun um die Hochbeete herum, 90 Zentimeter hoch, ferner müsse man was gegen die Maulwürfe machen, Rasen abschälen, zehn Zentimeter auskoffern, alles nach unten sichern mit Rasenschutzgewebe, darauf Doppelstabmatten, schwere Ausführung!, ferner die Beete mit 30 Zentimeter breiten, in die Erde versenkten Cortenstahlbändern seitlich gegen die unausweichlichen Maulwurfattacken schützen.

Ich nicke ergeben. Wenn er das sagt. Er ist der Fachmann. Und überhaupt: keine Schludrigkeiten jetzt, das rächt sich nur später. Wenn man es nicht richtig macht, kann man es gleich lassen. Was man halt so denkt, wenn man in diesem Land sozialisiert wurde. Es ist kein Zufall, dass die deutscheste aller Marken, Mercedes Benz, mit dem Slogan »Das Beste oder nichts« wirbt. Ganz oder gar nicht, deutsche Wertarbeit, was anderes können wir nicht, dürfen wir nicht, das steht so im Grundgesetz.

Der Fachmann verspricht einen Kostenvoranschlag und verabschiedet sich.

Ein paar Tage später ist der Kostenvoranschlag da: Die Stammheim-ähnliche ein- und ausbruchssichere Zaunanlage rund um meine geplanten Hochbeete soll 8081,08 Euro inkl. MwSt. kosten. Ich falle in Ohnmacht, beschließe augenblicklich, in diesem besonderen Fall lieber nicht so deutsch zu sein, und sage höflich ab.

Vielleicht ist es das Alter. Ich habe gelernt, nicht mehr in Maximallösungen zu denken, die machen nur unglücklich. Zwischen dem Besten und nichts ist jede Menge Platz für Improvisiertes, Zwischenlösungen, beherztes Pfuschen. Wozu immerfort Maximallösungen für dieses in der Regel doch eher mittelmäßige Leben, das man sich täglich zusammenstümpert? Auch in einer Bulthaup-Küche brennt einem die Milch an, und im Mercedes steht man im selben Stau wie alle anderen.

Ich werde in den nächsten Monaten viel auf die Nase fallen, ich werde verzweifeln und fluchen und wiederholt an den Fachmann denken, weil der eben doch Recht gehabt haben wird, und werde nicht im Mindesten bedauern, mich gegen seinen guten Rat entschieden zu haben. Es muss nicht gelingen, im Gegenteil: Ich will's ja erst lernen. Und wenn dann gegen alle Wahrscheinlichkeit doch ein Mairübchen oder eine Porreestange überlebt und am Ende sogar essbar ist: Das wäre die maximale Freude.

26. Februar

Seit ich denken und lesen kann, habe ich eine Liste von Büchern, die ich unbedingt lesen will, weil ich glaube, dass sie mein Leben verändern werden, wenn ich endlich dazu komme. Andererseits habe ich sie in all den Jahrzehnten vielleicht gerade deshalb nicht gelesen, weil ich mir die Enttäuschung ersparen will, dass sie wider Erwarten doch nicht die erhoffte alchemistische Wirkung haben könnten.

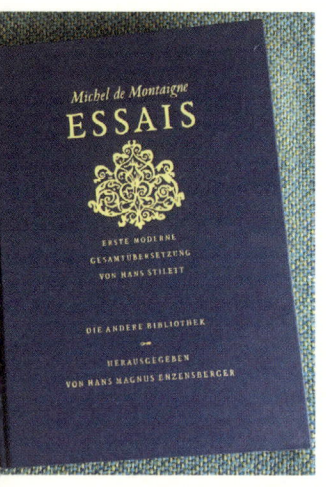

Auf dieser Liste steht seit bestimmt 30 Jahren: Montaigne, *Essais*. Ich habe gerade eine gebundene Ausgabe in der Neuübersetzung von Hans Stilett gekauft, ein Monster im Folio-Format, also zu groß und zu schwer, um es entspannt auf dem Sofa zu lesen. Ein Buch, das einen Tisch braucht. Und vermutlich ein Jahr, um es zu bewältigen.

Genau das richtige Buch, um es mit in den Garten zu nehmen.

Immer mal wieder war ich auf Zitate von Montaigne gestoßen, die so verblüffend jetztzeitig wirken, dass ich kaum glauben mochte, dass sie aus dem späten 16. Jahrhundert stammen: »Wir nehmen Reize nur noch wahr, wenn sie künstlich sind. Gestelzt, gebläht und aufgedonnert. Unsere Welt ist bloß auf Protz und Prahlerei gerichtet. Mit nichts als Luft blähen sich die Menschen

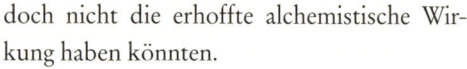

auf, von jedem Windstoß lassen sie sich in eine andere Richtung treiben.«

Oder dies: dass der Tod zwar das Ende des Lebens sei, aber nicht sein Ziel. »Das Leben muss sich selber wollen.« Das Leben muss sich selber wollen! Wie einfach und wie schön.

So ein Leben wie Montaigne zu führen, das schien mir immer erstrebenswert. Zwei Zimmer im Schlossturm, darin das Nötigste: Bücher. Und Zeit genug, vergnügt den eigenen Gedanken zu folgen. Seine galoppierten in alle Richtungen: Er dachte über die Traurigkeit nach, über den Müßiggang, die Gewohnheit, das Beten. Über Kannibalen, Cicero, Orden und Gerüche, über seine Katze und seine Nierensteine.

Was er schrieb, nannte er Essais, Versuche. Texte ohne Anspruch auf Richtigkeit, sondern einfach nur das, was sein Hirn ausspuckte. Letztlich waren es Selbstporträts, geschriebene Selfies.

Ich habe gerade eine Radiosendung über Montaigne gehört, in der sein Übersetzer Hans Stilett folgende Anleitung zum Lesen des unlesbaren Meisterwerks gibt: »Aufschlagen. Und wenn einem die Stelle gefällt, weiterlesen. Sei es nach vorn oder nach hinten. Nicht systematisch lesen. Montaigne ist ein erklärter Gegner jeder Systematik. Wenn einem eine Sache nicht gefällt, weiterblättern, vorwärts oder rückwärts. Das ist mein ganz praktischer Ratschlag.«

Nach dem Erlebnis mit dem Fachmann habe ich beschlossen: Der Garten ist mein Essai dieses Jahr. Ein Versuch, mit der ausdrücklichen Erlaubnis, alles falsch zu machen. Ohne Ziel, ohne Ergebnis. Natürlich nehme ich weiterhin Fachbücher zu Hilfe, natürlich halte ich mich an Ratschläge. Aber was mich in diesen Garten getrieben hat, war nicht zuletzt eine bestimmte Müdigkeit, ein Gefühl der Überwältigung durch eine nicht mehr überschaubare Welt, das Bedürfnis nach Vereinfachung und einem Reset.

Wir sind von Experten umzingelt. Fachleute, die uns eine Welt erklären, die wir selbst nicht mehr überblicken. Politkommentatoren im Fernsehen, Mechatroniker in der Autowerkstatt, Radiologen,

Börsenanalysten, Ernährungsexperten. Und bei jedem Fachmann, der mich nur hilflos und ergeben nicken lässt wie mein Gartenbaumeister, fühle ich mich ein bisschen verzagter. Das müsste man doch auch allein hinkriegen, oder? Das muss doch auch einfacher gehen?

Ich muss nicht unbedingt viel schlauer sein am Ende des Jahres, selbst das will ich nicht von mir verlangen. Ich will einfach nur auf diesen paar Quadratmetern Erde stehen (oder knien), sie beobachten, sie zu begreifen versuchen und in bescheidenem Maß zu gestalten. Das scheint mir machbar.

Es wird viel Arbeit geben in den nächsten Monaten, aber ich habe mir vorgenommen, dabei nicht das Wesentliche aus den Augen zu verlieren: das Spiel. Das Ausprobieren. Den Essai.

27. Februar

Ich bin fertig mit meinen Bürojobs in Hamburg. Umtrunk mit den Kollegen, letzte Umarmungen, haltlose Versprechungen (»bald mal wieder, ja?«), Teebeutelpackungen aus der Schreibtischschublade räumen, Fietes Büro-Hundekörbchen einpacken.

Und los.

Ich bin gut in Aufbrüchen und im Wegfahren, ich habe Routine darin. Ich bin nur nicht sehr gut im Ankommen und im Bleiben. Da tobt eine Unruhe in mir, ein hibbeliges kleines Ding, das ich bis jetzt noch nie habe zähmen können. Vielleicht gelingt es da draußen, wer weiß. Am Ende dieses Jahres werde ich klüger sein.

Ich lade mein Auto voll mit allem, was ich in den nächsten Monaten brauchen werde – mit Garten- und anderen Büchern, schweren Stiefeln und Regenhosen aus dem Seglerladen, Hundefutter und Hundespielzeug, ein paar Kisten Wein und ein paar Tüten mit Gewürzen vom Asiaten gegenüber, die ich auf dem Land nicht bekommen werde. Zwar werde ich alle paar Wochen mal zu Terminen in die Stadt fahren, zum Zahnarzt und anderen zivilisatorischen Notwendigkeiten, doch Hauptwohnsitz ist ab sofort die Hütte, der Nachsendeantrag für die Post ist bereits eingerichtet. Beginn: 1. März, Ende: 31. Oktober. Acht Monate auf dem Land. Eine kurze Zeit, wenn es gut läuft, eine kleine Ewigkeit, wenn nicht.

Es fühlt sich an, als ob ich eine neue Stelle antrete. Eine, von der ich noch nicht viel Ahnung habe, ein Praktikum. Keine zwei Fahrstunden von meinem Stadtleben entfernt, aber doch eine andere Welt.

Ich komme im Dunkeln an und schließe die Hütte auf. Kalte, muffige Luft schlägt mir entgegen. Erst mal Holz hereinholen und ein Feuer machen. Erst mal eine Flasche Rotwein entkorken. Erst mal mit dem Hund eine Runde vor dem Ofen kuscheln.

Und erst mal das komische klamme Gefühl im Magen überwinden. Auspacken kann ich morgen immer noch.

28. Februar

Morgens im Hellen ums Haus gegangen. Dies hier entdeckt.

Diese plötzliche Injektion von Zuversicht, wenn man die ersten grünen Spitzen sieht! Jetzt geht es los, etwas Neues beginnt.

Der Februar in Zahlen

Monatlicher Tiefstwert, Außentemperatur:
   -8,7 Grad Celsius (am 28. Februar)
Monatlicher Tiefstwert, Stimmung: -10 auf der
   nach unten offenen Depressionsskala
   (nach dem Besuch des Gartenbauexperten)
Bislang für den Garten ausgegeben,
   bevor es richtig losgeht: 752,65 Euro
Davon bislang bereut: 0 Cent

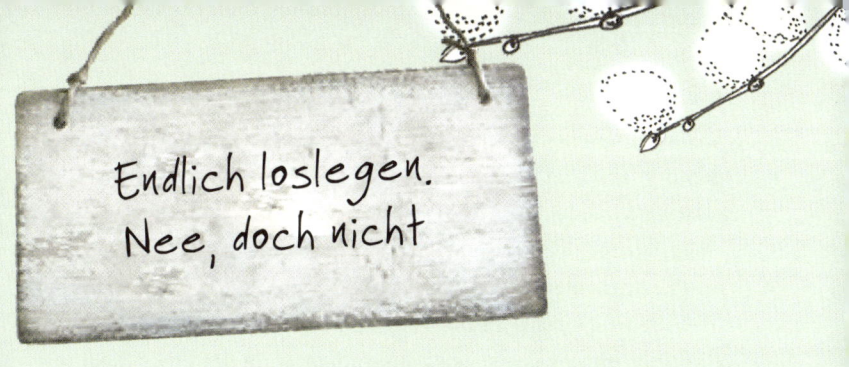

Endlich loslegen.
Nee, doch nicht

MÄRZ

Ein Kapitel über Ungeduld und das
verdammte Wetter, über Aufheber
und Wegschmeißer, über Lifehacks
und Liebesobjekte (= britische
Fernsehgärtner), über Wärm-
flaschen in Komposttonnen und
die Frage, warum nicht jedes
Gemüse neben jedem anderen
Gemüse im Beet wohnen will.
Es ist kompliziert.

1. März

Meteorologischer Frühlingsanfang: minus zehn Grad in der Nacht, minus fünf Grad tagsüber. Die Knospen der Azalee an der Terrasse sind solide durchgefroren, und wann immer ich den Vögeln eine frisch gefüllte Wasserschale hinausstelle, wird sie binnen kurzem zur Eislaufarena.

Meteorologischer Frühlingsanfang bedeutet nichts anderes als: von einer meteorologischen Unterorganisation der UN einmal so festgelegter statistischer Beginn des Frühjahrs. Der Termin ignoriert die Sonnenstände und damit den astronomischen Frühlingsbeginn, der zur Tag-und-Nachtgleiche um den 20. März herum liegt; er erleichtert durch die saubere Vierteilung des Jahres jeweils zum Monatsersten des Quartals einfach nur internationale Klimavergleiche und vor allem statistische Erhebungen wie etwa die der Monatsmittelwerte.

Für jeden außer für Zahlenschieber ist dieser Termin also völlig irrelevant, aber trotzdem ist man jedes Mal wieder milde empört, wenn der Frühlingsanfang sich nicht wie der Frühlingsanfang benimmt. Oder sind es nur die Deutschen, die ihr Recht auf jahreszeitlich korrektes Wetter so vehement einklagen?

7. März

Nach dem Gartenbauexperten-Fiasko hatte ich mir eigentlich geschworen, alles allein zu wuppen, aber für einige größere Erdarbeiten brauche ich halt doch einen Verbündeten. Der ist gefunden: Thorsten Zillmann betreibt im nahen Lütjenburg ein Gartenbauunternehmen namens Natura. Er kommt sofort vorbei, ein kleiner, zäher, fixer, pragmatischer Typ. Guckt sich die Sache bei mir an, sieht gleich, wie man quasi durch die Hintertür einen Minibagger auf mein Grundstück kriegen könnte. Wir verabreden einen Termin in zwei Wochen, wenn der Boden hoffentlich nicht mehr gefroren ist. Dann soll er für meinen zukünftigen Gemüsegarten den Rasen abschälen und Holzhäcksel für die Wege liefern; die Hochbeete baue und fülle ich dann allein.

Für mich ist das ein Testlauf. Wenn die Arbeiten gut laufen, wäre Zillmann auch mein zukünftiger Terrassenbauer. Ich will den blöden alten Waschbeton loswerden, dieses oder nächstes Jahr. Aber erst mal gucken, ob ich überhaupt mit dem Mann kann. Ich bin ein gebranntes Kind.

8. März

Solange ich draußen noch nichts tun kann, tue ich drinnen umso mehr: Ich liege faul auf dem Sofa und gucke YouTube-Videos mit Garten-Lifehacks. Streuen Sie Zimt um Sämlinge, um sie vor Pilzen zu schützen! Tauchen Sie Stecklinge in Honig! Stecken Sie Plastikgabeln mit den Zinken nach oben neben die Sämlinge, das hält Kaninchen ab! Streuen Sie Backpulver um Tomatenpflanzen, das macht sie süßer!

Ich lache viel, aber einiges leuchtet mir tatsächlich ein und wird notiert: Wenn man vor dem Bepflanzen Kaffeefilter in Blumentöpfe legt, rauscht das Wasser nicht mehr so durch beim Gießen. Jo. Das könnte klappen.

Überhaupt gibt es kaum etwas Tröstlicheres, als sich durch die unzähligen Gartenvideos zu klicken, die von Hobbygärtnern und Selbstversorgern hochgeladen wurden, aber auch von Institutionen wie den Bayerischen Staatsforsten, wo einem der Wolfgang den Wurzelschnitt beibringt oder der Sepp das Schnitzen einer Edelweiß-Blüte aus einem Fichtenspreißl.

Für alles gibt es eine Lösung in diesen Videos, sie erfüllen mich mit himmlischer Ruhe und Zuversicht: Ich bin nicht allein, irgendeine milde Seele gibt es immer, die sich seufzend dazu aufgerafft hat, auch die peinlichste meiner Fragen mit einem Filmchen zu beantworten. Ich könnte zum Beispiel den YouTuber »IngoderLiegeradler« dafür küssen, dass er mir in dreieinhalb Minuten erklärt, wie eine gute Schaufel aussehen muss und wie man ergonomisch korrekt schaufelt, nämlich mithilfe von Oberschenkel und Hebel-wirkung. Es wird bald nützlich werden, da bin ich sicher. Von Nadja wiederum, die mit ihrer wunderbar blutdrucksenkenden Stimme den Kanal *Neues vom Landei* betreibt, habe ich gelernt, wie man aus einem alten Meisenknödelplastikeimer, Alufolie und Klopapierrollen ein Minigewächshaus baut. Auch das: nützlich. Ziemlich bald schon.

9. März

Ich chatte mit einem Münchner Freund.

Er: »Wie geht's dir, was machst du gerade?«

Ich: »Ich weiche Wickensamen zum Vorkeimen in kaltem Kamillentee ein, gibt es was Besseres an einem regnerischen Frei-tagnachmittag?«

Es dauert ein bisschen, bis seine Antwort kommt: »Ich habe keine Ahnung, wovon du sprichst, aber ich freu mich, wenn's dir Spaß macht.«

Das ging schnell. Ich habe noch nicht mal richtig angefangen, und schon werde ich für wunderlich gehalten. Dabei mache ich doch nur, was ich gelesen habe: Kamillentee weicht die harte Hülle von Wickensamen auf, die anschließend besser keimen und durch die antibakterielle Kamille vor Pilzen geschützt sind, dasselbe gilt später für Erbsen und Bohnen. Und hat es nicht was sehr Fürsorg-liches, an einem kalten Vorfrühlingstag den kleinen Samenkörnern erst mal eine gute Tasse Tee zu kochen, bevor man sie in Aussaat-erde bettet?

10. März

Jackpot. In einer lokalen Facebook-Gruppe, die als digitales Schwar-zes Brett für meine Gegend fungiert, entdecke ich, dass jemand drei Dörfer weiter gebrauchte Aufsatzrahmen für Europaletten loswerden will. 19 Stück à 8 Euro, ein absolutes Schnäppchen. Wir verabreden einen Termin zur Abholung. Ich muss zweimal fahren, wundere mich aber wieder mal, was man alles in einen Kleinwagen reinquetschen kann.

Von den 19 Rahmen werde ich 18 verwenden, einer ist Reserve. Es sollen jeweils zwei übereinandergestapelt werden: 40 Zentimeter müssten als Höhe für den Anfang genügen, tiefer wächst nicht mal ein Rettich. Bedeutet: Ich kann jetzt mit neun Hochbeeten planen, jeweils drei sollen eine Einheit von 2,40 Meter mal 1,20 Meter bilden, dazwischen schubkarrenbreite Gänge.

Die Sache beginnt, Formen anzunehmen. Zumindest in meinem Kopf und auf dem Papier.

11. März

Phänologischer Kalender: Heute ist der Tag des großen Auf- und Abräumens da draußen. Die verdorrten Stauden und Gräser aus dem Vorjahr müssen heruntergeschnitten werden, bevor der Neuaustrieb kommt. Und wie schon im Jahr zuvor ist es eine einzige große Verblüffung, was sich unter all dem toten Gestrüpp verbirgt: zarte Bronzefenchel-Wedel im Kräuterbeet, die ersten Anemonen, Krokusse, der kräftige Austrieb des China-schilfs. Das wiederkehrende Wunder, das keins ist, sondern das achselzuckend hin-gerotzte *business as usual* der Natur. Vor dem ich aber trotzdem in die Knie gehe. Ich  robbe auf allen Vieren durch die Beete und rasiere die Stauden mit einer brandneuen selbstschärfenden Heckenschere. Rrrrrrrrppp! Rrrrrrppp! Sagenhaft, was für einen Spaß das macht. Überhaupt: selbstschärfend, was für ein schönes Wort. Ich liebe alles, was mit

»selbst-« beginnt. Selbstschärfend, selbstreinigend, selbsterklärend, selbstständig.

Selbstversorgung.

Ganz wird das nicht klappen, schon gar nicht im ersten Jahr. Aber die Idee, das eigene Essen anzubauen, das Gemüse von der Aussaat bis zur Ernte hochzupäppeln, macht mir ungeheuer gute Laune. Meine Mutter behauptet immer, das erste Wort, das ich gesprochen hätte, sei »leine« gewesen, meine Kindervariante von »alleine«. Es selbst hinzukriegen, leine, die eigenen Kräfte entdecken und unvermutete Fähigkeiten, die sich im Lauf des Jahres quasi selbstschärfend entwickeln würden, darauf freue ich mich am meisten in diesem Jahr.

Alles, was ich herunterschneide (und es ist viel), lasse ich erst mal in einer Ecke liegen. Ich werde es noch brauchen als unterste Lage für die Hochbeete. Müll gibt es in einem Garten nicht, nur Vorstufen zu neuem Wachstum.

14. März

Die Stauden machen jetzt ihr Ding, denen muss man die nächsten Monate nur beim Wachsen zugucken. Sie kriegen demnächst noch eine Ladung Kompost auf den Kopf und ein paar Handvoll Hornspäne, ansonsten muss ich ihnen nur das Unkraut vom Hals halten. Haken dahinter, vorerst jedenfalls.

Also kann ich mich jetzt auf die Frage konzentrieren, was ich in welcher Kombination in meine neun Hochbeete pflanzen will. Wie viel Platz braucht ein Kohlrabi? Wie viele Erdbeerpflanzen passen in ein Beet? Kann man Wurzelpflanzen neben Blattpflanzen setzen, also Mairübchen neben Salate, so dass der unterirdische und der überirdische Platz bestmöglich genutzt ist? Oder zeigen die mir einen Vogel?

Ich plane eine abgewandelte Form des uralten Systems der Dreifelderwirtschaft, bei der Schwachzehrer wie Erbsen und Bohnen auf hungrige Starkzehrer wie Kohl folgen, die natürlichste Art der biologischen Landwirtschaft. Auch das ist die Macht von You-Tube: Ich habe von Tuten und Blasen keine Ahnung, kann aber mit Vokabular wie Dreifelderwirtschaft und Starkzehrer hantieren wie in der zehnten Bauerngeneration.

Außerdem gibt es die Beetnachbarschaften zu beachten. Bestimmte Pflanzen stehen nicht gern neben anderen, Kohl zum Beispiel nicht gern neben Zwiebeln, Radieschen nicht gern neben Gurken, die gedeihen dann einfach nicht. Andere Partnerschaften wiederum tun sich richtig gut. Als Faustregel gilt: Was zusammen gut schmeckt wie Tomaten und Basilikum oder Stangenbohnen und Bohnenkraut, verträgt sich auch im Beet bestens und hält sich wechselseitig die Schädlinge vom Leib. Ein paar streng neutrale Joker gibt es gottlob auch, die sich mit jedem vertragen, Kopfsalate und Dill zum Beispiel. Dill ist der Friedensengel, Dill ist die Schweiz.

Stundenlang notiere ich Kombinationen auf Post-it-Zetteln, sortiere neu, klebe um, schiebe meine Spieler über das Schachbrett des Hochbeet-Rasters. Was schnell klar wird: Das gemeinsame Erwin-und-Katharina-Beet wird nicht so funktionieren, wie wir drei uns das vorgestellt haben. Spargel und Sonnenblumen und Kohlrabi und Rote Bete und Chili zusammen, das klappt nicht. Aber Radieschen und Spargel, das müsste gehen. Die anderen Pflanzen verteile ich dahin, wo sie besser wachsen.

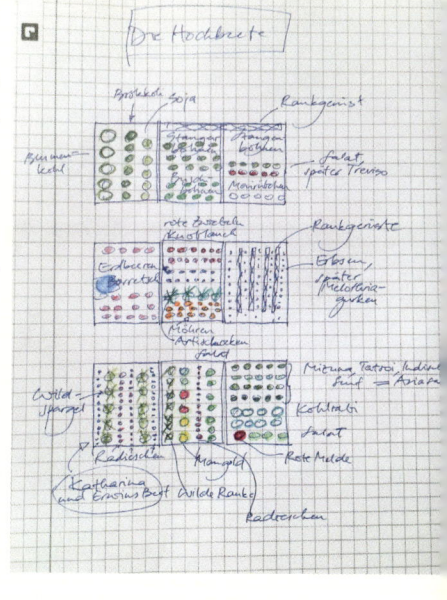

Mir raucht der Kopf. Wer hätte gedacht, dass das Gärtnern mindestens so sehr Denksport wie körperliche Plackerei ist? Bis jetzt habe ich draußen kaum einen Handschlag getan, mich aber jeden einzelnen Tag mit dem Garten beschäftigt auf eine Weise, die fast noch erschöpfender ist.

Endgültig überfordert mich das Spiel, wenn ich den Zeitfaktor einbeziehe. Es gibt Hauptkulturen wie Möhren, die nahezu die gesamte Saison ihren Platz im Beet beanspruchen, und Nebenkulturen, die schon früh durch sind oder erst spät einsteigen, Bohnen zum Beispiel erst im Juni, wenn bereits mindestens zwei Salat- und Radieschengenerationen gesät und geerntet worden sind, die Sprinter unter den Gemüsesorten, die innerhalb von sechs Wochen essreif sind.

Irgendwann gebe ich mich geschlagen. Ich verteile den Platz nach bestem Wissen und Gewissen, mache drei Kreuze und hoffe auf das Beste. Ich muss mich im ersten Gemüsejahr nicht stressen, ich will's ja erst lernen.

15. März

Heulender Wind, Temperaturen um den Gefrierpunkt, nachts weit darunter. Und jetzt auch noch Schnee. So hübsch es aus-

sieht, wenn alles unter einer weißen Decke ruht: Ich bin es leid, ich will jetzt endlich loslegen. Ich verlange Frühling, verdammt noch mal.

Einziger Trost: Der Frühling ist schon im Haus. Auf meinem Schreibtisch stehen seit fünf Tagen kleine Samenschälchen mit rotem Kohlrabi und dem asiatischen Salat Tatsoi, und heute rührt sich was. Ich muss ständig

hingucken, als würde ich was versäumen, wenn ich nicht aufpasse. Aber so ist es ja auch: Die winzigen Samen platzen einer nach dem anderen auf, überall kringelt was ans Licht, Blätterpaare entfalten sich mit den Schultern voran. Ich möchte die Schalen am liebsten warm einpacken und mitnehmen, wenn ich mich ins Auto setze und zum Einkaufen fahre: Die kann man doch jetzt nicht allein lassen!

Ich kann mir nur überhaupt nicht vorstellen, diese Salatblättchen je zu essen, ich käme mir bei der Vorstellung gerade ausgesprochen mörderisch vor.

17. März

Phänologischer Kalender: Die neue Saison von *Gardeners' World* startet auf *BBC* 2, ich und Hunderttausende anderer Nicht-Briten schauen sie einen Tag später im Netz. Für uns beginnt damit offiziell das Gartenjahr.

Gardeners' World läuft seit mehr als 50 Jahren, und zwar zur allerbesten Sendezeit, am Freitagabend um 20 Uhr – unvorstellbar außerhalb von England, dort aber ein Quotengarant.

Moderiert wird die Sendung von Monty – eigentlich Montagu Denis Wyatt – Don, einem charismatischen Lockenkopf knapp über 60, in den ich ziemlich heillos verschossen bin. Ich hätte allerdings die größte Mühe zu erklären, warum. »Hello«, so beginnt er jede Ausgabe, um dann übergangslos zu demonstrieren, wie man Dahlienknollen überwintern lässt oder Ableger von Kräutern nimmt. Vor allem aber demonstriert er seine entspannte Menschlichkeit, vielleicht ist es das, was mich so verknallt seufzen lässt bei seinem Anblick. Immer mal wieder fällt ihm ein botanischer Name nicht ein, er erzählt betrübt von seiner mageren Tomatenernte oder muss sich beim Himbeerschneiden seine Lesebrille aufsetzen: »Das erste Mal, dass ich meine Brille dafür brauche. Ich weiß nicht, ob das traurig ist oder eine schöne neue Erfahrung. Sagen wir so: Es ist Realität.«

Gardeners' World ist ein britisches Nationalheiligtum, und als Monty Don die Sendung 2003 übernahm, ging ein Aufschrei durch das Land: Der Mann ist ein Hobbygärtner! Ohne jegliche Aus-

bildung in Garten- und Landschaftsbau! Oder wenigstens in Floristik! Der erste Amateurgärtner in der bis dahin 36-jährigen Geschichte von *Gardeners' World!* Der auch noch auf lässige Weise gut aussieht in seinen ausgeblichenen Leinenhemden und löcherigen Fischerpullovern, der ohne Gartenhandschuhe arbeitet und mit dreckigen Händen durchs Abendprogramm führt: shocking! Inzwischen wird er wie ein Gott verehrt. Seine beiden Golden Retriever Nigel und Nell, die ihm bei den Dreharbeiten in seinem Garten »Longmeadow« folgen wie flauschige Schatten und jede Menge Großaufnahmen bekommen, haben ihre eigenen

Twitter-Accounts. Don selbst hat die Ausstrahlung eines Landpfarrers, lebenserfahren, aufmunternd und tröstlich. Seine Haare machen, was sie wollen, in seinen Augenwinkeln wohnt ein Lächeln, und er tut alles, die Gärtnernation davon zu überzeugen, eigene Erfahrungen zu machen, statt einfach nur Ratschlägen zu folgen, und seien es seine eigenen.

Montys Lebensgeschichte kennt in England jeder: Zusammen mit seiner Frau Sarah hatte er in den Achtzigern eine Firma für Modeschmuck, Blingbling in nur einer einzigen Größe: XXL. Prinzessin Diana und Boy George waren Fans, die Firma ging trotzdem pleite. Monty ging vor die Hunde, verlor Haus und Hof und berappelte sich mühsam durch das Schreiben von Gartenkolumnen für Tageszeitungen. Irgendwann bot man ihm nach Auftritten im Regionalprogramm die Königskrone an: die Moderation von *Gardeners' World*. Alles schien wieder bestens zu laufen – dann erlitt er einen Schlaganfall und musste drei Jahre pausieren. Zudem kämpfte er lange mit Depressionen, die ihn regelmäßig im Herbst befielen.

Aus allen Gruben des Lebens, sagt er, hat ihm das Gärtnern herausgeholfen, die große Allzwecktherapie. »Jede Pflanze ist eine Investition in die Zukunft. Man pflanzt etwas und ist damit für ein neues Leben zuständig. Man pflanzt Verantwortung und man pflanzt Hoffnung.«

Die Sendung moderiert er wie ein Zen-Meister. Oft fordert er dazu auf, einfach mal nichts zu machen und sich den Garten nur anzusehen, ihn zu genießen. Er erzählt viel von eigenen Versäumnissen und Fehlleistungen. Eigentlich habe er ja schon längst fertig sein wollen mit diesem Beet oder jenem Projekt, aber irgendwie sei ihm was dazwischengekommen, na ja, wie das im Leben so ist. Aber irgendwann in den nächsten Wochen ganz bestimmt.

Mit dieser Lässigkeit füllt man in England Sendezeit. Und mit derselben Lässigkeit füllt man ein Leben.

18. März

Schon der dritte Tag Sturm. Wütender Wind im Ofenrohr, Nadelstiche im Gesicht, wenn man aus dem Haus tritt. Nur im benachbarten Wald finden Fiete und ich etwas Schutz vor dem schneidenden Wind – was angesichts herabstürzender Äste nicht die beste Idee ist.

Sich ins Haus zu verkriechen, das kenne ich nicht aus der Stadt. Da gibt es auch bei miesestem Wetter immer noch Alternativen. Kino, Kneipe, so was. Hier draußen gibt es lediglich Draußen oder Drinnen, und wenn das Draußen sich verbietet, dann bleibt nur Drinnen. Mit Blick nach draußen. Es ist ein bisschen wie Einzelhaft, und nie hat mir der Ausdruck »Im Freien« für die Welt jenseits des Fensters so eingeleuchtet wie in den letzten Tagen. Ich will raus. Ich will was tun. Irgendwas. Graben, hacken, pflanzen, schaufeln, egal. Notfalls sogar Fenster putzen. Aber der Wind pfeift, es ist knapp über null Grad, ich habe da draußen nichts zu suchen.

Und drehe langsam durch.

Gleichzeitig ist dieses frustrierende Warten natürlich eine fantastische Lektion in Sachen Geduld. Die ist mir nicht gegeben, ich bin von Natur aus jemand, der Leere nicht gut erträgt, sondern fast zwanghaft füllt. Im 21. Jahrhundert ist das verheerend einfach geworden, man hat ja das Füllmaterial immer in der Tasche: ein Griff zum Smartphone, irgendein sinnloses, aber geschäftiges Gedaddel, schon sind Minuten, wenn nicht Stunden gestopft.

Hier draußen wird sich die Zeit hoffentlich mit etwas Sinnvollerem füllen, das ist zumindest der Plan. Wenn es doch nur endlich losgehen könnte.

19. März

Vor dem Haus das Piepen eines rückwärts fahrenden Zwölftonners. Inzwischen weiß ich, wenn ich was kriege, ich kenne den Sound von Lieferwagen und Postautos wie jeder Mensch mit Haus auf dem Land. Ich weiß, wie lange es dauert vom Bremsen bis zum Klingeln an der Haustür, und meistens bin ich schon vorher draußen, um dem Fahrer tragen zu helfen.

Heute ist es ein Monsterpaket aus England, das Ergebnis eines Spontankaufs nach einer ganzseitigen Anzeige im Gartenmagazin der Royal Horticultural Society. »HotBin – die Komposttonne, die wirklich funktioniert. 32-mal schneller als übliches kaltes Kompostieren.«

Eigener Kompost! Das Wunder der Verwandlung von Küchenabfällen und Rasenschnitt in nahrhafte, leckere Erde! Ich konnte nicht widerstehen, zumal die HotBin mit Temperaturen zwischen 40 und 60 Grad arbeitet, bei dem die Rotte besonders schnell einsetzt. 32-mal schneller, wie gesagt. Tatsächlich eine Zaubertonne. Wenn es klappt.

Und jetzt steht da eine mülltonnenförmige und mülltonnen-farbene bauchnabelhohe Kiste aus schwarzem Styropor mit einem Thermometer im Deckel neben dem Haus und wartet darauf, von mir gefüttert zu werden. Ich fülle feierlich ein paar Zweige und eine Lage Rindenmulch hinein, darauf Gemüsereste und Teeblät-ter, darauf Abschnitte von Ziergräsern, darauf noch mal Rinden-mulch. Und dann eine Wärmflasche, damit der Müll es gleich schön warm hat.

Teil der Lieferung war ein Plastikcontainer, den man mit hei-ßem Wasser gefüllt in den Kompost senken soll, damit die Tonne auch bei Kälte schnell auf Temperaturen kommt. Den Rest des Tages hole ich in regelmäßigen Abständen die erkaltete Wärm-flasche aus der Tonne, fülle sie erneut und versenke sie ein weite-res Mal.

Meine Güte, hoffentlich beobachtet mich keiner. Hoppla, da kommt ein Auto mit Hänger, schnell rein mit der Wärmflasche und kompetent gucken. Es ist ein junger Mann aus der nächsten Stadt, der mir neun Europaletten als Basis für meine Hochbeete bringt, erstanden über ebay-Kleinanzeigen. Eigentlich wollte er ein Sofa draus bauen, aber dann … ach, wie das so ist mit Projek-ten. Ich hatte zuerst geplant, nur die Aufsatzrahmen zu verwen-den, die ich neulich geholt hatte, aber jetzt denke ich: Angesichts der Erdmassen geht nichts über eine stabile Grundlage. Die zudem den Maulwurf davon abhalten wird, von unten ins Beet zu steigen.

20. März

Frühlingsanfang, kalendarisch. Am Meeresufer halbgefrorenes Slush-Eis wie in einer Frozen-Margarita-Maschine aus den späten Neunzigern. Die Ostsee ist ein einziger großer Longdrink. Mit Salzrand. Immerhin scheint die Sonne, ansonsten ist es zwischen null und vier Grad. Aber sonnig. Aber windig. Aber sonnig.

Man klammert sich an alles.

22. März

Das Warten hat ein Ende. Und zwar das Warten auf alles: Mein rollendes Gewächshaus wird in sieben Paketen geliefert, eines so groß, dass der Fahrer und ich es nicht mal durch die Gartenpforte bekommen. Thorsten Zillman und sein Minibagger rollen an, um meinen Rasen für die Hochbeete abzuschälen. Und das bestellte Saatenpaket von Hof Jeebel trifft ein.

Erst passiert nichts, dann alles auf einmal. Wie das so ist beim Übergang von Winter zu Frühling.

Der Minibagger wiegt 1,8 Tonnen, was erst mal nicht sehr mini klingt, ist aber nur knapp über einen Meter breit. Wir mussten lediglich ein Zaunelement ausbauen, damit er bequem hinter meinem Rhododendron aufs Grundstück rollen kann. Thorsten Zillmann sitzt selbst am Steuer. »Das lässt er sich nicht nehmen«, sagt sein Mitarbeiter Alex.

Wir stehen daneben, er gelassen auf seine Schaufel gestützt, ich mit offenem Mund. Wie filigran man mit dem Ding arbeiten kann, wie zärtlich die Schaufel den Rasen abhebt, wie sorgfältig sie anschließend die matschige Erde wieder glättet! Endlich verstehe ich all die Bagger-Wetten aus hundert Jahren »Wetten, dass ..?«. Mit einem Bagger ein Ei köpfen: Klar geht das.

Alex und ich karren Häcksel nach hinten auf die Fläche und verteilen sie, wir schleppen die Europaletten heran und bauen die Rahmen darauf. Es passt.

Es sieht genau so aus, wie ich mir das vorgestellt habe. Nicht wirklich schön, aber zweckmäßig. Irgendwie unternehmungslustig. So als ob hier was richtig Gutes passieren könnte.

Die Palettenrahmen haben schon einiges hinter sich, wie ich jetzt erst entdecke. Auf einigen von ihnen finden sich alte Aufkleber: »Kanisterschaum 10 L Isocyanat A«, gedacht für eine Rohrleitungsbaufirma in Neumünster. Ich googele Isocyanat, es klingt nicht gut. »Arbeitnehmer, die regelmäßig Isocyanaten ausgesetzt sind, müssen an arbeitsmedizinischen Vorsorgeuntersuchungen teilnehmen.«

Klasse. Und da hinein will ich jetzt meine heiligen Biosaaten säen. Aber ich gehe davon aus, dass die Substanz gut verpackt war, bevor sie in den Rahmen landete.

23. März

Ich werfe alte Staudenabschnitte in die Hochbeete, sie dichten die Europaletten ab, so dass die Erde nicht durchfällt. Dann hebele ich mit einer Grabegabel die abgeschälten Rasensoden umgekehrt darauf, die Erdseite nach oben. Es ist fast unmöglich, die Soden kleben an der Gabel, sie klammern sich regelrecht fest. Zum Teil arbeite ich mit den Händen, es geht schneller bei der tonigen Erde. Das dürfte mich noch ein paar Tage kosten.

24. März

Andreas kommt vorbei und hilft mir, das rollende Gewächshaus zusammenzubauen.

Das war gelogen. Andreas kommt und baut das Gewächshaus zusammen; ich halte Seitenteile fest und reiche Leisten an. Andreas

Jansen ist mein Mann fürs Grobe, wie ich ihn immer nenne: ein Allrounder, wie er nur auf dem Land wächst, einer, der alles reparieren kann und der immer die richtige Schraube hat oder eine Leiste, die genau passt. Es gibt ja so Leute, deren Standardsatz »Das kann man noch mal gebrauchen« ist. Als überzeugter Wegwerfer und Entrümpler brauche ich genau so jemanden als Korrektiv. Andreas ist das Yang zu meinem Yin, ein Aufheber und geduldiger Neuzusammensetzer.

Ein bisschen was davon habe ich schon übernommen. Bei fast allem, das ich sonst ohne Nachdenken weggeworfen hätte, überlege ich derzeit zweimal: Kann man das noch gebrauchen? Dass man aus Eierpappe und Klopapierrollen prima Aussaattöpfe machen kann und aus Obstplastikschalen kleine Gewächshäuser, habe ich schon kapiert, leere Marmeladengläser sammele ich bereits seit Wochen, die werde ich im Herbst brauchen (hoffentlich), auf Verdacht aber auch diese Drahtklemmdingse von Brottüten (vielleicht zum Anklipsen von Rankpflanzen?), Noppenfolie (vielleicht zum Einpacken der Kübelpflanzen im Winter?), Korken (keine Ahnung, wofür) und dicke Schaumstoffstreifen aus Verpackungen (keine Ahnung, wofür). Ich fülle auf Verdacht eine große Box mit Vielleichtbrauchbarem, habe mir aber vorgenommen, im Dezember alles Nichtgebrauchte zu entsorgen. Ein neuer Andreas wird nicht aus mir. Echt nicht.

Der bohrt und schraubt derweil und flucht über die dänische Bauanleitung, die eher in die Irre führt als hilft; zwischendurch füttert er Fiete mit Leckerli aus einer Lunchbox. Am Ende rollen wir das Gewächshaus über den Rasen ans Ende des Gartens und weihen es mit alkoholfreiem Bier und zwei Stück Butterkuchen ein.

»Ich taufe dich auf den Namen Flytbar«, sage ich feierlich und gieße etwas Jever Fun übers rechte vordere Rad. Dieses Schiffchen ist heil vom Stapel gelaufen, jetzt kann der Garten wirklich in See stechen.

25. März

Zunehmender Mond, zweites Quartal: perfekt für das Aussäen von Tomaten, wenn ich an den Mondkalender glauben würde. Ich habe zehn Sorten, in den Tütchen sind jeweils zwei Gramm, circa 30 Korn. Man kann sich gar nicht vorstellen, wie winzig und leicht Tomatensamen sind. Wenn man sie mit dem feuchten Finger aufpickt, lösen sie sich nicht mehr, also lasse ich es lieber und habe mir dünne Haushaltshandschuhe angezogen. Dies hier kommt knapp hinter Hirnchirurgie. Allerfeinste Feinmechanik.

Jeder Samen bekommt eine winzige Einzimmerwohnung in einer mit steriler Anzuchterde gefüllten Quickpot-Platte. Das sind stabile Aussaatplatten, so tough, dass ich sie hoffentlich über Jahre verwenden werde. Passend dazu gibt es Untersetzer mit Kapillarmatten, aus denen sich die Sämlinge kontrolliert mit Feuchtigkeit versorgen können. Ich komme mir wahnsinnig professionell vor.

Zehn Reihen à 15 Vertiefungen: Einige junge Paare, die sich nicht trennen wollten, sind zusammengezogen. Und ein paar Dreier-WGs gibt es auch, eher versehentlich. Die werden später auseinandergesetzt – vorausgesetzt, sie keimen überhaupt.

Als Lichtkeimer dürfen die Samen nur einige Millimeter Erde über-
gestreuselt bekommen, anschließend werden sie mit einer feinen
Brause noch mal befeuchtet; eine Sprühflasche wäre auch gegangen.

Ich habe
- 'Gardener's Delight', ein Geschenk der Royal Horticultural
  Society zum Beitritt von Lady Winnemuth.
- 'Green Zebra': »Die gestreiften Früchte bleiben im reifen
  Zustand grün bis grüngelb. Das Fleisch ist hellgrün und saftig,
  von feinem Geschmack, die Schale ist dünn, dennoch platz-
  fest. Mittelspät reifend.«
- 'Ruthje': »Sehr leuchtend rote Tomate mit leichter Herzform.
  Der Geschmack ist außergewöhnlich gut, vergleichbar mit
  dem einer guten Cocktailtomate. Die Früchte halten sich
  lange an der Pflanze, bis zur vollständigen Ausfärbung hängen lassen. Züchtung dieser Sorte auf geringen Nährstoffbe-
  darf, deshalb sparsam düngen.«
- 'Gelbe Johannesbeere': »Buschtomate. Bildet massenhaft
  kleine, gelbe Früchte an langen Rispen. Süß schmeckend mit
  Wildtomatenaroma. Stark verzweigter Wuchs, muss nicht
  ausgegeizt werden.«
- 'Dattelwein': »Bildet dichte Trauben mit birnenförmigen bis
  ovalen Einzelfrüchten. Die süß-aromatischen, wohlschme-
  ckenden Früchte sind sehr platzfest. Massenträger!«

- 'Brandywine Sherry': »Wüchsige Cocktailtomate mit vielen kleineren Trauben und dunkelrosa, himbeerfarbenen Früchten. Die Sorte hat vorwiegend normalblättriges Laub und kann mehrtriebig gezogen werden. Ältere Sorte aus den USA.«
- 'Banana Legs': »Buschtomaten mit gelben, länglichen, großen Früchten. Früchte haben wenig Saft. Interessante Sorte.«
- 'Black Zebra': »Saftige, wohlschmeckende rote Früchte mit hell- und dunkelgrünen Längsstreifen.«
- 'San Marzano': »Klassische italienische Saucentomate. Die länglich flaschenförmigen Früchte eignen sich hervorragend für die Verarbeitung. Sie besitzen ein ausgewogenes Säure-Zucker-Verhältnis. Stabtomate mit mittelfrüher Reifezeit.«
- 'Black Plum': »Gesunde, kräftige, mittelhoch bis hoch wachsende Salattomate mit braunrot-olivfarbenen, ovalen, kleineren Früchten. Frischtomate, die sich auch für Suppen und Saucen eignet. Üppig wachsend, sehr guter Ertrag.«

Für alle gilt: Die Keimtemperatur liegt optimal bei 20 bis 22 Grad, Jungpflanzen haben es am Tag gern 18 bis 20 Grad warm, nachts 15 Grad. Das bedeutet: Fürs Erste wohnen sie bei mir im Wohnzimmer. Ich bastele ihnen ein improvisiertes Minigewächshaus aus einer Plastikverpackung mit Reißverschluss, in der eine Bettdecke geliefert wurde. Die Man-weiß-ja-nie-Strategie von Andreas, alles und jedes aufzubewahren, trägt erste Früchte.

Die Tomaten stehen jetzt ganz oben auf einer Pflanzentreppe, nah am Licht. Auf den unteren Stufen weitere Samenschalen: Chili und Paprika in Kokosquelltabletten, daneben andere Samen, die für eine Vorzucht im warmen Haus dankbar sind: Kapuzinerkresse 'Peach Melba Superior' (»Traumhaft schöne Farben, herrlicher Duft, wenig rankend, Blüten über dem Laub. Für Beete und Balkon. Essbar«), Schnittknoblauch 'Fat Leaf' (»leckeres Knoblaucharoma, das schnell

verfliegt. Winterhart«) und Porree 'Blaugrüner Winter' (»mit gesundem blaugrünem Blatt und weißen Schäften. Geeignet für Überwinterung im Freiland.«)

In den nächsten Wochen empfange ich besser keinen Besuch, man würde mich für völlig bekloppt halten. Ich stelle mir gerade den nächsten Chat mit meinem Münchner Freund vor.

»Wie geht's dir, was machst du so?«

»Ich habe gerade eine WG mit 250 Sämlingen gegründet.«

»Ah ja.«

27. März

Draußen schichte ich weiter Rasensoden in die Hochbeete, es nimmt kein Ende. Mein Nachbar Hartmut ruft über die Hecke: »Soll ich dir einen Saibling mitbestellen? Kommt Gründonnerstag.« Wahnsinn, wir haben fast Ostern, und dabei ist es immer noch so klapperkalt!

Abends fällt mir wieder das »Gartenmanifest« des Holländers Henk Gerritsen in die Hände, ein Vademecum mit lauter klugen Gedanken. Unter anderem steht da das erste Gebot des Gärtnerns: »Du sollst nicht klagen.«

Absolut richtig, wenn auch übermenschlich schwierig. Denn das Klagen ist eine gärtnerische Grundtechnik. Zu beklagen gibt es immer was. Am meisten natürlich das Wetter: zu kalt, zu warm, zu nass, zu trocken, zu windig, zu … Dann die biblischen Plagen der Schädlinge, der Kohlraupen, Weißfliegen, Schnecken, Rüssler und Zünsler. Dann die Nachbarn mit den zu hohen Bäumen und zu lauten Häckslern. Und dann wieder das Wetter. Ach so, und der Boden, schwierig, schwierig.

Gerritsen gehört wie der legendäre Piet Oudolf, der durch die

New Yorker »High Line« berühmt geworden ist, zu den modernen Gartengestaltern, die naturalistische Gärten so populär gemacht haben. Es geht ihnen um naturnahe Gärten aus Pflanzengemeinschaften, wie sie auch in der freien Wildbahn nebeneinander wachsen, aus Wildstauden und Gräsern. Die Gärtner haben sich jahrhundertelang nicht darum geschert, ob sich eine Palme neben einem Alpenveilchen wohl fühlt (geschweige denn gut aussieht), sie haben einfach unverdrossen zusammengepflanzt, wie es ihnen gefiel. Erst in den letzten Jahrzehnten wird bewusst versucht, die Natur auch als gestalterisches Vorbild zu betrachten.

Ich probiere das in meinem Garten auch. Ich verzichte auf Prachtstauden wie Dahlien, ich suche gezielt insektenfreundliche Wildstauden aus, damit es hier summt und brummt und das Leben zurückkehrt. Blaukorn ist verboten, ebenso chemische Bomben im Kampf gegen Schädlinge. Es soll mir alles über den Kopf wachsen.

Auch wenn das bedeutet, dass ich mich nicht beklagen darf.

29. März

Es ist Gründonnerstag, drei Tage vor Ostern. Es schneit. Gottverdammt, das gibt es doch nicht.

Auf Facebook kursiert das tröstliche Kalenderblatt mit einer alten Bauernregel: »Ist Gründonnerstag weiß, so wird der Sommer heiß.« Ich glaube es einfach mal. Ich säe mit zusammengebissenen Zähnen Kohlrabi und Schwarzäugige Susanne in der Küche aus.

30. März

Karfreitag. Der Schnee schmilzt, morgen soll es wieder regnen, also muss heute geschafft werden, die abgeschälten Rasensoden in die Hochbeete zu verfrachten. Ich arbeite mit der Mistgabel, die Placken sind 10 bis 20 Kilo schwer. Es ist, als ob sie zu Boden gesaugt werden, so schwer sind sie von der Feuchtigkeit des Schnees.

Für mich ist es eine ganz neue Erfahrung, beim Arbeiten zu keuchen, ich bin mächtig froh, dass mich hier draußen keiner herumächzen hört. Gleichzeitig ist es das einzig angemessene Geräusch. Es ist eine wüste Schlammschlacht, der Boden ist wie eingeseift, ich fluche und schwitze, ein paarmal rutsche ich aus und falle hin. Am Ende sehe ich aus wie nach drei Runden Schlammcatchen gegen einen deutlich überlegenen Gegner.

Wer hatte noch mal diese saublöde Idee, Hochbeete zu bauen? Oder überhaupt einen Garten haben zu wollen?

Der März in Zahlen

Schneetage: 5

Sturmtage: 6

Tage, die mit unflätigen Flüchen begannen: 11

Trotzdem ausgesät: 10 Tomatensorten, 2 Chilisorten,
    1 Paprika, 2 Kapuzinerkresse, 1 Porree,
    2 Kohlrabi, 1 Brokkoli, 1 Schwarzäugige Susanne,
    1 Tibet-Scheinmohn, 1 Prunkwinde

Kartoffelsorten, die in Eierkartons und Holzkisten
    vor sich hinkeimen: 6

Quadratmeter im Wohnzimmer, den all das Zeug
    jetzt einnimmt: 3

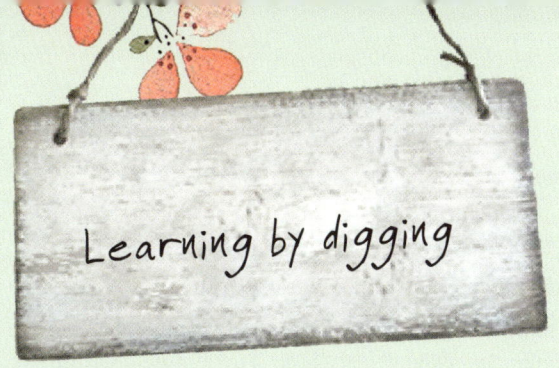

Learning by digging

APRIL

Die Hütte ist fest im Griff der Sämlinge,
die Gärtnerin dem Wahnsinn nah. Und das
schon so früh! Draußen explodiert alles,
vor allem die Arbeit. Und wir reden hier von
echter Arbeit, mit Blut, Schweiß und Tränen.
Über schöne neue Wörter (Marschrüffel!
Breitwürfig!), die Ermordung einer Rose,
tödliche Kartoffeln, die erste Ernte des
Jahres und die besten Schuhe der Welt.

2. April

»Ähm. Wenn du auf die Toilette gehst: Nicht erschrecken, da ist was in der Dusche.«

Das ist inzwischen mein Standardsatz bei jedem Besucher – einer, der jeden Gast verlässlich ins Bad zwingt und etwas schneller atmend zurückkehren lässt. In meiner Dusche wohnt eine Pilzkultur, ausnahmsweise eine essbare: Bio-Kräuterseitlinge, die auf einem Nährboden in einem Folienbeutel wachsen. Die Empfehlung im Katalog war: Raumtemperatur zwischen 10 und 20 Grad, möglichst hohe Luftfeuchtigkeit. Und das trifft perfekt auf mein Bad zu, wobei die Temperatur eher Richtung 10 Grad geht.

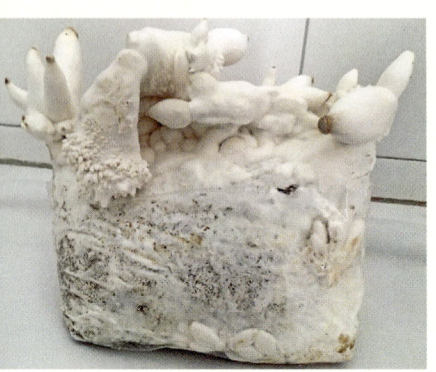

Wenn ich dusche, zieht die Zucht kurz aus und anschließend sofort wieder in die dann feuchtwarme Kabine.

Scheint zu klappen, das Substrat beult schon ganz mächtig. Man soll es immer leicht feucht halten und dann abernten, wenn die Pilze nicht länger wachsen. Das könnte schneller gehen als gedacht.

3. April

Das Bad ist nicht der einzige Raum, der von neuen Mitbewohnern okkupiert ist. Das Haus ist zum Treibhaus geworden: Im Wohnzimmer und in der Küche sind alle freien Flächen von Saatschalen und improvisierten Gewächshäusern belegt, im Gemüsefach des Kühlschranks wohnen Samen in Töpfen, die den Kältereiz zum Keimen brauchen, und ich bin zur Bedienung degradiert, die gelegentlich nachschenken darf: »Fräulein! Eine Lokalrunde für mich und meine 249 Freunde!«

Im Flur wiederum residiert ein weiterer Herrscher: der Marsch-rüffel.

Der Marschrüffel ist der König unter den Spaten: ein elegantes Gerät mit selbstschärfendem konischen Blatt, also zur Schneide hin dünner werdend. Geschmiedet wurde er in der Spatenschmiede Baack in Hohenlockstedt. Dank seiner schmalen Form dringt er besonders gut in schwere Böden ein und ist folglich maßgeschneidert für meinen Matsch. Er hat kein Stabilitätshäuschen, so bleibt keine Erde kleben, dafür einen ergonomisch gebogenen Stiel aus zähem, elastischem Eschenholz. Zäh, aber elastisch, damit kann ich mich identifizieren. Der Marschrüffel ist das Supermodel unter den Werkzeugen, der Schönste im ganzen Land. Pfenningschmidts Damenspaten kann einpacken gegen ihn.

Das Beste an ihm ist natürlich sein Name. Marschrüffel. Das klingt kompetent und leicht bedrohlich. Sollte nicht jeder einen Marschrüffel im Haus haben, idealerweise gleich neben der Eingangstür? »Wenn Sie nicht sofort verschwinden, lasse ich meinen Marschrüffel auf Sie los!« Seit Wochen steht er im Flur neben meinen Stiefeln und wartet auf seinen Einsatz.

Mit der Hütte habe ich einige Werkzeuge übernommen, sie hingen sauber aufgereiht im Schuppen. Einen schon sehr stumpfen Spaten, eine Schaufel mit Betonresten dran, einen ebenfalls stumpfen Grubber, eine Mistgabel, eine Grabegabel, eine Harke. Des weiteren mehrere Angeln, ein paar rostige Messer, die aussehen, als ob sie schon in vielen Fischbäuchen gesteckt hätten, einen Rasenmäher mit abgewetzten Messern sowie obskures Gerät, dessen Zweck mir bis heute nicht klar ist. Dann noch Arbeitsklamotten, in die ich nicht reinpasse, und halbleere Farbeimer wie in jedem anständigen Gartenschuppen.

Ich muss also aufrüsten. Mein Gartenguru Pfenningschmidt empfiehlt mir per Mail eine Klappsäge (»Sehr gut sind japanische Sägen von ARS. Sauscharf mit hoher Verletzungsgefahr schon beim Angucken. Ein baumfällender Kollege benutzt Silky. Silky oder ARS, das ist wie Beatles oder Stones«) und legt mir eine Wiedehopfhaue ans Herz: »Auf alle Fälle unverzichtbar. Lebensnotwendig!«

Wozu genau, frage ich, außer um Wiedehöpfe zu verhauen?

»Nee nee, Frau Winnemuth«, antwortet er. »Erst die Aufgabe und dann das Werkzeug, das klingt sicherlich vernünftig, geht aber am Eigentlichen eines Werkzeugs vorbei. Erst das Werkzeug kaufen, dann damit unschlüssig im Garten stehen, dann überlegen, was man damit machen könnte, und dann mächtig loslegen: So funktioniert Werkzeug, so funktioniert die Entwicklung der Menschheit und so funktioniert Hornbach.«

Das leuchtet mir ein. Also ordere ich beim Gartenfachbedarf Hermann Meyer eine Wiedehopfhaue, dort

als »Pflanzhacke Oberfranken« geführt. Eine Wiedehopfhaue sieht aus wie die Waffe eines Nebendarstellers aus »Game of Thrones«, der maximal zwei Folgen überlebt, weil ein ähnliches Instrument eines weiteren Statisten seinen Kopf spalten wird: Sie ist zweischneidig, auf der einen Seite beilförmig, auf der anderen eine schmale Hacke. Sieht brandgefährlich aus, liegt angenehm schwer in der Hand. Super Teil. Und was macht man nun damit?

Pfenningschmidt: »Mit einer Wiedehopfhaue können Sie sehr leicht feste Grassoden aus der Erde hacken. Sollten Ihnen dabei Wurzeln oder Ähnliches begegnen, drehen Sie das Ding um und benutzen die halbrunde, scharfe Schneide, die aussieht wie die

Kopffedern des Wiedehopfs (das wäre jetzt eine 250000-Euro-Frage bei Jauch: A. Meisenspaten, B. Wiedehopfhaue, C. Amselharke, D. Finkenschaufel). Zerteilen und raushacken, so ist das Prinzip. Geht wirklich und bringt sogar Spaß – jedenfalls auf den ersten drei Metern.«

Teile und herrsche, alles klar. Zur Sicherheit schaue ich aber noch mal auf YouTube nach, was meine Helden Sepp und Wolfgang von den Bayerischen Staatsforsten zum Thema zu sagen haben. Und tatsächlich, es findet sich ein Online-Tutorial »Pflanzung mit der Rhodener Pflanzhaue«. Etwas andere Form, der Wiedehopfschopf fehlt, aber ähnliche Funktion. Ich lerne, dass man mit der Haue nicht nur kaputt machen, sondern auch auf schnellstmögliche Art Setzlinge einpflanzen kann. Ein Instrument des Friedens und des Wachstums!

»A ganz a universelles Gerät. Die Pflanzhaue is für ois zum Einsetzn«, sagt der Sepp. »Der Schloag is ungefähr zwanzig Zentimeter vorm linken Fuaß, des Stielende is auf der Höhe von der Hosentaschen. I werd des Ganze praktiziern, und der Wolfgang erklärt noch a bissl was dazu.«

Der Wolfgang: »Sei Kreiz is grod. Optimole Pflanzstellung.«

Ich packe meine Haue und nehme selbst die optimale Pflanzstellung in meinem von Gras überwucherten hinteren Staudenbeet ein. Pfenningschmidt hat recht: Die ersten drei Meter sind super.

5. April

Fiete hat Geburtstag, er wird 5. Morgens machen wir am Strand das obligatorische Geburtstagsfoto, der Hund entscheidet sich unaufgefordert für die Heldenpose.

Nachmittags kommen meine Freundin Rina und ihr Hund Oskar mit der ebenso obligatorischen Geburtstagstorte: Hackfleisch, Hüttenkäse, Würste statt Kerzen. Die Jungs brauchen keine halbe

Minute dafür. Rina hatte ich gleich in meinem ersten Jahr hier kennengelernt, ein Glücksfall. Unsere Hunde Oskar und Fiete sind wie Brüder und wir sind wie heimliche Schwestern: gleich alt, viel gereist, jahrzehntelang in der Großstadt gelebt. Sie ist hier geboren und früh in die Welt geflohen, nach ihrer Heimkehr hat sie einen Teil des elterlichen Hofs zu Ferienapartments für Hundebesitzer umgebaut. Sie steht auf Heavy Metal, backt eine grandiose Himbeertorte und hält sich für ein absolutes Glückskind, es ist sehr schwer, sie nicht zu mögen.

6. April

Frau Schröder hat die mit Abstand schönsten Stauden der Nachbarschaft; nach dem morgendlichen Gassigehen spaziere ich immer bei ihr vorbei, um zu gucken. Aber sie ist schon 88, es wird ihr langsam zu viel, deshalb will sie nun Pflanzen loswerden. Ich rücke mit Spaten und Mörteleimer an und lasse mich dirigieren.

»Da, der Fransenmohn, den mochten Sie doch immer so?«

»Den wollen Sie hergeben? Soll er nicht noch einmal bei Ihnen blühen und ich hole ihn danach?«

»Nee, nur raus damit. Und da, die drei Spiegelei-Blumen. Und vorn habe ich noch eine mattrote Lenzrose, die soll auch raus. Und die Herbstanemonen, davon können Sie so viel nehmen, wie Sie wollen. Und was ist mit Akelei?«

Ich steche vorsichtig ab, der Eimer füllt sich, ich hätte gleich mit der Schubkarre kommen sollen.

»Die setze ich alle vors Haus, dann können Sie sie besuchen kommen.« Frau Schröder lacht und nickt.

»Toll, Frau Schröder, ich freu mich so. Tausend Da …«

»Pscht! Man sagt nicht danke bei geschenkten Pflanzen! Sonst wachsen die nicht an.«

7. April

Morgens stellt mir Thorsten Zillmann einen randvollen Hänger mit Mutterboden-Kompost-Gemisch für meine Hochbeete vor die Tür, gute zwei Tonnen, 2 200 Kilo.

»Viel Spaß. Ich hole den Hänger morgen Abend wieder ab, passt das?«

»Klar. Schaffe ich locker.«

2 200 Kilo Erde vom Hänger runterschaufeln, per Schubkarre zu den Hochbeeten transportieren und dort wieder hineinschaufeln, das ist pure unverdünnte Plackerei, das ist Schwerstarbeit, das ist ein Knochenjob, das ist … unglaublich befriedigend. Hier ist die Erde, dort muss sie hin, mehr wird nicht von mir verlangt. Ganz einfach.

Und ganz schwer. Nach dem ersten Tag liege ich abends um acht im Bett, komplett erschossen. Am nächsten Morgen lasse ich mich seitlich aus dem Bett auf den Boden abrollen, anders kann ich nicht aufstehen. Aber es muss immer noch weiter geschaufelt und gekarrt werden, die Uhr tickt, Zillmann braucht seinen Hänger zurück. Meine Arme werden schwerer, ich werde immer langsamer, der Hänger will einfach nicht leerwerden.

Irgendwann kann mein Nachbar Hartmut das Elend nicht mehr mitansehen und kommt mit einer Schaufel und seiner Schubkarre rüber, um zu helfen.

»Hartmut«, sage ich keuchend, »du bist gerade drei Plätze in meinem Testament nach oben gerückt.«

Nachmittags schicke ich triumphierend ein Handyfoto an Zillmann: der sauber gefegte Hänger. Grinsend kommt er ihn abholen: »Sehr fleißig.«

»Ach, das bisschen.«

Kaum ist er um die Kurve, schleppe ich mich ins Haus und schlage der Länge nach aufs Sofa. Nach zehn Minuten schlafe ich wie ein Stein. Irgendwann, es ist schon dunkel, weckt mich Fiete, der auf meinem Bauch steht. Er hätte jetzt bitte gern mal sein Futter, was dieser Gartenscheiß eigentlich soll.

8. April

Phänologischer Kalender: der erste Mückenstich des Jahres. Haben wir das also auch erledigt.

9. April

Phänologischer Kalender: Aus Hamburg wird vermeldet, dass die Alsterfontäne wieder in Betrieb ist, weil sie jetzt nicht mehr Gefahr läuft einzufrieren. Wichtiger noch: Die 120 Alsterschwäne dürfen endlich aus ihrem Winterquartier raus, drei Wochen später als gewöhnlich.

In Hamburg ist das der offizielle Start des Frühlings. Jedes Jahr druckt die Tagespresse das gleiche Foto von Schwanenvater Olaf Nieß, der die Vögel per Boot zur Außenalster bringt, jedes Jahr das gleiche Interview mit ihm, der seit 30 Jahren dem Hamburger Schwanenwesen vorsteht, einer eigenen Behörde. Schwäne sind eine große Sache in Hamburg: 1664 wurde eine Senatsverordnung erlassen, laut der bei Androhung einer dreitägigen Kerkerstrafe verboten ist, die Alsterschwäne zu beleidigen. Diese Verordnung gilt bis heute. »Du doofer Schw...« – besser nicht.

10. April

Es stürmt. Es hat vier Grad. Es ist April. Na toll.

Schlotternd stopfe ich die über Nacht eingeweichten Erbsensamen in Hochbeet Nummer 6, das nur für Erbsen vorgesehen ist. Erbsen kann man gar nicht genug haben, finde ich. Ich pflanze Zuckererbsen, die man mit der Schote isst, und Markerbsen, die man auslöst. Beide werden laut Packung sehr eng gesetzt, drei Zentimeter Abstand – kann das sein? Ich mach's einfach mal.

Vier Grad. Ist das überhaupt sinnvoll, was ich hier tue, Erbsen säen? Die keimen doch nie und nimmer bei diesen Temperaturen.

Überhaupt stelle ich fest, dass Temperaturen für mich erstmals seit langem eine Rolle spielen, anders als in der Stadt. Dort ist es leicht, bei mehr oder weniger permanenter Zimmertemperatur zu leben. Man wacht in einer schon morgens warmen Wohnung auf, steigt in der Tiefgarage ins Auto, steigt in einer anderen Tiefgarage aus dem Auto aus und setzt sich in ein Büro, das sommers wie winters dieselbe Temperatur hat, weil sich die Fenster nicht öffnen lassen.

Hier draußen bin ich vor der Anschaffung eines Infrarotheizkörpers morgens als erstes bibbernd zum Holzofen gespurtet, um die Bude mittels eines Feuerchens von 10 Grad auf hoffentlich 18 Grad zu bringen. Das ändert nichts an den Gänsehaut-Temperaturen in Bad und Schlafzimmer, die beide unbeheizt sind. Am Schreibtisch sitze ich nicht selten in meinem dicksten Pullover, unter den ich eine Wärmflasche geschoben habe. Das Haus ist nicht isoliert, durch die klemmende Terrassentür zieht es wie Hechtsuppe.

Es ist kalt, also zieht man sich warm an. Das Selbstverständlichste von der Welt, aber für mich als Großstadtbewohnerin ein relativ neues Konzept. Gelernt habe ich es eigentlich erst mit Fiete. Man beginnt sich notgedrungen für Wetter und wetterfeste Kleidung zu interessieren, wenn man dreimal täglich raus muss, egal was einem dabei um die Ohren fliegt.

Jetzt hilft der Garten, noch mal intensiver Bekanntschaft mit dem Zwiebelprinzip zu machen. Ich arbeite mit Gartenhandschuhen, nicht etwa gegen den Dreck, sondern gegen die Kälte. Wir haben längst auf Sommerzeit umgestellt, Ostern liegt hinter uns, und von draußen weht mir ein Wintersturm das liegen gebliebene Herbstlaub ins Haus.

11. April

Eine meiner liebsten Facebook-Communitys heißt »Gärten des Grauens«, betrieben vom Berliner Botaniker Ulf Soltau. Die Fotos zeigen durchgepflasterte Vorgärten und Steinflächen zwischen Garten- und Hausmauer, veritable Kieshöllen, gelegentlich eingefasst in farblich kontrastierendem Geröll, geschmückt durch Gabionen (= weiteres Geröll, das in Drahtverhauen eingekerkert ist) oder spiralig geschnittenete Formgehölze, wobei wirklich Konsequente gleich Polyamid-Buchspyramiden im Doppelpack einbetonieren (»ideal für die stilvolle Gestaltung von Eingangsbereichen oder lichtarmen Räumlichkeiten. Nicht UV-beständig«).

Das Motiv für diese Schotterwüsten ist klar: Man will es gern pflegeleicht haben. Nachvollziehbar, aber zum Scheitern verurteilt, denn der sogenannte pflegeleichte Garten ist natürlich alles andere als das. Die schöne graue Steinwüste färbt sich dank Algenbelag ruckzuck kränklich grün, was fast gar nicht oder nur durch mehrere Liter Chemie zu ändern ist. Der Wind weht Humus zwischen die Kiesel, in den Ritzen wächst Unkraut – Dreck und Flugsamen lassen sich nun mal nicht wegschottern. Gegen die Natur ist auf Dauer kein Ankommen, und am Ende rutschen die Besitzer doch nur wieder auf Knien über das Gestein, um das Unkraut auszurupfen. Die meisten allerdings gießen Unkrautvernichter oder Aldi-Essig auf die versiegelten Flächen, was gesetzlich verboten ist, weil es direkt in die Kanalisation wandert.

Dass der Trend zur Schotterwüste nicht nur eine ästhetische, sondern auch eine Umweltkatastrophe ist, hat sich inzwischen herumgesprochen. Die Steinflächen tragen zum Artensterben bei, weil weder Insekten noch Vögel noch Kleinlebewesen hier Nahrung finden, sie verstärken die Erwärmung der Städte, weil sie besonders stark aufheizen, und sie binden keinen Feinstaub.

Vor allem aber mag ich einfach nicht glauben, dass so eine Steinwüste den Besitzer wirklich glücklich macht. Selbst wenn man der größte Ordnungsfanatiker der Welt ist: Lässt so eine graue Fläche nicht bei jedem Anblick die Mundwinkel ein bisschen tiefer sinken? Wie der britische Kolumnist Robin Lane Fox sagt: Man bekommt genau das von einem Garten zurück, was man bereit ist hineinzustecken. Bisschen Mühe – bisschen Freude. Mehr Mühe – mehr Freude. Keine Mühe – tja.

Ich glaube zudem an das Visitenkartenmodell: dass Gärten und speziell Vorgärten ein Psychogramm der Hausbesitzer ermöglichen. Immer wieder schön, vor fremden Häusern zu stehen und Mutmaßungen über die Befindlichkeit der Bewohner anzustellen, über ihren Geschmack, ihren Ordnungssinn, möglicherweise aber auch ihr fundamentales Desinteresse am Leben. Nein, nicht jeder muss sich für das Thema Garten interessieren, überhaupt nicht. Nicht jeder hat Zeit dafür oder Lust darauf. Aber es gibt Alternativen zum Geröll: trockenheitsliebende Bodendecker wie Thymian und englische Kamille zum Beispiel, die man getrost sich selbst überlassen und sogar mit Füßen treten darf, zum Dank duften sie bei jedem Schritt.

Mein eigener Vorgarten würde auch für ein Psychogramm taugen: Er ist eine Demonstration meiner Inkonsequenz. Eigentlich sollte er mal rein weiß sein. Und direkt neben der Haustür rein blau. Nun ist er weiß, gelb, orange, pink, blau, rot und natürlich grün, er ist ein Sammelbecken von Frühblühern, Selbstaussamern wie Akelei, ein paar Spontankauf-Stauden, die hinten keinen rechten Platz fanden, einer marodierenden Staudenwicke, die zweihundert Meter gereist sein muss, um von einem Nachbargarten zu mir zu gelangen, sowie von Einjährigen wie Schmuckkörbchen (um deren Ansiedelung ich mich bemühe) und Ringelblumen (die sowieso machen, was sie wollen). Mein Vorgarten ist eine relativ genaue Abbildung meines limbischen Systems: triebgesteuert und dopaminsüchtig. Ich muss da zwanghaft jedes Jahr was Neues hinpflanzen, es muss immer wieder anders aussehen. Dass auf diese Weise die ganze Nachbarschaft Zeuge meines unsortierten Innenlebens wird, nehme ich in Kauf. Klügere würden erst mal unter Ausschluss der Öffentlichkeit dieses und jenes ausprobieren, ich mach's direkt im Schaufenster.

Angelegt habe ich das Vorgartenbeet im ersten Herbst nach der Methode von Charles Dowding, dem König der Gartenfaulpelze, der das Umgraben zum Sündenfall erklärt hat: Direkt auf den Rasen wird Pappe gelegt, darauf eine gut 15 Zentimeter dicke Kompostschicht geschaufelt. Dann einfach bis zum Frühjahr abwarten und zack: ein Beet. Der Rasen ist durch Lichtentzug elegant gekillt und kompostiert, der Karton zersetzt sich bis zum Frühling ebenfalls. Aus Spaß hatte ich noch mehrere Handvoll Blumenzwiebeln auf den Rasen geworfen, bevor ich den Karton darauf deckte, Krokus, Traubenhyazinthen, Blausternchen, Schachbrettblumen – und es hat geklappt, obwohl sie unter der dicken Kompostschicht und der Pappe eigentlich viel zu tief vergraben waren.

Beweis: siehe rechts.

Dieses Jahr probiere ich es mal mit etwas Vorgartenklassik und pflanze fünf Buschmalven (*Lavatera x olbia* 'Barnsley'). Vermutlich bin ich wieder mal auf den Katalog reingefallen. »Von Juli bis Oktober ist sie über und über mit schalenförmigen Blüten besetzt. Diese sind strahlend weiß, rosa überhaucht und mit einem dunkelrosafarbenen Auge. Dank der langen Blütezeit ist sie über eine große Zeitspanne ein echter Hingucker im Garten. Diese Buschmalve verbringt viele Jahre am selben Standort. Dort nimmt ihre Pracht von Jahr zu Jahr zu. Sie ist ein Liebling im Garten und der Stolz eines jeden Hobbygärtners.« Worauf sollte man da stolz sein? Das Zeug scheint ja ein Selbstgänger zu sein.

Neben die Haustür kommen zwölf blau blühende Rasselblumen (*Catananche caerulea*), die sich zu Wicken, einer kränkelnden Zierkirsche, Sterndolden, Jakobsleiter und noch mehr Akelei gesellen. Es ist ein wildes Durcheinander, aber es macht mir gute Laune. Irgendwann werde ich ein Konzept haben. Das Leben ist ja noch lang.

12. April

Phänologischer Kalender: Die Backdoorshoes ziehen wieder an ihren Platz neben der Terrassentür.

Ich weiß wirklich kein deutsches Wort für den Begriff, den die gartenirren Engländer ganz selbstverständlich benutzen: Schuhe, die ausschließlich dazu da sind, um mal kurz in den Garten zu gehen. Gar nicht mal im Garten zu arbeiten, dafür trage ich doch lieber

Stiefel mit fester Sohle. Aber morgens rausgehen mit einem Teebecher in der Hand, die Beete entlangwandern und gucken, ob schon was Neues aus der Erde guckt, dafür und nur dafür gibt es Backdoorshoes. Gemacht für das schnelle Raus und Rein.

Es sind keine Straßenschuhe, nie bin ich mit ihnen weiter als bis zur Mülltonne gelaufen. Es sind keine Hausschuhe, denn man will den Gartendreck ja unbedingt draußen lassen. Es sind keine Arbeitsschuhe, denn man könnte mit ihnen keinen Spaten in die Erde treten. Es sind Backdoorshoes, die seltsamste Schuhsorte der Welt und neben Flipflops und Gummistiefeln diejenige mit dem höchsten Glücksfaktor.

Denn Backdoorshoes sind kleine Zeitmaschinen. Man schlüpft schnell rein und geht kurz raus. Nur mal gucken, wie gesagt. Und fängt an, hier was Verblühtes abzuzupfen und dort ein Unkraut aus dem Boden zu ziehen, Mist, eigentlich hätte man Handschuhe mitnehmen sollen, aber jetzt ist es zu spät und wenn man sowieso schon dabei ist … Der Tee im Becher ist längst kalt, der Becher steht sowieso vergessen irgendwo am Beetrand.

Nach zehn Minuten kehrt man ins Haus zurück und stellt fest: Eine Stunde ist vergangen. Magisch. Das passiert nur in Backdoorshoes.

13. April

Zwischen meiner Haustür und der Gartenpforte steht eine vom Vorbesitzer geerbte mannshohe gelbe Rose mit vielen Stacheln. In Wirklichkeit besteht sie sogar ausschließlich aus Stacheln und jedes, wirklich jedes Mal, wenn ich an ihr vorbeigehe, ratsche ich mir an den Stacheln den Arm. Ich habe sie zurückgeschnitten – immer noch geratscht. Sie hochgebunden – ratsch. Mich an der Hauswand entlanggedrückt – ratsch.

Es gibt nur eine Erklärung dafür: Die Rose weiß genau, dass ich Rosen nicht mag und gelbe schon gar nicht, und schlägt deshalb in ihrer Ungeliebtheit um sich. Was meine Abneigung gegen diese zickigen *bitches* des Pflanzenreichs nicht wirklich heilt. Mal ehrlich: gelbe Rosen! Gott muss einen ausgesprochen miesen Tag gehabt haben, als er die machte, vermutlich am Freitag kurz vor Feierabend, alle anderen waren schon am See, nur er war noch im Büro und musste schnell was raushauen. Da passiert so was schon mal, gelbe Rosen und Mücken und Ohrenschmerzen und andere Fehlleistungen der Naturgeschichte.

Heute dachte ich also: Zwei Jahre Ratschen müssen genügen, ich habe mein Soll erfüllt, die Rose kann weg. Am Anfang von allem hat man ja immer eine heilige Ehrfurcht vor was auch immer man da gerade anfängt. Neue Liebe, neuer Job, neues Auto, erster Garten: Man nähert sich dem Neuen auf Knien, doch spätestens nach einem Jahr keimt ganz zart der erste Anflug von Respektlosigkeit. Die sich nicht selten zu Missachtung auswächst, begleitet von einer gewissen Kaltblütigkeit.

Mit genau dieser Kaltblütigkeit habe ich im letzten Jahr einem Baggerfahrer, der in der Nachbarschaft zu tun hatte, ein Scheinchen zugesteckt, damit er die alte Krüppelkiefer, die sich durch meinen Vorgarten wälzte, raushebelt und entsorgt. Einfach so. Ein Lebewesen, das allein schon qua Senioritätsprinzip alles Recht gehabt hätte, *mich* entsorgen zu lassen, ließ ich heimtückisch von einem Auftragskiller meucheln, bloß um stattdessen Schneeball-Hortensien, Storchschnabel und Turkestan-Wildtulpen zu pflanzen. Das geht bei keinem Gericht als Motiv durch.

Wobei, apropos Turkestan-Tulpen: »Die cremeweißen, sternförmig geöffneten Blüten (bis zu 12 Stück pro Stiel!) haben eine goldgelbe Mitte mit schwarzen Staubgefäßen; die Außenseite der Blüten ist zartlila gestreift. Ungeheuer blühstark! Blüht schon ab März.« Vielleicht versteht das Gericht es ja doch.

Und nun die Rose. Komisch, dass man bei Rosen immer so sentimental wird, nicht? Schon während ich die stachelsichere Öljacke und die dicken Lederhandschuhe anziehe, frage ich mich: Ist es nicht ein Sakrileg, die einfach so rauszureißen? Könnte ich sie nicht zumindest zur Adoption freigeben? Vielleicht will sie ja noch irgendwer haben. Nee, bestimmt nicht dieses halbverkahlte Monster.

Also erst die Gartenschere angesetzt, dann Hartmuts Astschere, dann die gute japanische Säge, dann den Spaten, dann die Wiedehopfhaue, dann noch mal die Säge – das Biest hat sich bis unter das Betonfundament des Hauses gegraben und lauert dort wie eine bissige Muräne in ihrer Tiefseehöhle.

Aber je angestrengter ich gegen sie kämpfe, desto mieser fühle ich mich. Diese Pflanze wehrt sich mit allen Mitteln, sie kämpft um ihr Leben. Vor diesem Garten habe ich noch nie etwas eigenhändig getötet (bis auf Mücken). Jetzt tue ich es ständig. Und so was gilt als Hobby.

Am Ende stehe ich mit der kinderarmdicken Wurzel in der Hand da. Ich habe gemordet. Ich habe Blut an den Händen.

Es ist selbstverständlich mein eigenes, das verdammte Miststück hat es geschafft, mir trotz dicker Handschuhe im Abgang noch einen mitzugeben.

Nur fair.

14. April

Ein großes Gartencenter in der Nähe bietet kostenlose Bodenprobenanalysen an, also ziehe ich mit zwei Gefrierbeuteln los. Ein Liter Erde, gesammelt an unterschiedlichen Stellen meines Gartens, wie angewiesen. Und ein 10 mal 10 mal 10 Zentimeter großes Stück Rasen.

Ein vertrauenerweckend grauhaariger Herr taucht Sonden in meine Gefrierbeutel, misst, nickt. »Donnerwetter. Das ist die beste Bodenprobe, die ich heute hatte. pH-Wert 5,0, schwach sauer, Bodenaktivität 0,2 – ich hatte heute schon 0,02. Super. Einmal Kompost drauf, paar Handvoll Hornspäne, fertig.« Die Rasenprobe ergibt einen pH-Wert von 6,5 – fast neutral also. Der Fachmann schickt mich des Weges, ohne mir einen seiner teuren Spezialdünger andrehen zu wollen, ich scheine also wirklich guten Boden zu haben.

»Sehr fruchtbar«, sagt er.

»Wenn er nur nicht so lehmig wäre«, seufze ich.

»Einen perfekten Boden gibt es nicht«, sagt er. »Irgendwas ist immer.«

Man muss die Sache mit dem pH-Wert nicht überbewerten (zumal wenn man bedenkt, was man so alles an pH-Werten im eigenen Körper spazieren führt: Magensäure: 1,0. Haut: 5,5. Blut: 7,4. Bauchspeicheldrüse: 8,3). Aber schwach sauer, das ist super für den Garten, da wächst eigentlich alles drauf.

Jetzt habe ich leider wirklich keine Entschuldigung mehr, wenn es nicht klappt.

15. April

Es ist merkwürdig, dass Arbeit sprachlich gar nicht richtig dargestellt werden kann. Ich hacke. Zwei Worte, neun Buchstaben, ausgesprochen in einem Atemzug – was das aber tatsächlich bedeutet, die Dauer, die Mühe, der Schweiß, die Ermüdung, die Atemlosigkeit, das Schnaufen, das Verschnaufen, das Weitermachen, die Geräusche, die plötzlich aus einem herauswollen, das

Stöhnen, Fluchen, Schimpfen, die Erschöpfung und die Schmerzen hinterher, das ist nicht in Worte zu fassen. Ich hacke. Und schaufele. Und hacke. Und schaufele. Es wird zwar nicht leichter, aber ich gewöhne mich allmählich an die körperliche Arbeit. Anfangs hat sie mich noch jeden Abend spätestens um neun ins Bett getrieben, ich konnte die Augen einfach nicht mehr offenhalten.

Nach der Plackerei mit den Hochbeeten ist dies hier eigentlich ganz angenehm. Monoton, aber man sieht den Fortschritt: jeden Tag ein paar Quadratmeter Boden gutgemacht.

Ich bin es gewohnt, allein zu arbeiten. Mein normaler Job besteht aus Einsamkeit am Schreibtisch, ich rede nicht viel im Lauf des Tages, ich hacke einfach nur Reihe um Reihe von Sätzen in die Tastatur, mal schneller, mal langsamer.

Es aus eigener Kraft hinzukriegen, bin ich also gewohnt. Und ich bin es auch gewohnt, dass es keine festen Arbeitszeiten gibt, keine Stechuhr, keine Stunden, die ich absitzen muss, sondern dass die Arbeit selbst die Länge vorgibt. Ich bin fertig, wenn ich fertig bin. Ich kann nicht Schluss machen, nur weil es 17 Uhr ist.

Insofern ist die Gartenarbeit gar nicht die große Umstellung, die ich erwartet habe, im Gegenteil: Was ich hier tue, kommt mir völlig vertraut vor, auch wenn ich es noch nie gemacht habe. Das Prinzip ist das gleiche: Ich gebe mir selbst eine Aufgabe – mach das Beet sauber, schreib den Text fertig – und erledige sie. Mir steht keiner im Rücken, der das kontrolliert, ich bin niemandem Rechenschaft schuldig. Sonst würde ich es nicht ertragen.

16. April

Ein sonniger Frühlingstag, schon am Morgen ist klar, dass ich den ganzen Tag draußen sein werde.

Als erstes ist das Feinmechanische dran. Denn wenn ich eines verstanden habe: Nach einer Stunde mit der Wiedehopfhaue ist man für das Kleine, Feine verloren. Ich säe einjährige Blumen und Kräuter aus; inzwischen ist es draußen warm genug und im Gewächshaus sowieso noch ein paar Grad wärmer, das müsste für die Keimung genügen.

Jede Aussaat wird mit Schildchen versehen, auf denen Name und Datum stehen. Auch das habe ich schnell kapiert: Im Garten verliert man blitzartig den Überblick. Inzwischen habe ich Routine: Aussaaterde in die Kammern verteilen, mehrfach feste aufschlagen, damit die Erde sich setzt, großzügig wässern. Erst dann vorsichtig die Samen verteilen, mit Chirurgenhandschuhen, die Nase ein paar Zentimeter über den Schalen. Hauchfein weitere Aussaaterde darüberrieseln lassen, zwischen den Händen verrieben. Noch mal vorsichtig wässern, dafür habe ich extra ein Zwei-Liter-Kännchen mit feiner Brause, damit die Samen nicht weggeschwemmt werden.

Immer wieder zum Staunen, wie unterschiedlich allein schon die Kräutersamen sind. Kamille: staubfein, fast nicht wahrnehmbar. Koriander: robust und rund. Dill: flach, feingestreift und mit hellem Rand. Schnittlauch: pechschwarz, länglich. Petersilie: sichelförmig und ebenfalls feingestreift. Thymian: winzig, braun, rund.

Nachmittags kommt wieder die Grobmotorik dran: weiter Grassoden aus dem neuen Beet hacken, zum Kompost karren, weiterhacken, weiterschwitzen. Hacken. Fluchen. Hacken. Keuchen. Hacken.

Frühlingsgefühle? Eher Frühlingsgewühle.

17. April

Phänologischer Kalender: die erste Überlandfahrt mit offenem Fenster in der Spätnachmittagssonne. Den Arm auf der Fensterlaibung, das Radio laut, an Landgasthöfen vorbei und Kindern mit Dreirädern und diesem ungeduldigen, endlich grünen Grün der Felder.

Und auch was Grünes im Hochbeet! Vor einer Woche gesät, und da isses. Salatrauke. Wie ich auch nur dem Schild entnehmen kann, allein hätte ich sie nicht identifiziert.

Dann die Wildtulpen vor dem Haus, diese gar nicht tulpenförmigen gut gelaunten kleinen Sternchen, durch die sich schon das Grün des Storchschnabels schiebt, der wiederum die heruntergeschnittenen Hortensien tarnt.

Ich gucke mir das alles an und finde mich wahnsinnig raffiniert in meiner Pflanzplanung. Das Grünzeug gibt sich quasi die Klinke in die Hand: Ist das eine verblüht, steht das nächste schon parat. Das klappt verdächtig gut bislang – keine Frage, dass mir das alles noch um die Ohren fliegen wird. Denn eigentlich mögen Tulpen trockene Sommer, Hortensien dagegen Dauerfeuchte. Mal sehen, ob es die beiden miteinander aushalten.

Im Haus findet derweil die erste Ernte statt. Meine Pilz-farm in der Dusche ist reif zum Verzehr: Kräuterseitlinge in Kinder-armlänge, größer als alles, was man aus dem Supermarkt kennt. Aber auch schmackhafter? Abends die Probe: Schalotten, Butter-schmalz, Pilze, grobgehackte Pe-tersilie: ja, schmackhafter. Denn in den Geschmack mischt sich das pure Vergnügen daran, dass dies die erste selbstangebaute und selbstgeerntete Mahlzeit ist. Einige Stiele sind schon ein biss-chen zäh – egal. Anscheinend habe

ich ein bisschen zu lange gewartet, eine Lektion fürs nächste Mal.

18. April

Seit drei Wochen wohne ich mit einem Killerkommando unter einem Dach: den beiden Holzkisten voller keimender Kartoffeln unter meinem Schreibtisch. In der Knallpresse stand vor ein paar Jahren die Geschichte einer russischen Familie, die komplett von Kartoffeln ausgelöscht wurde, Vater, Mutter, Sohn, Oma. Nachein-ander waren sie in den Keller gegangen: erst der Vater, dann die Mutter, um zu schauen, wo der Vater bleibt, dann der Sohn, um zu schauen, wo die Eltern bleiben, dann die Oma. Keiner kam zurück: Die Lagerkartoffeln waren verfault, und es hatten sich tödliche Gase gebildet, die nicht abziehen konnten. Kartoffeln sind wie Tomaten und Auberginen Nachtschattengewächse, ihre grünen Keime enthalten das giftige Solanin, das hochdosiert Kopfschmer-zen, Durchfall und Krämpfe auslösen kann.

Ohnehin verrückt, was alles an potentiellen Killern im Garten

steht. Bei mir wachsen neben Eiben dunkelblauer Eisenhut, eine der giftigsten Pflanzen Europas, Fingerhut, von dem schon zwei Blätter Herzrhythmusprobleme auslösen können, und Christrosen, die besonders für Katzen gefährlich sind. Außerdem zwei Holundersträucher (die Beeren sind ungekocht giftig), demnächst Stangenbohnen (roh ebenfalls giftig), Schneeglöckchen (die Zwiebeln sind giftig, aber drei dürfe man schon essen, sagt die Giftzentrale; wie nett) und ein Wolfsmilchgewächs, das man nur mit Handschuhen schneiden darf, weil der Kontakt mit dem Pflanzensaft zu Juckreiz, Hautrötung und Blasenbildung führen kann.

Keine Frage: Mein Garten ist lebensgefährlich, und falls das noch nicht reicht: Mein Nachbar Uwe stellt jedes Jahr eine Engelstrompete in seinen Vorgarten. Der Kontakt mit dem Saft führt »zu langsam heilenden Wunden bis hin zu Narbenbildungen«, es wird zu vollständig bedeckender Kleidung sowie zu Einmalhandschuhen geraten.

Also raus mit den Kartoffeln, bevor sie auch mich um die Ecke bringen. Weil ich ihnen keinen kostbaren Hochbeetplatz freiräumen möchte, wachsen sie eine Etage tiefer in Pflanzsäcken. Das sind Faltcontainer aus recyceltem Plastikgewebe, 80 bzw. 50 Liter fassend. Überschüssiges Wasser kann abfließen, und weil die Säcke luftdurchlässig sind, sollen sich die Wurzeln angeblich besonders gut entwickeln und fein verästeln. Ich will dieses Jahr sowohl Kartoffeln als auch Tomaten in diesen Säcken ziehen. Sie bringen zwar gefüllt einiges Gewicht auf die Waage, lassen sich aber immer noch an eine andere Stelle räumen, falls das Wetter es erforderlich macht. Was besonders im Fall der Tomaten wichtig werden könnte: Die mögen es nicht, nassgeregnet zu werden.

Auch die Kartoffeln haben Vorlieben: Sie wollen angehäufelt werden. Bedeutet: Wenn das Kraut zu sprießen beginnt, wird Erde an die Stängel geschaufelt, dadurch bilden sich dann mehr Knollen. Das wird im Lauf der Zeit mehrmals wiederholt, wichtig ist, dass die Knollen immer gut bedeckt sind. Bekommen sie Licht, dann werden sie grün, entwickeln Solanin und werden dadurch zu einer tödlichen Waffe, siehe oben.

Ich krempele die Säcke also zunächst halb herunter, um sie später auffüllen zu können, schaufele 20 Zentimeter Erde hinein, lege in einen großen Sack fünf Knollen mit den Keimen nach oben, in einen kleinen drei und schaufele noch mal 10 Zentimeter Erde darüber.

Fünf große und fünf kleine Säcke, macht insgesamt 40 Kartoffelpflanzen in sechs verschiedenen Sorten. Das klingt nach viel, aber wollte ich mich das ganze Jahr komplett selbst versorgen mit Kartoffeln, müsste ich das Zehnfache pflanzen: Man kalkuliert pro Person ungefähr 90 Quadratmeter Kartoffelfeld.

Kleiner Zwischenstand, jetzt, wo die Kartoffeln ausgezogen sind: Im Haus wohnen derzeit noch die 150 Tomatensämlinge, Saatschalen mit der Chili 'Lila Luzi' und der Paprika 'Pantos', die sich noch zieren (die  würden am liebsten über einer Heizung bei 25 Grad sitzen – das kann ich leider nicht bieten), ferner etwas spiddelige Sämlinge von Kohlrabi, Porree und Schnittknoblauch sowie zwei Schwarzäugige Susannen, mehr sind nicht gekeimt. Im Gemüsefach des Kühlschranks überwintert eine Saatschale Mädesüß, angeblich will die das so. Sie rührt sich genauso wenig wie die Schale Mädesüß, die zu Vergleichszwecken im Warmen steht.

Dann gibt es noch drei mit Frischhaltefolie bespannte Töpfe, in der Samen von *Meconopsis betonicifolia*, Tibet-Scheinmohn, vor sich hin faulen. Vermute ich zumindest. Die sind schon ewig da drin und nichts tut sich, ganz in der Tradition von *Meconopsis*. Jeder Gärtner hat so einen heiligen Gral, dem er hinterherjagt. Meiner ist Tibet-Scheinmohn. Er hat knitterzarte, unwirklich himmelblaue Blüten, das allerblaueste Blau im ganzen Pflanzenreich, wenn man von einigen Ritterspornen absieht. Ich liebe Blau und besonders blaue Blumen.

In der Romantik war die Blaue Blume Symbol für die Sehnsucht nach der Unendlichkeit und dem Unerreichbaren. In meinem Garten ist sie das auch: Meine Rittersporn-Versuche fallen regelmäßig den Schnecken und ihrer eigenen Zickigkeit zum Opfer, *Meconopsis* habe ich mehrfach für teuer Geld gekauft, jedes Mal ist er grußlos eingegangen. »Vom Pflanzenliebhaber erwartet der Tibet-Scheinmohn eine sichere Hand. Er ist anspruchsvoll und verzeiht Fehler nur schwer«, lese ich. Weiß Gott.

20. April

Zweimal die Woche setzt der Postwagen rückwärts in meine Einfahrt, es bedeutet: schweres Paket. Vielleicht sogar mehrere Pakete. Mit Pflanzen, Saatplatten, Bambusstäben und Tonkinklammern. Oft öffne ich staunend die Sendungen: Das habe ich bestellt? Wirklich? Wann? Gottlob habe ich sehr viel Rasen, den ich nicht mag, folglich sehr viel Platz für Pflanzen, die ich mag.

Tatsächlich habe ich mir den größten Teil meines Gartens per Post schicken lassen. In den örtlichen Gartencentern fand ich nicht, was ich mir in den Kopf gesetzt hatte, also orderte ich bei Spezialgärtnereien wie Gaißmayer in Illertissen und Baumschulen wie Horstmann, gern in großen Mengen. Zehn hiervon, sieben davon, 20 von denen – es ist atemberaubend, was ein Garten alles schlucken kann. Und lieber großzügig pflanzen als kleinklein; lieber weniger Sorten, von denen aber mehr Exemplare. Weniger *und* mehr, wo kriegt man das sonst schon so schön hin?

Was ich erstaunlich finde: Den Pflanzen macht das Reisen überhaupt nichts aus. Sie sind gut gewässert in Heu, Holzwolle und Papier gepackt, der Karton gelegentlich von Wachspapier geschützt. Man lässt sie zwei, drei Tage im Schatten verschnaufen und ihren klimatischen Jetlag ausschlafen, dann können sie auch schon in die Erde.

Nach dem Auspacken muss ich allerdings meist ein zweites Mal googeln: Fleischbeere, weshalb habe ich die noch mal bestellt? Ach ja, deswegen: »Ein Dufterlebnis im Spätwinter. Der Strauch mit glänzenden, dunkelgrünen Blättern ist immergrün und man sieht es den winzigen weißen Blüten, die sehr zahlreich erscheinen, nicht an, welch intensives zitronig-frisches Honigaroma sie von sich geben können.« Zitronig-frisches Honigaroma, damit haben sie mich gekriegt, jetzt erinnere ich mich. Und die Prärie-Seidenpflanze? »Die süß duftende, hellrosa Blüte entwickelt tonnenweise Nektar und wird daher gerne von Bienen besucht. Junge Sprossen (wie Spargel), Blütenknospen, selbst die Blütenstände kann man als Gemüse oder sogar roh essen. Der häufigste Gebrauch ist aber der, Kaugummi aus dem eingetrockneten weißen Milchsaft herzustellen. Dieser Milchsaft wird auch äußerlich verwendet gegen Warzen und Hautekzeme.«

Bitte, wie kann man so was nicht besitzen wollen? Selbstgemachtes Kaugummi, Spargelersatz und Warzenmittel? Für 4,90 Euro? Ist doch unschlagbar.

22. April

Es gibt eine etwa 20 Quadratmeter große Nische zwischen meinem Haus und dem des Nachbarn, die wir zärtlich das »Ökotop« nennen. Im ersten Jahr hatte ich mehrere Handvoll Wildblumensamen reingepfeffert, breitwürfig, wie man im Gärtnerischen sagt (eine meiner Lieblingsvokabeln, man fühlt sich so schön immärzenderbauer dabei), und dann nichts mehr getan. War auch nicht

nötig, die Sonne und der Regen haben den Rest erledigt und eine wunderschöne blühende Wiese fabriziert. Jeden Morgen galt ihr mein erster Gang, denn alle paar Tage wandelte sich das Bild.

Das erste Jahr (oben) war ein Traum, das zweite Jahr halbwegs okay, denn inzwischen – ich hatte nicht eingegriffen – hatten die Hooligans unter den Pflanzen, die brutaleren Unkräuter, alles Zarte und Hübsche plattgemacht. Ich hatte darauf gehofft, dass sich die einjährigen Blumen selbst aussäen und im nächsten Jahr wieder blühen würden. Sagen wir so: Sie haben es sicher probiert. Aber gegen die Übermacht von Kreuzkraut, Kratzdistel und Vogelmiere war kein Ankommen. *Survival of the fittest:* Natur ist eine gnadenlose Angelegenheit.

Ich bin vorsichtig mit dem Begriff Unkraut, denn gerade im Garten verschwimmt da schnell was. Akelei: für manche ein Unkraut, weil es sich so effektiv versamt, andere kaufen für teuer Geld im Gartencenter ganze Paletten davon. Winden: eigentlich ein lästiges Ackerunkraut, von anderen (räusper, mir) ausgesät, weil es so hübsch blau den Zaun hochringelt.

Unkraut ist, mit anderen Worten, was man aus tausenderlei Gründen gerade jetzt nicht an gerade diesem Ort haben will. Was aber trotzdem da ist, uneingeladen. Der Rainfarn zum Beispiel war plötzlich einfach da, ich ließ ihn auch zunächst, denn eigentlich sieht er mit seinen gelben Blütenknöpfen gar nicht so übel aus und ist zudem, wie ich las, nützlich gegen Flöhe, wirkt als Tee bei Kälbern gegen Durchfall und als Breiumschlag gegen Krampfadern und Rheuma. Man weiß ja nie, ob man mal Flöhe oder Krampfadern bekommt.

Fies ist nur seine Ausbreitung über Rhizome: Nie kann man sicher sein, dass man – will man ihn in Schach halten – all seine Wurzelteile erwischt und da nicht noch was in der Tiefe lauert, das im nächsten Jahr andernorts aus dem Boden bricht.

Also habe ich das Ökotop gerade plattgemacht, durchgehackt,

fein gerecht und neu mit einer Wildblumenmischung eingesät. Ohne mir Illusionen zu machen: Da wird noch genug Mistzeug im Boden sein. Aber wenn alles klappt, auch Duftveilchen, Waldprimeln, Glockenblumen, Fingerhut, Mondviolen, Kornblumen, Zinnien, Phlox, Lein, Schleierkraut, Schmuckkörbchen. Die haben es gern mager, ich werde also nicht düngen und nur in der Keimzeit wässern. Die wollen kämpfen, nur so werden sie schön.

24. April

Da guckt man mal zwei Tage nicht hin, und plötzlich blühen alle Bäume im Wald und an den Straßen. Die Unausweichlichkeit des Frühlings. Spät kommt er, aber jetzt mit aller Macht.

25. April

Ich dachte, ich sei fertig mit dem Schaufeln. Aber das Schaufeln ist noch nicht fertig mit mir: Auf meinem Vorrasen sind gerade drei Kubikmeter Kompost abgekippt worden, die ich zum Düngen der Beete bei der örtlichen Abfallwirtschaft bestellt und erfolgreich verdrängt hatte.

Seufz. *Here we go again.*

30. April

Die Tomatensämlinge sind jetzt groß genug, um aus dem Kindergarten in die erste eigene Bude zu ziehen: Sie bekommen Einzelzimmer, gebastelt aus Zeitungsstreifen, in denen sie später direkt in die

Erde gepflanzt werden können. Da kriegen sie gleich noch was Gutes zu lesen mit auf den Weg. Von meinen 150 Samen sind 148 aufgegangen – aufgelaufen, wie der Gärtner sagt. Das ist schön, aber auch schwierig, denn jetzt muss ich die Kräftigsten aussuchen, und das kommt mir herzlos vor, wo wir doch so lange miteinander unter einem Dach gewohnt haben und das für einige Zeit auch weiter tun werden. Am Ende kommen 100 Jungpflanzen in die nächste Runde, die finale Brutalität der Selektion spare ich mir auf, bis die Tomaten ins Teenageralter kommen. Man muss sich das hier vorstellen wie bei den *Tributen von Panem*.

Der April in Zahlen

Geschaufelte Erde inkl. Kompost: 80 Schubkarren.
    Nee, 90. Oder 100? Gefühlt 1000.
Beackerte Beetfläche: 70 Quadratmeter. Nee, 80.
    Gefühlt … ach, egal.
Gesetzte Kartoffelpflanzen: 48
Umfangszunahme Oberarm: 1 Zentimeter
Verlängerung Schlafdauer: plus 1,5 Stunden
Was ich von meinem Spaten gelernt habe:
    Selbstschärfung, Zähigkeit, Elastizität

Es brummt

MAI

Wie machen es die anderen? Man kann ja mal
über den Zaun gucken und lernen. Und gerührt
von der Großzügigkeit der Gärtner sein. Macht
einen dieses Pflanzenzeug am Ende zu einem
besseren Menschen? Zumindest zu einem
satteren: Die ersten Mahlzeiten wachsen
im Hochbeet, der Garten klettert in den Himmel,
die Erbsen wachsen über den Kopf. Und die
Gärtnerin greift zur Schere, um die Pracht
im Blumenbeet brutal zu kürzen.
Es ist nur zu eurem Besten, Kinder!

1. Mai

Gestern kamen die Erdbeeren. Fräulein 'Mieze Schindler' reiste gut verpackt in Begleitung von zwei 'Senga Sengana'. Mieze produziert nämlich ausschließlich weibliche Blüten, sie braucht also einen Befruchter. Oder Bestäuber. Es hat auf jeden Fall was leicht Anrüchiges: Ohne Herrenbegleitung geht die Mieze nicht ins Beet.

'Mieze Schindler' muss man sich wie eine etwas kapriziöse Dame vorstellen: Sie neigt zur Frucht- und Blattfäule, trägt nur wenig und die Beeren gammeln schnell weg. Deshalb ist sie zur kommerziellen Nutzung völlig ungeeignet, in einem Supermarkt wird man sie niemals kaufen können, nicht mal auf dem Wochenmarkt. Alles spräche gegen sie, wäre da nicht ihr unglaublich aromatischer Geschmack – so konzentriert und intensiv wie der einer Walderdbeere. Gezüchtet wurde sie 1925 von Professor Otto Schindler aus Pillnitz, dem ersten Direktor der Höheren Staatslehranstalt für Gartenbau in Dresden, der sie nach seiner Frau Mieze benannte. 'Mieze Schindler' war in der DDR sehr verbreitet, sie war sozusagen die 'Senga Sengana' des Ostens.

Im Zuge der Wiedervereinigung teilt sich Mieze bei mir nun also ein Hochbeet mit ihrer Reisebekanntschaft 'Senga Sengana' sowie einigen namenlosen Erdbeeren aus dem Baumarkt, die schon seit zwei Jahren so unverdrossen wie ertragreich in einem Kübel wachsen, außerdem mit einem Borretsch, weil der angeblich die Befruchtung fördert. Knoblauch soll auch gut sein für Erdbeeren, und der wächst direkt nebenan im Nachbarbeet. Vielleicht setze ich noch eine Ringelblume dazu, die soll den Boden von Nematoden reinigen, lästigen Fadenwürmern. Außerdem finde ich, so eine Mieze braucht ein Blümchen, um es sich an den Hut zu stecken.

Auf der Terrasse hingegen ziehen sechs Emporkömmlinge namens 'Kletter-Toni' ein. Das sind rankende Erdbeeren, die nicht alle gleichzeitig, sondern nach und nach reifen, perfekt zum

Naschen im Vorbeigehen. Je drei teilen sich einen 30 Zentimeter weiten Kübel und eine Metallspirale, an der sie sich in die Höhe schrauben sollen. 'Mieze Schindler' und 'Kletter-Toni': Das klingt nach einer Gangster-Komödie aus den dreißiger Jahren oder einem Roman von Erich Kästner. Ich liebe die beiden schon jetzt.

2. Mai

Die weiße Dichternarzisse 'Thalia' ist ätherisch zart und vermehrungsfreudig wie ein Karnickel. Im zweiten Jahr scheint sich die Menge der Blüten bereits verdoppelt zu haben, sie wildert aus, bildet Tochterzwiebeln und wird bald den ganzen Garten übernommen haben. Soll mir recht sein. Vorerst steht sie nur vor dem Haus und hält die Leute auf. »Och, guck mal, wie süß!« Das kleine Luder weiß genau, wie es geht.

Ihre vornehme Beetschwester hingegen, die aprikot-mokka-farbene Tulpe 'La Belle Epoque', tut sich schwerer. 50 Zwiebeln hatte ich im Herbst gesetzt, 33 haben den Winter oder die Wühlmäuse oder den schweren Boden oder meine mangelhafte Pflanztechnik überlebt. Über jede von ihnen freue ich mich von Herzen.

4. Mai

Die Profis erkennt man an den mitgebrachten Taschen, den klappbaren Campingbollerwagen für die ganz großen Einkäufe und daran, dass sie in Parkreihe A stehen: Erster Tag Pflanzenmarkt Bissenbrook (»Gartenzauber« getauft, solche Märkte müssen ja immer etwas überkandidelt heißen, »Park & Garden Country Fair«, »Gartenträume« oder »Home & Garden«) und natürlich bin ich früh da. Aber nicht früh genug: Ich stehe in Parkreihe B ganz hinten. Schon verloren, denn vermutlich sind die paar Exemplare der Duftwicke 'Matucana', die Dagmar Wantikow mitgebracht hat, oder die *Berkheya* bei Klingel & Luckhardt, schon weg.

Bissenbrook ist ebenso wie der Pflanzenmarkt auf dem Kiekeberg südlich von Hamburg einer, wo man tatsächlich Pflanzen kaufen kann, in Zeitungspapier eingeschlagene Gemüsesetzlinge oder Staudenraritäten für bekloppte Sammler, und zwar von Gärtnereien, die noch selbst ziehen und nicht ihrerseits im Großhandel eingekauft haben. Das ist inzwischen eher die Ausnahme: Gartenfestivals bestehen zu 90 Prozent aus Ständen, an denen man künstlich gealterte Zinkwannen, Shabby-Chic-Vogelhäuschen und Wetterhähne in Edelrost-Optik kaufen kann, neben Plastik-Gießkannen für unverschämte 26,50 Euro, aber dafür in Taubenblau, nicht in profanem Grasgrün wie in unserem Landmarkt, wo sie 4,90 Euro kosten. Wo man darüber hinaus prima Lämmerflaschen und Schweinerüsselringe mit Bajonettverschluss bekommt und garantiert nichts Edelrostiges, sondern Rostschutzmittel.

Ich habe neulich mit einer Gärtnereibesitzerin gesprochen, die auch gelegentlich auf solchen Festivals ausstellt.

»Wir kaufen extra dafür ein«, sagt sie. »So Zeug, wie da gekauft wird, haben wir sonst gar nicht.«

»Was für Zeug?«, frage ich.

»Augenware. Es muss alles groß sein und bunt und in voller Blüte. So 'ne Hosta, die jetzt gerade mal fingerhoch ist, würde ich da nicht loswerden, egal wie sehr ich von ihr schwärme.«

In Bissenbrook klappere ich schnell meine Lieblingsstände aus dem letzten Jahr ab, die mitgebrachten Taschen sind natürlich schon am ersten pickepackevoll: mehrjährige Wicken (es waren doch noch welche übrig, hurra!), eine cognacfarbene Akelei, hellgelber Riesen-Schuppenkopf, drei Funkien – »klar, die Taschen können Sie gern hier stehen lassen«, sagt Dagmar Wantikow, »ich passe auf.« Ich laufe weiter über den Markt, kaufe an einem Kräuterstand zwei Pflanzen griechischen Bergtee, eines der wenigen Teekräuter, die ich ertrage, lasse mich zu einer Orangenverbene überreden (»besser im Kübel ziehen, sie ist etwas zickig. Aber ein Zweig in einen Krug Wasser – himmlisch!«) und ziehe nach einer Stunde glücklich ab, während sich auf dem Parkplatz die Reihen K und L füllen.

6. Mai

Thorsten Zillmann schickt morgens um acht eine Mail mit dem Vermerk »wichtig«. Eine seiner Kundinnen, die in einem Dorf nahe Plön wohnt, veranstalte heute einen Pflanzenbasar. Der Garten sei schön und besonders, ich solle mir den unbedingt ansehen. Natürlich muss ich hin, obwohl ich Wochenendbesuch habe: Katharina ist gekommen. Aber die schläft sowieso noch, ich klebe ihr einen Zettel an die Teekanne und fahre los.

In anderer Leute Gärten zu gehen ist eine seltsam intime Sache. Man betritt quasi ein fremdes Wohnzimmer und steht mitten in der Einrichtung. Aus der sich sofort Rückschlüsse ziehen lassen: Rasen in Profigolfqualität, Formschnitt-Buchs, schneeweißer Kies ohne jegliches Kräutlein? Bauerngarten und lustige Terrakottafigürchen auf den Kastanienzaunstangen? Romantische Beton-Elfen auf Schotterflächen?

All das ist hier nicht zu finden. Sibylle Marohn begärtnert ein Hanggrundstück, in das sie eigenhändig einen sich schlängelnden Bachlauf gegraben hat. Sie hat ein Sumpfgebiet mit Orchideen, wunderschön mäandernde Staudenrabatten und die größte Ansammlung von Schachbrettblumen, die ich je gesehen habe. Schachbrettblumen gehören zu meinen Lieblingspflanzen, weil sie so angenehm unwahrscheinlich aussehen: kariert. Karierte Blumen. Also bitte, die Natur hat wirklich Humor. Bei Sibylle Marohn machen sie sich unter einer mächtigen Birke breit.

»Wieso wachsen die da«, wundere ich mich, »ist es denen nicht viel zu trocken?«

»Die haben die Bücher nicht gelesen«, sagt sie und lacht.

Wie viele Gartenenthusiasten, die ihre Gärten für Besucher öffnen, ist sie enorm freigiebig. Ich interessiere mich für die Oktobermargerite *(Leucanthemella serotina)*, von der sie schwärmt. Davon findet sich nur noch ein kleines Töpfchen auf dem Holztisch mit dem zum Verkauf bestimmten Ablegern.

»Ach, kommen Sie, ich buddele Ihnen was aus«, sagt sie, schultert den Spaten und sticht mir ein großzügiges Stück Staude ab.

»Und hier hinten habe ich noch eine größere *Astrantia,* warten Sie. Und kennen Sie *Rodgersia?* Die wäre auch was für Ihren Boden.« Denn das ist das erste, was man tut, wenn man sich mit Gärtnern unterhält: sich mit Bodenqualität vorzustellen. Schwerer Lehm, Staunässe, Meeresklima – angenehm. Und Sie so?

Eine Stunde später: zwei volle Tüten mit Ablegern, ein Tütchen mit Schachbrettblumen-Samen, ein paar neue Ideen, ein glücklicher Sonntagmorgenausflug.

Und Katharina ist auch schon wach.

Nachmittags baue ich mit ihr Rankgerüste aus Bambus und Tonkinklammern für die Bohnen und Erbsen. Und eine Abdeckung aus Bambus und Gärtnervlies für die Jungpflanzenabteilung. Es sieht plötzlich richtig nach Garten aus, finde ich. Als ob ich wüsste, was ich hier tue.

Wenig ist verführerischer und verhängnisvoller als diese Phase

des Halbwissens. Bis eben noch keine Ahnung gehabt, jetzt was angelesen und aufgeschnappt und in YouTube-Videos gesehen, daraus die Quersumme gezogen, beherzt auf die eigenen Verhältnisse angewandt – und schon schnackt man schlau daher, wirft mit Wissen um sich, das von keiner Erfahrung getrübt ist, und fühlt sich wie der größte Durchblicker. »Auf nichts ist der Mensch so stolz wie auf etwas, das er seit zwei Minuten weiß«, schrieb Kurt Tucholsky. Ein sicheres Rezept, um krachend auf die Nase zu fallen.

Wir legen Bohnen: die schönen italienischen Borlotti-Trockenbohnen, eine grüne und eine violett gemaserte Stangenbohne und

So sieht es heute aus   So war es noch im März

Soja – was vermutlich nicht klappen wird, aber einen Versuch wert ist, ich esse so gern Edamame. In der Abendsonne sehen die Rankgerüste aus wie die Takelage eines Viermasters. Und jetzt weiß ich auch endlich, wie groß eine Bohnenstange ist, eine Zuschreibung, die ich mir als hochgeschossener Teenager oft anhören musste: 2,40 Meter ist die empfohlene Höhe. Meine sind etwas kürzer, so groß wie ich: gute 1,80 Meter.

8. Mai

Seit Tagen ist es warm, über 20 Grad. Und jetzt ist Schluss mit Hotel Mama, habe ich beschlossen: Die Setzlinge ziehen aus. Die Tomaten ins warme Gewächshaus, der Rest auf die Terrasse. Sollen

der blöde Tibet-Mohn und die Kapuzinerkresse sehen, dass sie endlich keimen, das muss bei diesen Temperaturen auch draußen gehen. Mein Haus gehört wieder mir, ich muss mich nicht mehr mühsam um die Treppenkonstruktion neben meinem Tisch schlängeln, auf der die Brut die letzten sechs Wochen herumgelungert hat.

9. Mai

Die letzten Stauden werden eingepflanzt, morgen soll es gewittern. Ich habe es lange aufgeschoben, denn damit ist der Zeitpunkt erreicht, ab dem vorerst nichts mehr zu tun ist. Bis auf hacken, jäten, wässern, Schnecken absammeln – Pflegearbeiten also. Aber die große Schubkarrenphase, die Bau- und Pflanzphase, das große Schuften und Schnaufen ist fürs Erste erledigt. Leider.

Gartenarbeit passiert in Schüben und Wellen. Es gibt Phasen, in denen man nicht weiß, wo einem der Kopf steht vor lauter To-dos, und Phasen des Wartens. Ich bin nicht der geduldigste Mensch, hier werde ich es lernen müssen. Der alte Satz, dass das Gras nicht schneller wächst, wenn man dran zieht, ist nicht zufällig im Garten erfunden worden.

Rina bringt noch ein paar Ableger ihrer Himbeerhecke vorbei, auch die kommen noch in die Erde hinten am Zaun, Fiete tritt sie fest – und dann ist wirklich nichts mehr zu tun.

Ich bin jetzt schon auf Entzug.

Phänologischer Kalender: Der Tag, ab dem man es nur noch wachsen lassen kann.

11. Mai

Die erste Ernte, die nicht aus meiner Duschkabine stammt: Radieschen.

Radieschen kriegen schon Vierjährige hin. Säen, feucht halten, nach fünf Wochen mit einem sanften Plopp aus der Erde ziehen, essen. Und doch bin ich irrsinnig stolz: selbst angebaut! Und tatsächlich genießbar! Ich möchte die ganze Zeit nur kichern und um die Beete hopsen.

Wenn etwas im Garten klappt, ob nun eine Blume blüht oder ein Kraut gedeiht, befällt einen augenblicklich eine milde Form von Gotteskomplex. Das habe ICH gemacht, ganz allein! Man lässt es wachsen, am dritten Tag erntet man, und siehe, das Werk ist wohlgetan. Man schreitet durch die kleine Welt, die man da persönlich erschaffen hat, durch das grüne Königreich, das man mildtätig regiert, und fühlt sich auf lächerliche, aber tiefempfundene Weise erhaben.

Das ist schon ein in jeder Hinsicht komisches Machtgefühl, das einen da durchströmt. Selbstwirksamkeit nennt es die Psychologie, ein etwas sperriges Wort für ein menschliches Urbedürfnis: etwas

aus eigener Kraft hinzukriegen. Etwas zu schaffen, eine selbstge-
stellte Aufgabe zu bewältigen, sei es ein 10-Kilometer-Lauf oder
ein gedeckter Apfelkuchen. Ein Gemüsegarten ist eine Mischung
aus beidem: Sport und Essen.

Bei mir kommen als Erste die längliche rot-weiße Sorte 'French
Breakfast' und die runde gelbe 'Zlata' auf den Tisch. Zu Ehren von
'French Breakfast' esse ich die Radieschen *à la française*, mit Butter
und Salz. Unbeschreiblich köstlich, knackig, zart, von nur milder
Schärfe.

Und nächstes Mal schneide ich vielleicht sogar die dreckigen
Wurzelspitzen ab.

14. Mai

Ich habe den Garten für ein paar Tage verlassen zu einer Reise in die
Vergangenheit. Mit meinen Eltern bin ich nach Büsum gefahren, ein
verschlafenes Örtchen an der Nordsee, in dem wir uns von 1968 bis
1981 mit zwei befreundeten Familien ein winziges Ferienapartment
geteilt haben. Jede Familie war zwei Wochen lang dran, dann kam
die nächste. Ich erinnere mich an zwei orangerot melierte Sofas, auf
denen wir nachts schliefen, und einen Schwarzweiß-Fernseher, auf
dem ich die Mondlandung sah, ich wurde extra geweckt.

Das Haus hieß Rainer, man konnte über den Deich ins Watt
gucken und in der Parallelstraße war eine Kneipe, in der es »Scholle
satt« gab, also so viele Schollen, wie man schaffte; nur Anfänger
aßen Sättigungsbeilagen wie Bratkartoffeln dazu. So war das
damals mit dem Urlaub in den siebziger Jahren.

Alle Orte, die man nach Jahrzehnten wieder besucht, sind seltsam geschrumpft. Als Kind war Büsum für mich die große Welt,
als Erwachsene wirkt es wie eine Modelleisenbahn, auf die ich aus
großer Höhe runtergucke, gerührt, mit leiser Zärtlichkeit. Und
mit einem Blick, der ausschließlich das Bekannte sucht, was anderes will ich gar nicht sehen.

Das ist in Büsum gottlob leicht. Die Pensionen heißen immer noch »Haus Adele« oder »Hoch am Wind«, es gibt immer noch das Restaurant »Kolles Alter Muschelsaal« aus dem Jahr 1920, dessen Wände bis zur Decke mit Muscheln beklebt sind, seit 118 Jahren gibt es Wattlaufen in Begleitung einer Blaskapelle, man geht immer noch ins Meerwasserwellenbad, in dem ich meinen Freischwimmer gemacht habe. Auch wenn es jetzt »Erlebnisbad Piraten Meer« heißt und Whirlpools hat, immer noch wird zur vollen und halben Stunde künstlicher Wellengang eingeschaltet, zehn Minuten lang. Ich habe noch mein eigenes Kinderkreischen im Ohr und spüre noch das Brennen des Salzwassers in den Augen.

Dass all das noch existiert, erfüllt mich mit einer Freude, die schwer zu beschreiben und noch schwerer zu rechtfertigen ist. Vermutlich setzt genau dann das Altern ein, wenn man sich mehr über das freut, was geblieben ist, als über Neues.

Wir machen nicht viel, meine Eltern und ich. Müssen wir auch nicht. Ein bisschen auf einer Bank am Deich sitzen und der Nordsee zuschauen, »auflaufende Flut«, sagt meine Mutter mit einem Blick, und so ist es. Mittags ein Eisbecher in der Fußgängerzone, nachmittags ein Besuch im Fish Spa, wo kleine Barben an unseren Füßen knabbern. »Also, ich halte das ja für dummes Zeug«, sagt mein Vater, so würdevoll das mit aufgekrempelten Hosen möglich ist. Abends sind wir tot von der Sonne und der Salzluft und vom Urlaub überhaupt, auch wenn wir praktisch nichts getan haben.

Eben gerade – meine Eltern, 92 und 85, waren schon längst im Bett – saß ich mit dem Hund auf einer Bank vor dem Rathaus, gleich hinter dem für den Bürgermeister reservierten Parkplatz. Ich habe bestimmt zwanzig Minuten lang auf das Wasserspiel geschaut, auf das hohe, elegant mehrstrahlige in der Mitte und drei kleinere, wild spotzende Strahlen drumherum, und mich dabei bestens unterhalten gefühlt. Vielleicht ist es so, dass irgendwann die Modelleisenbahn wieder zur großen Welt wird, die Vergnügungen überschaubarer sind, die Kreise kleiner, die Bewegungen langsamer.

Es ist nicht die einzige Reise in die Vergangenheit: Am Wochenende habe ich meine Cousins und Cousinen getroffen, wir haben gegessen, getrunken, gelacht, uns erinnert. Unter anderem haben wir über unsere Großtante Frieda mit ihren langen Röcken gekichert, die immer mit der Fliegenklatsche in der Hand in ihrem Sessel eingeschlafen war. Dann fiel uns auf, dass sie in ungefähr demselben Alter gewesen sein musste wie wir heute. Nur eine Frage der Zeit, bis wir selbst mit der Fliegenklatsche in der Hand einschlafen. Seit heute, seit dem Wasserspiel, habe ich keine Angst mehr davor.

17. Mai

Ich bin wieder zuhause, und der Garten hat mir schon mal ein Blumensträußchen hingestellt: Der Rhododendron blüht. Nein, er explodiert. Und ungefähr so lange wie eine Explosion dauert auch die Blüte: bäm, fertig. Den Rest des Jahres gucke ich auf eine riesige dunkelgrüne Blätterwolke.

Wir waren nicht gleich befreundet, der Rhodo und ich. Er erinnerte mich an Friedhöfe und herrschaftliche Villenvororte, beides nicht unbedingt angenehme Assoziationen. Andererseits war er halt da. Sehr da. Er ist drei, vier Meter hoch, ich kann das nur schwer schätzen, er muss bei durchschnittlich zehn Zentimetern Wachstum pro Jahr seine 40 Jahre alt sein, also aus dem Pleistozän des Gartens stammen. Er ist der Dinosaurier, er hat bis heute überlebt, das allein ist schon Grund genug, ihn zu lieben und zu ehren, bis dass der Tod uns scheidet (meiner vermutlich eher als seiner).

Außerdem ist mir jetzt erst klargeworden, was für einen Schatz ich da im Garten habe. Wollte ich einen Rhododendron in dieser Größe erstehen, bei Lorenz von Ehren oder einer anderen Baumschule, die sich auf größere Gewächse spezialisiert hat, ginge das in den hohen fünfstelligen Bereich. Der Preis steigt exponentiell: Je älter die Pflanze, desto teurer. Eine 50 Zentimeter hohe Jungpflanze kostet 50 bis 60 Euro, 100 Zentimeter kosten schon 250 bis 300 Euro. Eine zweieinhalb Meter hohe Pflanze, etwa 25 Jahre alt: knapp 5000 Euro. Meine Rhododendrenhecke ist drei Meter hoch und fünfzehn Meter lang. Nun rechne mal.

Das Schöne: Der Wert ist völlig wurscht. Denn ich kann die Rhododendren ja schwerlich versilbern. Wie soll das gehen, wer soll die ausgraben, und zwar so, dass sie heil bleiben, einen Transport überstehen und woanders wieder anwachsen? Es ist also ein höchst imaginärer Wert. Ein Wert nichtsdestotrotz. Nur halt nicht einer, der sich in Zahlen bemessen lässt.

18. Mai

Radieschen. Radieschen. Radieschen. Jeden Tag, roh, auf Brot oder im Salat. Sie schießen aus der Erde und sie nehmen kein Ende, ebenso wie die robusten Asiasalate, die man blattweise von außen abpflückt. Eine gute Lektion: nicht alles auf einmal aussäen, sondern portionsweise über mehrere Wochen gestreckt, so dass man sich an einzelnen Gemüsesorten nicht überisst und sie am Ende gar im Überdruss entsorgt.

Aber noch habe ich nicht genug. Wie ist das eigentlich, kann man die Blätter auch essen? Aber klar! Ich probiere vorsichtig und werfe sie dann mit in den Salat. Eine Google-Runde ergibt: Es gibt sogar Radieschenblatt-Rezepte, zum Beispiel für ein Pesto. Ich häcksele sofort eine Handvoll Blätter und eine Handvoll Rauke mit Öl, Knoblauch und ein paar Brocken Parmesan. Etwas schärfer als normales Rucola-Pesto, erdiger. Aber absolut essbar.

Das wird meine Grundfrage für die nächsten Monate sein: Kann man das essen? Ich vermute, in den meisten Fällen: ja. Ich werde versuchen, so wenig wie möglich zu kompostieren, so viel wie möglich zu essen. Es soll nichts übrigbleiben. Und bin sicher: Es wird restlos lecker.

Die beiden kleinen Hochbeete, die ich schon im Herbst in die Nähe des Hauses gebaut habe, sind ausschließlich für Küchenkräuter und Schnellwachser vorgesehen. Derzeit stehen hier Schnittlauch, Radieschen, Salatrauke, Winterheckezwiebeln, Knoblauch und Schalotten. Macht jeden Tag gute Laune, weil das Zeug jeden Tag größer geworden ist.

21. Mai

Was ich heute getan habe:

Ein altes verrostetes Rosenspalier freigesägt und es an die Terrasse versetzt. Kaiserwinden und Wicken aus dem Gewächshaus an das Spalier gepflanzt.

Thymian, Dill, Petersilie und Koriander aus den Anzuchtschalen in größere Töpfe umgetopft. Klebriges Bienenbrot, Spinnenpflanze, Knorpelmöhre: ebenfalls. Das blau blühende Klebrige Bienenbrot (*Phacelia viscida*) ist mein Versuchskaninchen. Einige Sämlinge kommen in größeren Töpfen zurück ins Gewächshaus, ein paar in einer Schale auf die Terrasse, ein paar ins Beet. Einfach mal sehen, was am besten funktioniert.

Um 15 Uhr gemerkt, dass ich den ganzen Tag noch nichts gegessen hatte. Salate für einen späten Lunch gepflückt: jungen Mangold, indischen Blattsenf, Tatsoi.

Linguine gekocht und mit dem Radieschenblatt-Pesto gegessen. Darüber zerbröckelter Ziegenkäse und geriebene Zitronenschale. Dazu ein Glas Crémant mit Holunderbeersaft aus dem letzten Jahr. Beschlossen, den Drink als In-Getränk des Jahres zu pushen: Victor, der Hugo für Fortgeschrittene. Gleich noch ein zweites Glas gemacht, aus Marktforschungsgründen.

Fünf hellblaue Enzian-Ehrenpreis *(Veronica gentianoides)* und drei Sterndolden *(Astrantia* 'Star of Beauty') vors Haus gepflanzt. Dazu aus dem Gewächshaus Schmuckkörbchen *(Cosmos bipinnatus* 'Cupcake') und weiße Ringelblumen *(Calendula* 'Snow Princess'). Ringelblumen auch in eine Schale für die Terrasse. Wie gesagt: Test. Test. Test.

Kamille aus dem Gewächshaus vor das Ökotop gepflanzt.

Das hintere Staudenbeet gegrubbert. Alle Beete durchdringend gewässert, damit Erde an die Neupflanzungen geschlämmt wird.

Darüber nachgegrübelt, wohin die drei großen Ehrenpreis sollen, die noch auf der Terrasse warten. Manchmal finden Pflanzen nicht gleich einen Platz. Aber eine Woche später dann doch. Also noch abwarten.

Die dreckigen Hände mit der Wurzelbürste geschrubbt. Mich aufs Sofa geschmissen, an mir hinuntergeguckt. Seufzend wieder aufgestanden und die dreckigen Knie mit der Wurzelbürste geschrubbt.

Online Meisterwurz, Shiso und Tagetes beim Kräuterhändler Rühlemann bestellt. Eine Sendung über englische Gärten auf 3Sat geguckt.

All das hat von circa 10 bis circa 18 Uhr gedauert, inklusive Lunchpause. Zwischendurch war ich mit dem Hund am Strand und im Wald und bin mit ihm und seiner Stoffeule über den Rasen gerollt. Beim Umtopfen habe ich die neueste Folge von *Gardeners' Question Time* gehört.

Und nicht ein einziges Mal habe ich gedacht: Arbeit.

Es gibt in der Hundeerziehung den Ausdruck »selbstbelohnendes Verhalten«. Das umfasst alles, was einfach an sich schon so viel Spaß macht, dass es nicht noch mit Leckerchen belohnt werden muss. Buddeln, Schnüffeln, Äste schleppen – macht der Hund von ganz allein und macht es gern.

Im Garten zu arbeiten ist für mich selbstbelohnendes Verhalten. Die Tätigkeit ist Belohnung genug, so wie es alle wirklich befriedigenden Formen von Arbeit sind. Die entscheidende Frage ist immer: Würde ich es tun, auch wenn es kein Geld dafür gäbe? Wer das mit »ja« beantwortet, hat alles richtig gemacht.

Dabei ist Gartenarbeit wirklich Arbeit. Sie ist schweißtreibend, oft todlangweilig repetitiv, gelegentlich enervierend (Schnecken! Giersch!) und manchmal frustrierend, wenn alle Anstrengungen doch nicht fruchten. Aber es ist die beste, die befriedigendste Arbeit, die ich je gemacht habe. Weil ich alles selbst in der Hand habe. Weil ich es liebend gern tue, ohne Geld dafür zu bekommen. Ich bekomme ja was weit Besseres.

Und vielleicht auch, weil ich abends tatsächlich benennen kann, was ich getan habe. Das geht mir bei meiner normalen Arbeit nicht immer so. Ich verdaddele ganze Tage am Computer, surfe, grübele, kritzele Notizen, schreibe was, verwerfe es, grübele wieder – und könnte am Abend nicht genau sagen, was ich getan habe. Die Zeit rinnt mir durch die Finger, nie (oder wenigstens selten) scheint ein greifbares Ergebnis am Ende zu stehen. Ich sitze am Schreibtisch, und ein weiterer Tag ist verpufft.

Der amerikanische Anthropologe David Graeber hat gerade ein kleines Büchlein namens *Bullshit Jobs* veröffentlicht: Es geht um Beschäftigungen, die so unproduktiv oder unnötig sind, dass sogar die Beschäftigten selbst sie nicht rechtfertigen können. Über die Hälfte aller Jobs, behauptet Graeber, hätten keinerlei gesellschaftliche Relevanz, sie könnten ersatzlos gestrichen werden, ohne dass die Zivilisation zusammenbräche. Das gelte für offensichtlich überflüssige Jobs wie dekorativ herumsitzende Empfangsdamen und Fahrstuhlwärter ebenso wie für das Mittlere Management, das oft nur zu einem Zweck existiert: weitere sinnlose Jobs für Untergebene zu erfinden, die man nur hat, um die eigene Existenzberechtigung zu sichern.

Manager-Feudalismus nennt das Graeber und geißelt das stupide Konzept- und Berichtschreiben, das elaborierte Antrags- und Formularwesen, die betriebsinternen Taskforces und Meetings sowie andere Formen des geschäftigen Nichtstuns, die nichts anderes bewirken, als das System am Laufen zu halten. Man muss beschäftigt tun, ohne es zu sein, und das ist hochanstrengend und kräftezehrend. »Bullshit-Jobs verursachen regelmäßig Gefühle der Hoffnungslosigkeit, der Depression und der Selbstverachtung«, schreibt Graeber. »Es sind Formen einer seelischen Gewalt, die sich gegen den innersten Kern dessen richtet, was es bedeutet, ein Mensch zu sein.«

Die Job-Sinnfrage haben sich wahrscheinlich die meisten schon mal gestellt: Was mache ich hier eigentlich, wem nützt, was ich tue? Das gilt auch für mich. Die Welt würde sich weiterdrehen, wenn ich nie wieder ein Wort schriebe, sie wird sich sogar garantiert weiterdrehen, denn in spätestens dreißig, vierzig Jahren gibt es mich ohnehin nicht mehr.

Aber vielleicht gibt es dann noch den Garten. Oder eine Spur davon.

Was es heute gibt: das Gefühl, die beste Arbeitgeberin der Welt zu haben – die Natur. Sie gibt vor, was zu tun ist, bestimmte Dinge gehen nur zu bestimmten Zeiten. Aber sie arbeitet tausendmal härter als ich, ich gehe nur zur Hand. Sie treibt die Kraft in die Blätter, Blüten und Wurzeln, sie hat dieses sensationelle Perpetuum Mobile aus Gedeih und Verderb und wieder Gedeih erfunden, diese Maschine, die seit Jahrmillionen läuft. Die uns nicht braucht. Der wir höchstens ins Handwerk pfuschen, wenn wir mal wieder unsere Schraubschlüssel ins System werfen.

22. Mai

Neben meinem Bett klebt eine blaugeringelte Libelle an der Wand. Rund ums Haus summt und brummt es, Hummeln fliegen rein und raus, gelegentlich knallt eine gegen die Scheibe. Es ist das Geräusch des Sommers, zwei Monate zu früh, aber hochwillkommen.

Doch ich bin mit dem Kopf gerade ganz woanders, tausend Kilometer weiter westlich, in London. Dort findet in dieser Woche die Chelsea Flower Show statt, die wichtigste Gartenausstellung der Welt. Übermorgen wollen Katharina und ich wie jedes Jahr nach London fliegen, unsere gemeinsame Lieblingsstadt. Aber diesmal ist es etwas Besonderes: Wir feiern unsere 30-jährige Freundschaft, wir kennen uns seit Mai 1988. Deshalb habe ich schon im Februar Tickets für die Flower Show organisiert, die Champions League unter den Gartenausstellungen.

Es ist ein Event, das in England knapp hinter der Cricket-WM rangiert und dort ähnliche Hysterie auslöst wie im Rest der Welt Kopfschütteln: Die BBC berichtet täglich mehrstündig, schickt ein Heer von Korrespondenten schon im Vorfeld zu Baumschulen und Gärtnereien, sendet lange Interviews mit Blumenzüchtern und Gartendesignern und lässt das Ganze natürlich von Monty Don moderieren, von wem sonst? Nicht zuletzt deshalb klebe ich schon seit Tagen vor dem Internet und verfolge mit wachsender Aufregung die Berichte und Preisrichterentscheidungen.

Eigentlich klingt das Konzept ganz simpel: Zehn Showgärten, alle um die 200 Quadratmeter groß und speziell für die Flower Show auf dem Ausstellungsgelände in Chelsea errichtet, stellen sich einer Jury. Schon die Einladung, einen dieser Gärten zu designen, gilt als Ritterschlag. Mit hübschen Pflanzenarrangements ist hier allerdings kein Blumentopf zu gewinnen: Es geht um aufwendige Installationen, deren Kosten locker in die Hunderttausende gehen. Deshalb brauchen die Designer in der Regel einen Sponsor, der das Ganze finanziert und im Gegenzug vom Werbeeffekt profitiert. Für das Gärtnern auf diesem Niveau gilt dasselbe wie auf dem Fußballplatz: Geld kauft Tore, sorgt für Goldmedaillen und den entscheidenden Titel »Best in Show«. Kein Wunder, dass die Auszeichnungen meist an Großbanken und Investmentfirmen gehen.

Der Aufwand ist atemberaubend. In der Vorberichterstattung der BBC sah ich, wie die verwendeten Pflanzen oft schon im Jahr zuvor speziell für diese eine Ausstellungswoche gezogen werden. Für die sieben Tage im Mai müssen sie in Bestform sein, im Zweifel also in Kühlräumen am Blühen gehindert oder in tropisch warmen Treibhäusern zum Blühen genötigt werden, auch wenn es gar nicht ihre Jahreszeit ist. Für einen der Gärten wurden zum Beispiel Hunderte von Iris einzeln mit Schaumstoff umwickelt, damit sie sich nicht vorzeitig öffnen oder gar umknicken – es geht hier um jedes Staubgefäß. Ausgewachsene Bäume werden mit Kränen gepflanzt, Sandsteinfelsen einer bestimmten Färbung mit Tiefladern aus einem nordenglischen Steinbruch herangekarrt. Der Sinn für die Details ist oft obsessiv: Der Showgarten »Welcome to Yorkshire« enthält unter anderem eine Wildwiese mit original Yorkshire-Schafkotfladen, in die Dornen der Büsche wurden sorgsam Fetzen von Wolle drapiert, hinterlassen von imaginär durchgewanderten Schafen. Dazu eigens in den Yorkshire Dales aufgenommener Vogelgesang vom Band.

Irre.

25. Mai

Schon beim Verlassen der U-Bahnstation Sloane Square finden wir uns in einem völlig verwandelten London wieder. Strohbehütete Menschenmassen strömen uns entgegen, beladen mit frisch erstandenen Rankgerüsten und Wetterhähnen. Die feinen Boutiquen entlang des Fußwegs zur Flower Show haben alle geflaggt: An den Mauern hängen üppige Blumenampeln, vor den Eingangstüren stehen extravagant bepflanzte Terrakottakübel. Man muss gar nicht genau wissen, wo man abbiegen muss: Die Blumen weisen den Weg. Und die Damen in ihren Blümchenkleidern, die vor uns gehen, auch. Nichts als Blümchenkleider, Blümchenblusen,

Blümchentaschen, sogar die eine oder andere Blümchenhose sichten wir.

»Wir sind definitiv falsch angezogen«, sagt Katharina. »Underdressed. Underflowered.«

Stimmt, den Dresscode haben wir schon mal vergeigt. Aber mich beschäftigt etwas anderes: Wird Monty da sein? Falls ja: Werde ich in Ohnmacht fallen?

Trotz der Menschenmassen kommen wir relativ zügig auf das Ausstellungsgelände, den disziplinierten Engländern sei Dank. Die Eintrittskarten gelten für ein festes Zeitfenster. Wir haben zweieinhalb Stunden Zeit, bis die Show schließt, danach beginnt im Park nebenan das Programm »Chelsea Late«, für das ich zur Feier des Tages ebenfalls Tickets klargemacht hatte: ein Abend mit Musik vom Jazzclub Ronnie Scott's, mit Foodtrucks, Champagnerbars und dem London Vegetable Orchestra, das auf Möhren, Zucchini und Paprika klassische Musik spielt. Natürlich. Wir sind schließlich in England, dem Land, in dem keine Idee zu absurd ist.

Aber vor dem Vergnügen erst mal die Arbeit: Gärten gucken. Den Showgarten als solchen zeichnet zunächst mal ein durchgeknalltes Konzept aus. Es wird mit mächtig viel Anspruch gepflanzt, mit einem »Narrativ«: Einer der Gärten, gesponsert von einer Kinderschutzorganisation, versucht den Weg eines misshandelten Kindes von der Verletzung zur Heilung abzubilden (aus irgendeinem Grund spielt eine Wandskulptur aus Porzellan und 24-karätigem Gold eine Rolle), ein anderer ist inspiriert von syrischen Flüchtlingscamps im irakischen Domiz, ein weiterer mit viel Edelrost soll ein Wurmloch durch die Zeit darstellen, die zentrale Sonnenexplosions-Skulptur repräsentiert sowohl Anfang wie Ende des Universums. Oder so ähnlich. Die Veränderung des Weges von Kies über Ziegel zu Stein steht für die menschliche Evolution, eine grünspanbedeckte Bank ist von DNA inspiriert.

Eine Mauer ist in Chelsea nie nur eine Mauer, sondern garantiert eine Metapher, für Angst oder Stigma oder soziale Benachteiligung. Ein Wasserbecken hingegen bedeutet immer was Gutes: Selbstreflektion, Klarheit, Ruhe, so was in der Art. Und manchmal bedeutet es einfach nur Gin, wie im Garten der Ginmarke Silent Pool, in dem diverse Kupferskulpturen auf den Destillationsprozess verweisen.

Kann man das ernst nehmen? Ist das hier das überkandidelte Endspiel einer Hochzivilisation? Oder einfach nur eine Plattform, um Anliegen in die Welt zu tragen, Kinder mit Aids, Epilepsieforschung, Multiples Myelom, einen seltenen Blutkrebs (mit einer besonders scheußlichen Plexiglasstatue, die auch wieder irgendwas repräsentiert)?

Wir flüchten in den Great Pavilion, das zentrale Ausstellungszelt, wo 90 Züchter ihre Spezialitäten aufgebaut haben. Lupinen in allen Farben stehen stramm, gegenüber Allium wie Paukenschlegel, riesige Bälle aus Chrysanthemen – es ist ein einziger Rausch an Farben, Formen und Düften, eine Leistungsschau der Natur und der Verrückten, die sie zu verbessern versuchen.

Natürlich komme ich hier nicht ungeschoren raus: Ich bremse jäh vor den Wickenzüchtern von Eagle Sweet Peas, die gerade ihre elfte Chelsea-Goldmedaille verliehen bekommen haben, und kaufe ein paar Samentütchen der errötenden 'Kiera Madeline', der etwas unheimlichen grauvioletten 'Lisa Marie' und der hellblauen 'Ballerina Blue'. Für dieses Jahr ist die Aussaat zu spät, aber im nächsten Februar, das weiß ich jetzt schon, habe ich neue WG-Genossen.

Auffällig: die ungemein gut gelaunten Leute. Ja, es ist brechend voll. Trotzdem gibt es keine Genervtheit, kein Drängeln, sondern einfach nur frohe, dankbare Gesichter. Neben den Showgärten stehen freigestellte Angestellte der Sponsoren mit fotokopierten Bildern der verwendeten Pflanzen, brav stellt man sich an, um dieses und jenes nachzufragen.

Ich natürlich auch.

»Die blaugraue Staude, ma'am? Sehr hübsch, nicht? *Senecio mandraliscae*, sie steht gern trocken, was für einen Boden haben Sie?«

Wir kommen ins Gespräch. Er ist Investmentbanker, er bedauert, morgen wieder ins Büro zu müssen, obwohl er heute schon seit acht Stunden belagert wird. »Das könnte ich jeden Tag machen.«

Bei Anbruch der Dämmerung ziehen wir nach nebenan in den

Ranelagh Garden, wo die »Chelsea Late«-Festivitäten beginnen. Am Eingang bekommen wir Blumenkränze ins Haar gedrückt, was sich sogar weißbärtige Herren in Cordanzügen leicht verschämt, aber insgeheim gern gefallen lassen. Es ist, als ob die Blumenkränze von oben durch den ganzen Körper strahlen: Sie lösen die Glieder, machen leicht und leichtsinnig und aus jedem einen Statisten aus einer Inszenierung des Sommernachtstraums, zweite Elfe von links.

Wir streifen durch die Nacht, an weiteren Ausstellungsgärten vorbei, bekommen Samen geschenkt und geröstete Sonnenblumenkerne, schauen Mitgliedern des London Vegetable Orchestra zu, die mit einer Bohrmaschine frische Karotten in Flöten verwandeln und eine Zucchini mit einer Paprika am Ende in eine Posaune.

Es funktioniert tatsächlich, und Mozart klingt vegan einfach wunderbar.

Und dann tanzen wir mit ein paar hundert anderen Blumenkindern auf dem Rasen zu einer Soulband, bis sie uns aus dem Park schmeißen. Ich kann mich nicht erinnern, wann ich zuletzt so glücklich gewesen bin.

Okay, bei den ersten Radieschen.

26. Mai

»Sind das …?«

»Ja.«

Wir stehen vor einem Glaskabinett und starren ein Exponat an, dessen Beschilderung in schöner Schlichtheit genau das sagt, was wir sehen: »Jar of Moles«. Einmachglas voller Maulwürfe.

Keine weitere Erklärung.

Es gibt auch keine. Niemand weiß, wer warum 18 Maulwürfe in einem großen Glasgefäß eingeweckt hat. Ein irrer Sammler? Der Chefgärtner eines exklusiven Golfclubs auf Rachefeldzug? Ein Forscher, der vergleichende Anatomiestudien betreiben wollte? Ein Dozent, der die Maulwürfe zum Sezieren für seine Studenten vorbereitete?

Fest steht nur, dass das Glas mit den Maulwürfen zu den beliebtesten Ausstellungsstücken im Grant Museum gehört, einem liebenswerten Naturkundemuseum und Kuriositätenkabinett, wie man es nur in England finden kann. Zu den vielen Ritualen, die Katharina und ich bei unseren London-Trips zelebrieren (immer einen neuen Herrenpyjama bei Marks & Spencer kaufen, immer Pisco Sour im »Ceviche Soho«

trinken), gehört auch, jedes Mal ein neues Museum anzugucken. Das dürfte uns noch Jahrzehnte beschäftigen, hier gibt es nämlich ein paar.

Das »Jar of Moles« hat seinen eigenen Twitter-Account, gibt Interviews (»Wie schmeckt die Flüssigkeit, in die ihr eingelegt seid?« – »Unter der Woche nach Tod und Meerwasser, aber am Wochenende werden wir mit Gin Tonic aufgefüllt. Das hält uns bei Laune«) und kämpft für Gleichheit und Brüderlichkeit (»egal, welche Position im Glas jeder von uns einnimmt«).

Ich freue mich jetzt schon, wenn mein Haus-Maulwurf im Herbst wieder den Rasen übernimmt. Dann werde ich ihm von seinen berühmten Londoner Kollegen erzählen.

28. Mai

Ich habe bis nach Chelsea gewartet, um die Tomaten in die vorbereiteten Pflanzsäcke umzusetzen, die schon seit Wochen mit Erde gefüllt neben der Haustür und hinter dem Haus stehen.

In die großen Säcke pflanze ich drei Setzlinge, in die kleinen zwei, das müsste hinkommen. Gefüllt sind die Säcke mit einem Muttererde-Kompost-Gemisch, wenn die Pflanzen größer werden, werde ich mit speziellem Tomatendünger nachhelfen. Aber für den Start sind sie bestens gefüttert.

Eine englische Erfindung probiere ich zusätzlich aus: Die Tomaten werden direkt in Plastiksäcke mit Blumenerde aus dem Gartencenter gepflanzt. Die Folie wird dafür an mehreren Stellen aufgeschlitzt und die Jungpflanzen hineingesetzt, unten werden natürlich Ablauflöcher für Wasser geschnitten. Diese Methode ist so pragmatisch wie ökologisch klug: Es geht kaum Wasser durch Verdunstung oder Versickerung verloren.

Schön ist anders, aber für mein Ranksystem von Manufactum gibt es auch noch ein hübsches schwarzes Schürzchen zu kaufen, mit dem man den Sack tarnt. Das gönne ich mir einfach.

31. Mai

Gärtnern kann brutal sein; gelegentlich hat es damit zu tun, gegen den Instinkt zu handeln.

Phänologischer Kalender: der Chelsea Chop. Gerade wenn die Stauden endlich aus der Knete kommen und sich die ersten Blüten zu bilden beginnen, soll man zur Gartenschere greifen und die Pracht radikal herunterschneiden.  Der Chelsea Chop – so genannt, weil er ungefähr zur Zeit der Flower Show passieren soll, also Ende Mai, Anfang Juni – hat zur Folge, dass die Pflanze vier Wochen später blüht. Warum sollte man das wollen? Weil man auf diese Weise die Anzahl der Blüten verdoppeln kann. Hat man mehrere Stauden derselben Art, kann man deren Blühzeit über mehrere Wochen strecken, indem man sie unterschiedlich hart

beschneidet. Länger! Und mehr! Spricht alles dafür, oder? Trotzdem kostet es Überwindung.

Mich erinnert das an das berühmte Marshmallow-Experiment des Psychologen Walter Mischel: Kindern wurde ein Marshmallow vorgesetzt, und der Versuchsleiter verließ das Zimmer mit dem Versprechen, dass das Kind zwei Marshmallows bekommen würde, wenn es der Versuchung widersteht und bis zu seiner Rückkehr den ersten Marshmallow nicht isst.

Es geht um Belohnungsaufschub, um Selbstdisziplin: jetzt verzichten, dafür später umso mehr haben. Aus dem Ergebnis des Tests glaubte Mischel ablesen zu können, wie gut sich das Kind später einmal durchs Leben schlagen würde: Die Selbstbeherrschten seien erfolgreicher, war sein durch Nachbeobachtungsstudien gewonnener Rückschluss, sie hätten eine höhere Frustrationstoleranz und Stressresistenz.

Meine Frustrationstoleranz ist dank fortgeschrittenen Alters ohnehin hinreichend hoch, ich fühle mich also bereit für den ersten Chelsea Chop meines Lebens. Alle spätblühenden Stauden kommen in Frage: Astern, Sonnenhut, Wasserdost, Eisenhut. Ich schneide experimentell: Bei einigen kürze ich die äußeren Triebe um ein Drittel, bei einigen um die Hälfte. Bei einigen kürze ich durch die ganze Pflanze hindurch jeden zweiten Trieb. Eine *Rudbeckia* schneide ich komplett halb herunter. Mal sehen, was besser funktioniert und was am Ende besser aussieht. Kaputt machen kann man eigentlich nichts, auch wenn es wie ein Kettensägenmassaker wirkt. Augen zu und durch. Wie bei allem Neuen im Leben. Denn was ist schon das Schlimmste, das passieren kann? Dass es nicht oder nicht so doll blüht? Pffff.

Das Schlimmste, das passieren kann, ist, dass ich was gelernt habe.

Der Mai in Zahlen

Selbstgeerntete Mahlzeiten / Salat: 12
Selbstgeerntete Mahlzeiten/Radieschen: 9
Durch Gartenarbeit und Salat/Radieschen
    verlorenes Gewicht: 2 Kilo
Durch exzessives London-Wochenende
    zugenommenes Gewicht: 2 Kilo
Stimmungsbarometer: ☺☺☺☺☺

Dem Himmel so nah

JUNI

Über die Freude im Kleinen und im Großen, über das Alleinsein im Garten und das World Wide Web der Gärtner. Und über das Tolle an Brennnesseln.
Ach so, und endlich mal was über Schnecken.

1. Juni

Ich bin jetzt drei Monate im Garten und bemerke beunruhigende Veränderungen an mir: Ich werde zum Nerd.

»Die Amsonia blüht!«

»Schön«, sagt Katharina am Telefon. »Und was ist sonst so bei dir los?«

»Nichts. Aber die Amsonia blüht! *Amsonia tabernaemontana!* Das hat sie noch nie getan in den drei Jahren, das ist doch sensationell!«

»Mmmhhmm.«

»Ich hätte sie weiter nach vorn ins Beet pflanzen sollen, man sieht sie kaum, sie hat so wunderschöne hellblaue Blüten.«

»Mmmmhhmmmm.«

»Ich schick dir gleich ein Foto.«

»Unbedingt.«

Okay, schon verstanden. Es kann nicht jeder so rasend spannend finden, was ich da gerade erlebe. Je mehr ich mich in das Thema Garten hineinwühle, desto mehr vergrabe ich mich auch, das ist mir klar. Ich haue mir meinen Weg durch einen Dschungel, in den mir nicht mal beste Freunde folgen mögen.

Eine Leidenschaft trägt man allein mit sich herum. Man kann sie vielleicht teilen mit anderen Menschen, die sich grob für dasselbe Thema interessieren, aber diese spezielle Begeisterung über diese spezielle Pflanze an diesem speziellen Platz: Das ist allein meine Sache.

Ist auch nicht schlimm. Ich fand nie, dass eine Freude nur dann vollkommen ist, wenn man sie teilt. Eine Freude ist dann eine, wenn sie tief empfunden ist und etwas auslöst in einem, und sie wird nicht kleiner, wenn man sie als einziger fühlt.

Der Garten hat mir bisher dutzende von Freuden in ganz unterschiedlichen Geschmacksrichtungen serviert: Überraschung, Dankbarkeit, helles Entzücken. Zuversicht, Stolz, Hoffnung. Mir fällt gerade nichts anderes ein, das einen durch so viele Emotionen trägt, die man alle, das ist ja das Tolle, höchstpersönlich selbst hergestellt hat. Wo geht das sonst noch so einfach wie beim Gärtnern?

2. Juni

Neben meinem Laptop steht ein rundes Zinktablett, groß wie ein Frühstücksteller, darauf eine Sammlung von fingerhohen Miniaturvasen, in die jeweils nur eine Blüte passt.

Nahezu jeden Morgen schneide ich eine neue Blume im Garten und stecke sie in eine der Vasen. Was da draußen im Großen los ist, sehe ich hier drinnen im Kleinen. Ich kann durch die Nähe und die Konzentration auf nur eine Blüte den Blumen ins Gesicht schauen und Details sehen, die mir draußen im großen Gewoge entgehen.

Die Sterndolde (*Astrantia major*) zum Beispiel, eine meiner Lieblingsstauden: draußen schon entzückend, drinnen ein Wunder. Sternförmige Hüllblätter in Weiß, das zu den Spitzen in Grün ausläuft und an der äußersten Spitze eine Winzigkeit rosa trägt.

Im Inneren die eigentlichen Blüten, winzige Dolden, die aussehen wie ein Nadelkissen. Das Ganze hat einen Durchmesser von gerade mal einem Zentimeter, man muss also schon ganz genau hinschauen.

Und das genaue Hinsehen lerne ich gerade. Der Garten macht aufmerksam für das Winzige, auf den ersten Blick Unscheinbare,

auf den zweiten Blick Spektakuläre. Ich laufe gerade wie frisch angespitzt durch die Welt, mit einer Liebe zum Detail, die ich bisher nicht kannte.

Das Verrückte ist: Was immer ich gerade zusammenklaube – hier: Witwenblume, Nelkenwurz, Katzenminze, Storchschnabel, Akelei, Mohn –, versteht sich prächtig miteinander. Das Tablett ist mein Versuchslabor, die Väschen sind meine Reagenzgläser. Ich mixe, ich überprüfe Konstellationen, Konsistenzen, Farbclashes. Und stelle fest: Mohn-Rot neben Akelei-Purpur funktioniert super. Oder Nelkenwurz-Orange neben Katzenminzen-Violett: prima. Hätte ich im Traum nicht nebeneinandergepflanzt, aber jetzt vielleicht doch.

3. Juni

Eine meiner Lieblingsarbeiten im Garten ist das Ausbrechen von Ausgeblühtem an Azaleen und Rhododendren. Es ist so angenehm stumpfsinnig, so entspannend mechanisch. Mir fallen dabei immer Schimpansen ein, die sich lausen, eine gemütliche, genussvolle, beiläufige, intime Tätigkeit, die Lauser und Gelausten zusammenbringt, in diesem Fall die Azalee an der Terrasse und mich.

Blüten ausbrechen? Warum machen, was die Natur nicht selbst erledigt? Man kann es auch lassen, besonders bei älteren Sträuchern wie meinen, aber auf diese Weise verpulvert die Pflanze keine Energie in die Bildung von Samenständen, sondern steckt alles in die Anlage der Blüten des nächsten Jahres.

Es heißt, dass man bei solchen Arbeiten am besten abschalten könne. Ich glaube, dass es ganz im Gegenteil eher ums Einschalten geht. Während die Hände ihr Werk tun, kann der Kopf in alle

Richtungen spazieren gehen. Je simpler die Tätigkeit, desto besser die Ideen, die derweil entstehen. Denn die kommen meist im Nebenbei, jedenfalls selten, wenn man es auf sie anlegt: sondern eher beim Duschen, beim Gassigehen, beim Tellerabwaschen – einer der Gründe, warum ich keine Geschirrspülmaschine habe.

90 Prozent aller Arbeiten sind langweilig. Mehr noch: 90 Prozent allen Lebens ist langweilig, mindestens. Und das gilt auch für die schönsten Aspekte davon: 90 Prozent der glücklichsten Ehen, 90 Prozent von kreativen Tätigkeiten sind nichts als die ewige Wiederkehr des Gleichen. So muss es auch sein, anders wäre es nicht auszuhalten. Die Langeweile, die Routine ist die Nährlösung des Glücks. Das Medium, in dem es wächst.

Also raus, also Verblühtes ausbrechen. Ich tu's schließlich für mich.

4. Juni

Ich gucke die neue Folge von *Gardeners' World* und will auf der Stelle die Kletterpflanze haben, von der Monty schwärmt, Blaurebe (*Cobaea scandens*). Sie hat violettblaue glockenförmige Blüten und wächst offenbar wie blöd, nämlich bis zu sechs Meter hoch – perfekt für meine Ungeduld und meine noch unbesetzten Weidenrankgerüste. Schnell nach ihr gegoogelt. Alle einschlägigen Saatenlieferanten melden: derzeit nicht lieferbar. An dieser Stelle würden normale Menschen aufgeben und sagen: Schade, aber mal vormerken fürs nächste Gartenjahr.

Wie gesagt: normale Menschen …

Beim achten Händler werde ich fündig und ordere die Samen. Reine Unvernunft, die viel mit meiner Monty-Obsession zu tun hat. Die ist in den letzten Monaten so himmelhoch gerankt wie … na sagen wir, wie eine Glockenrebe. Ich gucke alte Sendungen zurück bis 2011, lese seine Bücher und stelle dabei fest: Ich will gar nicht den Mann. Ich will seinen Garten.

5. Juni

Wenn ich ökologisches Gärtnern richtig verstanden habe, dann bedeutet es in Kurzform, möglichst wenig Schaden anzurichten: 1. Kein Gift verwenden. 2. Mit der Natur arbeiten, nicht gegen sie. 3. Nichts kommt um, alles ist zu was nütze. Verrottetes Laub wird zu Kompost, der wird zu Erde, die wird zu Nahrung für neue Pflanzen, deren Laub wiederum verrottet – und alles geht von vorn los. Ein sich selbst nährendes System, in das wir uns so still und dankbar wie möglich einklinken sollten.

Auf ähnlich schöne Weise kann man sogar die Nervensägen des Gartens in etwas ungemein Nützliches verwandeln: Brennnesseln ergeben, wenn man sie für ein paar Wochen in einem Eimer ertränkt und zu einer Jauche vergären lässt, einen enorm effektiven pflanzlichen Dünger voll Stickstoff und Kalium, toll für Vielfraße wie Tomaten und Kohl.

Die Herstellung ist ganz einfach: einen großen Mörteleimer zur Hälfte mit grob zerschnittenen Brennnesseln füllen, mit Wasser bis zehn Zentimeter unter dem Rand auffüllen. Nicht höher, Jauche schäumt während der Gärung. An einen sonnigen Platz stellen, ein paarmal am Tag umrühren. Dabei die Luft anhalten, das Zeug stinkt bestialisch. Deshalb den Eimer nicht unbedingt neben die Terrasse oder den Zaun zum Nachbarn stellen und am besten abdecken. Wenn es nicht mehr schäumt, ist die Jauche fertig.

1 zu 10 verdünnt gießen und tadaa: der beste, billigste Dünger der Welt.

6. Juni

Es wird. Es wächst. Mein Hochbeetgarten ist ein Wald. Die Erbsen haben hübsche Blüten, einige verwandeln sich bereits in Schoten. Der Kohlrabi knollt schon, verblüffenderweise einige Zentimeter über der Erde. Der schwebt sozusagen über den Dingen, dabei hätte ich vorher gedacht, dass man ihn aus der Erde ziehen muss wie eine Rübe. Ich hatte immer wenig Ahnung, wie Essbares reift, das wurde mir klar, als ich meinen ersten Rosenkohl in freier Wildbahn sah. Der wächst ja an einem dicken Stiel! Der einen Meter hoch wird! Auf dem die Rosenkohl- sprossen wie dicke Pickel sitzen, die sich spiralförmig um die Stange winden! Potz- blitz. Und Sesam wächst in Schoten, und Cashews sitzen als Kern außen an apfelför- migen Früchten, die angeblich wie Ananas schmecken.

Dingen beim Größerwerden zuzusehen ist fast noch befriedigender als die Ernte. Das Gefühl von »fast da« ist ja auch schöner als das Ankommen. Der erste Blick aufs Meer, der Landeanflug auf New York, die magenhüpfende Vorfreude auf all das, was da kommen wird, ist das größte, weil völlig unverdorbene Glücksgefühl.

7. Juni

Heute habe ich eine Lesung in Oldenburg, das Thema ist »Hei- matgefühle«. Hm, Heimat ... Das ist so wie bei Aufsatzthemen früher in der Schule: Plötzlich muss man sich öffentlich über etwas auslassen, über das man eigentlich noch nie richtig nachgedacht hat. Heimat, was bedeutet das für mich? Mir fallen nur Augenblicke ein: Der Moment, wenn ich hinter der Kurve in der Ferne den Leuchtturm sehe. Der Sand unter den Füßen am frühen Morgen. Sauer eingelegter Brathering. Ein Glas Leberwurst von Schinken- Petersen in Malente, auf dessen Etikett steht: »Ganz normale, so wie früher«. Rapsfelder im Mai. Der Schnack hier im Norden, der entspannte Sound, das Gesabbel. Dass Fußballspieler Fiete Arp

heißen und Regionalfernsehmoderatoren Jan Malte Andresen. Die Kindergartengruppe neulich, die unter einem Zeltdach am Strand saß und gebannt dem Kindergärtner zuhörte: »Das ist Blasentang. Bla. Sen. Tang. Hier, drückt mal.«

Und, je länger ich darüber nachdenke: mein Garten. Der selbstgeschaffene Ort, der mich gerade umhüllt, fordert und rührt wie nichts Zweites. *Home is where the heart is.*

Heimat schien mir früher immer wie ein Zwangsverhältnis, aber vielleicht habe ich da was missverstanden. Man war irgendwo geboren, da gehörte man hin, auch wenn man sich dort heimlich fremd fühlte. Heimat hatte was mit Anpassung zu tun: Man musste sich hineinfügen in die Sitten und Gebräuche, auch wenn man sie für falsch hielt.

Ich glaube inzwischen was anderes: Heimat kann und muss man sich selbst schaffen. Es geht nicht darum, sich einen Sepplhut aufzusetzen und ein Spiel mitzuspielen, dessen Regeln andere geschrieben haben. Heimat muss man sich selbst bauen, ob das nun ein Haus ist, ein Garten oder eine Gemeinschaft. Erst aus dem Tun erwächst Zugehörigkeit, die wird einem nicht automatisch verliehen.

Heimat ist etwas, auf das man sich zubewegen muss. Ein Ort, den man findet, manchmal nach langer Suche, manchmal aus Zufall. Gelegentlich ist es derselbe Ort, von dem man aufgebrochen ist.

Und wo nun der richtige Ort ist, wie weiß man das? Gestern sagte jemand im Fernsehen: »Glück ist, wenn man's merkt.« Das stimmt und man könnte es gut abwandeln: »Heimat ist, wenn man's merkt.«

8. Juni

Wieder zuhause. Montys Glockenrebensamen sind angekommen, ich säe sie sofort aus. Zwar um Monate zu spät, aber wen schert das schon in diesem Jahr, in dem der Frühling gerade mal drei

Wochen gedauert hat, Anfang Juni schon seit einem Monat Hochsommer herrscht und wir alle, Menschen wie Pflanzen, in einem einzigen saisonalen Jetlag leben? Angesichts der zehn Jahreszeiten, von denen mindestens die ersten vier in diesem Jahr so durcheinander waren wie nie, ist es doch eh schon egal, ob das jetzt noch Vollfrühling oder schon Frühsommer ist. Die Jahreszeiten spielen verrückt, da schließe ich mich doch einfach an.

Schlimmstenfalls klappt es nicht mit den Glockenreben, na und? Wir betreiben hier ja schließlich kein Atomkraftwerk, es darf schiefgehen, was schiefgehen will.

9. Juni

Okay. Es reicht langsam. Auch die zweite Aussaat der Stangen- und Buschbohnen haben die Nacktschnecken über Nacht niedergemetzelt. Meine Hoffnung, dass die Biester nicht die Wände der Hochbeete hochklimmen, hat sich endgültig zerschlagen. Ahnte ich schon. Ich habe deshalb nach vergeblichen Versuchen mit den Klassikern Eierschalen und Kaffeesatz, über die Schnecken angeblich nicht drüber kommen (hahaha), sämtliche Schneckenbekämpfungsmittel geordert, die der Biogartenmarkt hergibt. Auf der Liste der zu testenden Mittel: Schafswollpellets, Kupferklebeband und das angebliche Wundermittel Schnexagon.

Ich muss vorausschicken: Anfangs wollte ich die Viecher einfach nur tot sehen. Abends ging ich pfeifend mit einer Taschenlampe und einem alten rostigen Küchenmesser durch den Garten und zersäbelte, was mir in die Quere kroch. Kein Zögern, kein schlechtes Gewissen, so wenig wie bei Mücken. Wer mich oder mein Gemüse frisst, verdient den Tod, fand ich, Auge um Auge. Auch Schneckenkorn habe ich ausprobiert, sowohl das für Mensch und Tier gefährliche mit Metaldehyd wie auch das für den ökologischen Landbau zugelassene mit Eisenphosphat. Das erste lässt sie ausschleimen und austrocknen = sofortiger Exitus mit widerlichen Schleimspuren zwischen den Pflanzen. Eisenphosphat hingegen verschließt den Verdauungstrakt der Schnecken (uah, will man das wirklich so genau wissen?), sie ziehen sich zurück und sterben langsam – was ihnen leider Gelegenheit gibt, sich vorher noch fleißig zu vermehren.

Problem in beiden Fällen: Schnecken sind Kannibalen. Tote Schnecken ziehen andere Schnecken an, genau wie die oft empfohlenen Bierfallen: Die locken Schnecken aus einem weiten Umkreis heran, die wenigsten gehen in die Falle, und es wird alles nur noch schlimmer. Kontraproduktiv.

Zudem killt Schneckenkorn nicht nur Nacktschnecken, sondern auch die freundlichen Weinbergschnecken, die erstens nur abgestorbene Blätter fressen und zweitens angeblich sogar Nacktschneckengelege. Es muss also irgendwie anders gehen.

Die Schafswollpellets – ungewaschene gepresste Wolle in Pillenformat – werden unter dem Namen »Slug Gone« in einem Zehn-Liter-Eimer geliefert. Öffnet man ihn, schlägt einem warmer, leicht muffiger Stallgeruch entgegen. Ich streue großzügig um die Bohnensämlinge herum, zehn Zentimeter breit wie angewiesen. Am nächsten Morgen: Die Bohnensämlinge sind angefressen. Na toll.

Zweiter Testtag, denn es hieß, dass die Pellets erst wirken, wenn sie durch Nässe aufgequollen sind. Also gießen. Die Schnecken finden es super, sie gleiten noch anstrengungsloser über die feuchte Filzmatte.

Okay, das war nichts. Es schadet aber auch nicht: Die Schafswolle wird sich langsam zersetzen, sie wirkt als Biodünger und als Mulch. Nur halt nicht als Schneckenbarriere.

Neuer Versuch: Selbstklebendes Kupferband um das Hochbeet. Sehr stylish. Die Schnecken lachen sich kaputt. Im Internet kursiert ein Video von zwei im Abstand von einem Zentimeter geklebten Kupferbändern, die mit einer solarbetriebenen Batterie in einen elektrischen Zaun verwandelt wurden. Machbar, aber nicht ratsam: Kurzschlussgefahr bei Regen.

Nächster Versuch: Schnexagon. Das ist das Wundermittel des Jahres, bekannt durch die Hökersendung »Die Höhle der Löwen«. Eine milchige Substanz aus Ölen und Seifen, die mit einem Pinsel etwa zehn Zentimeter breit auf die Seiten von Hochbeeten und Blumenkübeln gestrichen wird und transparent trocknet. Die Schnecken, so das Versprechen, können diese Barriere nicht überwinden. Der Vorteil: Schnexagon ist giftfrei, ohne Lockmittel, biologisch abbaubar, Demeter-zertifiziert. Nachteil: Je nach Wetterlage muss man unter Umständen nach zwei Monaten nachstreichen. Im Internet bekommt das Mittel gute Noten.

Ich beschließe einen Doppelschlag, weil ich dem Braten noch nicht traue. Unten streiche ich ein Test-Hochbeet mit Schnexagon, oben erwartet etwaige Emporkömmlinge eine Dosis Schneckenkorn, und zwar vom fiesen, das für sofortigen Exitus sorgt. Nicht schön, aber man sieht auf diese Weise ganz klar, ob das Schnexagon wirkt.

Experiment 2: Ich setze eine kleine Funkie in einen Topf, streiche ihn mit Schnexagon an und positioniere ihn dort, wo die Schnecken mir zuvor schon drei Funkien gekillt haben. Wenn diese Pflanze überlebt, bin ich endgültig überzeugt.

Was einwandfrei funktioniert, aber leider schreihässlich ist: kreisförmige Kunststoffkrägen, die nach außen abgekantet sind, um die einzelnen Pflanzen platzieren. Dank der Abkantung können die Schnecken tatsächlich nicht darüberkriechen. Ähnlich effektiv soll eine abgekantete Metallbarriere sein, die man um die Beete herum baut. Nicht billig, aber haltbar – und selbstverständlich ebenfalls schreihässlich. Mal sehen. Vielleicht gehe ich nächstes Jahr mal zum örtlichen Schlosser und lasse mir so was basteln.

Und dann natürlich die einfachste Methode von allen: nur das anpflanzen, was Schnecken nicht mögen. Astern, Hortensien, Geranien, Ehrenpreis, Akelei, Ziergräser, Eisenhut, Fetthenne, Frauenmantel, Jungfern im Grünen, Vergissmeinnicht, Phlox, Wicken, Wollziest. Nahezu alles, was auf -wurz, -veilchen, -hut, -glöckchen, -kerze oder -kraut endet. Und natürlich weglassen, was zu 90 Prozent gefressen wird: Rittersporn, Dahlien, Funkien, Lupinen, Salat, Zucchini, Kohl, Bohnen, Gurken, Kohlrabi.

Gelegentlich wird auch geraten, ein sogenanntes Opferbeet anzulegen mit allem, was Schnecken besonders gern haben. Ein kaltes Buffet vom Feinsten, in der Hoffnung, dass sie sich darauf stürzen und den Rest des Gartens in Ruhe lassen. Sorry, aber wenn Bier schon Schnecken anlockt, dann ein Funkien-Rittersporn-Kopfsalat-Beet erst recht. Und so masochistisch bin ich dann doch nicht, denen einen Tisch zu decken und das Neonschild »All You Can Eat: Bitte hier entlang« darüber zu hängen.

10. Juni

Besuch von der Fachfrau. Elke von Radziewsky kommt vorbei, »nur mal gucken«, hatte sie gesagt. Elke kenne ich schon lange. Sie ist seit vielen Jahren Gartenredakteurin der Zeitschrift »Architektur & Wohnen«, sie hat Ahnung wie keine Zweite und zudem eine meiner Bibeln für dieses Jahr geschrieben: »Der

Selbstversorger-Garten«. Was ich so sympathisch am Buch finde, ist der entspannte Verzicht auf Vollständigkeit. Elke beschreibt nur Gemüse, das sie mag, das dafür umso liebevoller. Keine Möhren, keine Erbsen, die baut sie selbst nicht an, ist ihr zu mühsam.

Ich war ein bisschen nervös, bevor sie kam: Was würde der Gartenprofi über meine Versuche sagen?

Ich hatte Elke mal in ihrem Garten im Sachsenwald bei Hamburg besucht, einem Traumgrundstück mit alten Bäumen und Heckentheater. Damals hatte sie gesagt: »Als erstes die Bäume und Sträucher pflanzen, die Strukturbildner. Dann erst die Stauden.« Ich habe es genau umgekehrt gemacht: Bäume sind so was verdammt Endgültiges, und ich schreckte davor zurück, mich so früh festzulegen auf etwas, das schwer wieder zu entfernen ist. Als erstes einen Baum pflanzen, ohne Ahnung, was mir gefällt und was hier gut wächst, das wäre wie eine Ehe mit 18 – zum Scheitern verurteilt. Deshalb habe ich bislang nur mit Stauden und Einjährigen experimentiert, One-Year-Stands sozusagen.

»Dies ist eine Versuchsanordnung«, sage ich. »Ein Feldversuch. Ich weiß noch nicht, worauf es hinausläuft.«

»Aber das ist doch genau richtig«, sagt sie, »wie du an die Sache rangehst. Ausprobieren, beobachten. Feststellen, was funktioniert, was mit den Bedingungen klarkommt, und vor allem sehen, was dir gefällt. Den meisten Leuten fehlt die Geduld, das herauszufinden und den Garten zu ihrem eigenen zu machen.«

»Welche Bäume soll ich pflanzen, Elke? Was Essbares hätte ich gern, das möglichst zu jeder Jahreszeit hübsch aussieht.«

Spalierobst in der Nähe des Hauses, schlägt sie vor. Hm – ist mir eigentlich ein bisschen zu formell.

»Vielleicht eine Kornelkirsche? Oder eine Mispel.«

Das gefällt mir schon besser. Wildobst. Eine Kornelkirsche hatte ich auch schon in Erwägung gezogen, die wird nicht so groß, drei bis fünf Meter vielleicht. Blüht herrlich gelb im März, aus den Früchten kann man Marmelade oder Likör machen. Mispel mag ich auch. Die kommen beide auf die Liste.

13. Juni

Die kleine Funkie im Schnexagon-Topf ist unangetastet. Unglaublich. Weiter beobachten.

14. Juni

Wir müssen über Gartenneid sprechen.

Hamburger Freunde posten nahezu täglich Bilder aus dem Schrebergarten. Die erste Erdbeere. Die ersten Erbsen. Bereits Kohlrabi gegessen! Gerade kam ein weiteres Foto: die erste Himbeere. Dort scheint alles zu wachsen und zu blühen wie verrückt, während bei mir weder Erdbeeren noch Erbsen sichtbar, geschweige denn essbar sind. Ich tröste mich damit, dass die halt 100 Kilometer weiter südlich sind. Andere klimatische Bedingungen, fast schon mediterran da unten. Dann aber heute: ein Blick in den Garten meiner Nachbarin Frau Schröder. Der Mohn blüht! Die Taglilie! Und dabei düngt sie nicht mal. Sagt sie.

Bei mir: nichts. Keine Taglilie, und der Mohn ist ein Haufen Matsch. Na gut, Frau Schröder hat den ganzen Tag Sonne, ihr Boden ist nicht so lehmig wie meiner – aber trotzdem.

Gartenvergleiche sind schmerzhaft. Und sinnlos. Aus den paar Monaten, in denen ich mal versucht habe, Yoga zu machen, ist eines hängengeblieben: nicht zum Nachbarn rüberschielen, nicht das Gleiche können wollen wie er oder sie. Jeder Körper ist anders, und jeder Körper ist jeden Tag noch mal ein bisschen anders. Die Yoga-Doktrin lässt sich nahtlos auf den Garten übertragen: Jeder Garten ist anders, hat ein anderes Mikroklima, andere Bodenbedingungen. Und er ist jedes Jahr anders. Letztes

Jahr: unfassbar üppige Hortensien. Dieses Jahr: tja. Nächstes Jahr: werden wir dann sehen.

15. Juni

Die Tomaten haben sich offensichtlich vom Umzug erholt und mögen ihr neues Zuhause. Alle stehen mehr oder weniger regensicher unter meinem Vordach oder direkt an der warmen Hauswand Richtung Westen und sind kräftig gewachsen. Jetzt geht es darum, ihnen eine Kletterhilfe zu bauen.

Üblicherweise macht man das mit spiralförmig gebogenen Metallstangen, die speziell für diesen Zweck verkauft werden. Die sehen aber einerseits nicht doll aus, andererseits stehen sie in meinen Pflanzsäcken nicht tief und deshalb nicht sicher genug. Wenn sie ins Wanken geraten, kann man sich an der Spitze gern mal ein Auge ausstechen, und ich muss da täglich mehrmals dran vorbei.

Meine Lösung: Juteschnur locker unten um die Pflanzen knoten (mit einer großen Schlinge, damit sie Raum zum Dickerwerden haben), ein paar Mal um die Stämmchen winden und oben locker an die Dachbalken binden. Wenn die Pflanze größer wird, tüdelt man die Schnur einfach fortlaufend um sie herum. Improvisiert, aber haltbar. Der Vorteil dieser Lösung: Jute ist kompostierbar. Wenn die Tomatenpflanze abgeerntet ist, zieht man sie einfach aus der Erde und entsorgt sie inklusive Schnur.

16./17. Juni

An diesem Wochenende ist Offener Garten, der Höhepunkt im Jahr des Gartenvoyeurs. Ganz normale Leute lassen andere Leute in ihre Gärten – oder vielmehr: Ganz normale Gartenfreaks lassen andere Gartenfreaks mal begutachten, wie die Stauden so stehen. Man muss sich schon verdammt sicher sein, dass man was Sehenswertes hat, um da mitzumachen.

Ich klappere Gärten in der näheren Umgebung ab: ein Feng-Shui-Garten in Stakendorf, der sich streng an den Himmelsrichtungen und den dazugehörigen Elementen orientiert, an Erde, Wasser, Feuer, Luft. Ich unterhalte mich mit der Besitzerin, einer Reiki-Meisterin, über ihre Gestaltungsprinzipien, über die Hingucker in ihrem Garten, die gelenkten Blicke. »Aufmerksamkeit ist Energie«, sagt Käthe Moltzen, und das ist ein Satz fürs Leben. Wo der Blick, die Aufmerksamkeit immer wieder hinwandert – auf den Berg nicht weggeräumter Wäsche, den Stapel alter Zeitungen, ungelöste Konflikte, ungeführte Gespräche –, dahin verschwindet auch die Lebenskraft.

Die Mühe, die sich die Besitzer mit den Besuchern geben, ist oft rührend. Die Schlotmanns, die neben ihren Hof aufs Altenteil gezogen sind und 4000 Quadratmeter Wiese in fünf Jahren zu einem Garten gemacht haben, haben einen Teil ihres Rasens vor dem Haus als Parkfläche freigegeben und sogar ein blaues »P«-Schild aufgebaut, Frau Schlotmann hat Kuchen gebacken und das gute Geschirr rausgestellt, bei Käthe Moltzen gibt es selbstgemachtes Dinkel-Knäckebrot und das Rezept gleich mehrfach ausgedruckt daneben.

Dinkel-Knäckebrot

130 g Dinkelmehl
130 g Haferflocken
130 g gemischte Körner (Sesam, Leinsamen,
Sonnenblumen-, Pinien-, Kürbiskerne)
1 ½ Tl Salz
50 ml Öl
400 ml Wasser

Alles verrühren, eine Stunde quellen lassen, auf zwei mit
Backpapier belegte Bleche streichen und 20 Minuten bei
160–170 Grad backen. Die Stücke zuschneiden, evtl.
geriebenen Käse darüber streuen und noch mal
ca. 40 Minuten bei 150 Grad backen.

Wieder mal bestätigt sich die alte Erfahrung, die ich beim Reisen
gemacht habe: Jeder Mensch, der dir begegnet, weiß etwas, das du
noch nicht wusstest. Ich habe noch nie jemanden getroffen, der
mir nichts zu erzählen gehabt hätte. Ein Garten macht es natürlich
besonders leicht: Man hat ein gemeinsames Thema, es ergeben sich
sofort Anknüpfungspunkte.

Ich kenne das schon von meiner Hamburger Hundewiese:
Menschen, die sonst grußlos aneinander vorbeigegangen wären,
stehen einträchtig beisammen und erzählen einander von ihren
Beziehungsproblemen oder ihrer Darm-OP, nur weil die Hunde
gerade so nett spielen. Bei Gartenleuten kommt aber noch etwas
anderes hinzu: eine ungeheure Großzügigkeit. Da werden Samen
und Setzlinge, Werkzeuge und Erfahrungen weitergegeben, ohne
Zögern, ohne Gegenleistung.

Der Förster und Autor Peter Wohlleben hat in seinen Büchern
über die Geheimnisse des Waldes die unterirdischen Kommuni-
kationsnetzwerke zwischen den Bäumen beschrieben, das Wood
Wide Web, das Informationen und Nahrung in Form von Zucker-
lösungen teilt. Gärtner scheint ein ähnlich effektives zivilisatorisches Pilzgeflecht zu verbinden, und Tage des Offenen Gartens
sind wie Familientreffen von Menschen, die sich vorher nie gesehen haben, aber alles miteinander teilen: Samen, Rat und Freund-
lichkeit.

19. Juni

Blaue Blume I: Keine Prachtstauden, das hatte ich mir mal vorgenommen. Keine Diven, keine Zimperlieschen, die man ständig betütteln muss, die man ununterbrochen düngt, wässert, hochbindet, zurückschneidet, aufnimmt und teilt und die am Ende doch nur von den Schnecken gefressen werden. Keine Pfingstrosen, kein Rittersporn, keine schrecklich bunte Kokardenblume und schon mal gar keine Dahlien. Nichts, was mühsam zurechtgezüchtet wurde und beim ersten Sturm umkippt. Mein Garten soll keine Intensivstation werden.

Aber wenn ich Rittersporn doch nun mal so liebe ... Dieser hier ist der einzige von meinen vielen vergeblichen Versuchen, der überlebt hat, keine Schnecke hat sich je an ihn und seine stahlharten Blätter herangetraut. Er protzt herum mit seinem unverschämten Yves-Klein-Blau, steht wie eine Eins, kriegt aber als einzige Pflanze in meinem Garten nun doch eine kleine Stütze. Nur für den Fall. Nicht dass ich ihn betütteln will, aber ...

Rittersporn

Klebriges Bienenbrot

20. Juni

Blaue Blume II: Klebriges Bienenbrot (*Phacelia viscida*). Von Saat gezogen. Scheint sich das Blau vom Rittersporn geklaut zu haben. Ich habe sie in die Beete gesetzt und schlauerweise eine Schale damit bepflanzt, die ich durch die Fensterscheibe von meinem Schreib- und Esstisch aus sehen kann. Jeder Blick hinaus ist wie ein kleines Auftanken.

21. Juni

Offizieller Sommeranfang. Seit gestern ist die Temperatur um zehn Grad gefallen: Schafskälte, wie fast immer Mitte Juni, und Regen, wie absolut immer während der Kieler Woche, der großen Segelregatta. Das ist hier im Norden Gesetz, ein *running gag:* Kieler Woche = Regen. Je. Des. Jahr.

Es mag damit zusammenhängen, dass die Kieler voll Trotz ihre Segelregatta immer im Juni ansetzen, wenn es mit 90-prozentiger Sicherheit einen Wetterumschwung gibt. Die Schafskälte hat ebenso wie die Eisheiligen etwas mit der unterschiedlich schnellen Erwärmung von Land und Meer zu tun. Wenn der Wind auf Nordwest dreht, kommt ein Schub – wie heißt es im Wetterbericht immer so schön? – »Kaltluft polaren Ursprungs« des Weges.

Wie die weise Kat Menschik in ihrem Klassiker *Der goldene Grubber* schreibt: »Regen auf dem Land ist lange nicht so schlimm wie Regen in der Stadt.« Im Gegenteil, er ist meist ersehnt, in diesem Jahr sogar über Wochen herbeigeseufzt. »Superwetter, aber es ist ja soooo trocken.« Heute nicht, endlich.

Seit ich so wetterabhängig bin, stehen zwei Apps auf dem Homescreen meines Smartphones ganz vorne: Weather Pro und die famose Regenvorschau, die auf die Viertelstunde genau leichte Schauer oder schwere Güsse prognoziert und so verlässlich ist, dass ich meine Spaziergänge mit Fiete und meine Gartenarbeit genau nach ihr timen kann.

Ebenfalls seit Neuestem auf dem Homescreen: die App Flora Incognita. Eine fantastische Erfindung für Pflanzentrottel wie mich. Eigentlich ist sie dafür gedacht, bei Waldspaziergängen Blumen und Bäume zu identifizieren und macht das auch ganz großartig. Man fotografiert Blüte und Blatt der gesuchten Wildblume (oder die Rinde eines Baums), und simsalabim: die Bestimmung. Gelegentlich mit einer Liste von Vorschlägen, was es sein könnte, aber nahezu

immer ist es das, was ganz oben steht. Die App hat mir auch geholfen, einige Zuwanderer in meinem Garten zu identifizieren. Was ist das da zwischen den Stauden, Unkraut? Oder habe ich das im letzten Jahr selbst gepflanzt und vergessen? Ach, eine Futterwicke, *Vicia sativa*. Nein, nicht von mir, aber hübsch, die darf trotzdem bleiben. Und auch das Taubenkropf-Leimkraut. Und auch der Löwenschwanz. Bei meinen Spaziergängen durch Feld und Wald lerne ich außerdem das Drüsige Weidenröschen kennen, das Ruprechtskraut, den Mauerlattich, die Weg-Rauke, die Große Sternmiere. Und fühle mich wieder mal reich beschenkt.

22. Juni

Wer hätte gedacht, dass Kartoffeln blühen? Vermutlich jeder außer mir. Siehe oben.

24. Juni

Vor zwei Jahren stand plötzlich Herr Schröder in meiner Tür, der Älteste in unserer Siedlung.

»Kann ich mal reinkommen? Ich habe was zu besprechen.«
Das klang nicht gut.

»Ich habe gehört, Sie schreiben.« Pause.

Das klang immer noch nicht gut.

»Jaaa …?«

»Wir brauchen nämlich eine Schriftführerin für unseren Verein.«

»Ach so! Na klar. Mach ich gern.«

Und deshalb sitze ich jetzt hier im Gastraum des benachbarten Zeltlager-Restaurants und führe Schrift. Bericht des Kassenprüfers, Entlastung des Vorstands, Wahl des Wahlleiters.

Ich. In einem Verein. Meine Güte.

Aber dies ist eher ein Nachbarschaftstreff, es geht um die Pacht, das nächste Sommerfest und die Frage, wann endlich das angekündigte Glasfaserkabel verlegt wird. Am Vormittag haben wir uns getroffen, um unseren Parkplatz von Unkraut zu befreien, 15 Leute mit Eimern und Schubkarren, Hacken und Besen und mit bester Laune.

Etwas für alle tun, Verein, Ehrenamt, das ist ganz neu in meinem Leben. Ich habe bislang immer mein Ding gemacht und nicht nach links oder rechts geguckt. Auch das ist vorbei auf dem Land, hier ist jeder zuständig für das, was um ihn herum passiert. Ich weiß, wem welches Feld gehört, ich kenne den Jagdpächter, der den Wald hinter meinem Haus bejagt, ich habe im Handy die Telefonnummer vom Milchhof, die ich sofort anrufe, wenn eine Kuh von der Weide ausgebüxt ist oder ein Tier lahmt.

In der Stadt würde ich bei allem, was nicht funktioniert, denken: Da wird sich schon einer drum kümmern. Hier denke ich: Da muss ich mich drum kümmern. Und tue es dann auch.

25. Juni

Mein Brokkoli ist von Rapsglanzkäfern befallen, ebenso die Rauke und der indische Blattsenf. Bislang wusste ich von Rapsglanzkäfern nur, dass sie auf alles Gelbe fliegen; gelbe und orangefarbene

Handtücher am Strand empfehlen sich in Jahren mit starkem Befall nicht sonderlich. Jetzt weiß ich: Sie essen Kreuzblütler, also neben Raps alle Kohlarten und Rauken. Beim Brokkoli beißen sie die geschlossenen Knospen der Röschen auf, um an den Nektar im Inneren zu kommen. (Brokkoli? Nektar? Jeden Tag eine neue Sensation.)

Ich hasse die verdammten Viecher. Da päppelt man Gemüse- und Salatpflänzchen über Wochen mühsam hoch, von der Aussaat über das Pikieren über das Abhärten bis zum Auspflanzen, gießt, düngt, bekämpft Schnecken – und dann kommt so eine schwarzflügelige Armada und macht in einer Nacht alles zunichte. Zwei Brokkolipflanzen sind bereits unrettbar zerfressen. Fieberhaft fahnde ich im Internet nach Bekämpfungsmitteln. Da ist wenig, nur

Ratschläge an Rapsbauern. Und der Hinweis, die Pflanzen mit in Wasser gelöstem Urgesteinsmehl zu spritzen. Warum nicht, kann man ja mal probieren.

Urgesteinsmehl ist pudrig gemahlener Basalt oder Lavastein, ein Mineralienkraftwerk zur Verbesserung der Bodenqualität. Die darin enthaltene Kieselsäure soll Pflanzen kräftiger und widerstandsfähiger machen und Schädlinge abwehren, oft wird auch empfohlen, es einfach über die Pflanzen zu stäuben. Ich hatte es vor Wochen gekauft, um die Kartoffeln zu stärken – und um den Gestank der Brennnesseljauche in den Griff zu kriegen. Jetzt sprühe ich eine Gesteinsmehllösung über den Brokkoli, der danach vollends elend aussieht. Wie der Überlebende eines Grubenunglücks. Mal schauen, ob es hilft. Im Zweifel abhaken. Und nächstes Jahr rechtzeitig ein Schutznetz über alles Gefährdete breiten.

Charles Dowding empfiehlt, Rauke erst im August auszusäen, dann gäbe es keinen Ärger mehr mit Sommerschädlingen. Auch eine Idee.

26. Juni

Schädlinge – richtig, da war doch noch was. Die Funkie im Schnexagon-Topf ist immer noch unangerührt, und jetzt bin ich überzeugt: Ich streiche alle gefährdeten Hochbeete mit dem Zeug. Kann es wirklich sein, dass damit das größte Gartenproblem aller Zeiten gelöst ist? Oder liegt es am Ende an der Trockenheit, die den Schnecken den Appetit verdorben hat?

27. Juni

Siebenschläfertag, das nächste Wetterorakel. So wie das Wetter heute ist, soll es sieben Wochen lang bleiben. Es ist: einfach sensationell. Sonnig, kornblumenblauer Himmel, leichte Brise aus Osten, 22 Grad.

So kann es gern sieben Jahre lang bleiben.

Ich liege auf dem Rücken zwischen Hahnenfuß und Klee und gucke einfach nur in diese unglaubliche Bläue. Ich denke gerade über Montys Worte nach, mit denen er versuchte, Mut zum Baum zu machen: »Egal wie klein Ihr Garten ist, er gehört Ihnen bis zum Himmel.«

Genau das ist es, was ich hier bewohne: ein Stück Erde ohne Deckel.

Im Herbst werde ich einen Baum pflanzen, um dem Himmel noch ein Stück näher zu kommen.

29. Juni

Das meiste, was ich ernte, schafft es gar nicht in die Küche, sondern wird direkt vom Busch gegessen. Ich nehme meine Mahlzeiten derzeit im Stehen und mit gartenarbeitsdreckigen Fingern an den Hochbeeten ein, am liebsten die wirklich überirdisch gut schmeckende Erdbeere 'Mieze Schindler' (dieses Jahr, wie zu erwarten, nur wenige Früchte, das geht erst im nächsten Jahr richtig los) und die nicht minder süße Markerbse 'Karina'. Sogar Salatblätter esse ich manchmal direkt aus dem Beet ohne den

Umweg über eine Vinaigrette. Brauchen sie auch nicht, jedes Salzkorn wäre überflüssig.

30. Juni

Montys Möhren sind nichts geworden, »totaler Reinfall«, sagt er, nur sieben auf dem ganzen Beet. Und die seien winzig. Das freut mich sehr. Für mich. Denn ich habe sechs Möhren.

»Es liegt nicht an Ihnen, Ihrer Methode oder dem Boden«, sagt er. »Möhren sind manchmal so. Erratisch. Unberechenbar.«

Aber man könne noch eine neue Ladung aussäen. Ab Spätsommer ernten oder einfach im Boden lassen, bis man sie braucht. Auch das ist für mich ein neues Konzept: dass Gartenerde eine Vorratskammer sein kann.

Ein weiterer Beitrag in *Gardeners' World* rührt mich hingegen fast zu Tränen: Soeben wurde das *Temperate House* des Weltkulturerbes Kew Gardens bei London, des schönsten Botanischen Gartens der Welt, nach jahrelanger Renovierung wiedereröffnet.

Es ist mit 4000 Quadratmetern das größte viktorianische Gewächshaus der Welt, Heimat für seltene und vom Aussterben bedrohte Pflanzen.

Eine von ihnen ist der Baumfarn *Encephalartos woodii*. Ein wunderschönes Urzeitmonster mit mächtigen Wedeln über einem verholzten, rautenförmig gemusterten Stamm. Er wurde 1895 in Südafrika entdeckt, in Kew steht seit 1899 ein Ableger der ursprünglichen Pflanze. Das Problem: Sie ist männlich, und nirgendwo auf der Welt sind je weibliche Pflanzen entdeckt worden – eine natürliche Fortpflanzung der zweihäusigen Pflanze ist also unmöglich. »Er braucht eine Freundin«, sagt der Leiter des Gewächshauses, und die ist einfach nicht aufzutreiben.

Es sieht also ziemlich düster aus für *Encephalartos woodii*, die als »einsamste Pflanze der Welt« berühmt geworden ist. Sie ist die letzte ihrer Art. Und trotzdem wird sie uns alle überleben: Baumfarne können bis zu tausend Jahre alt werden.

Der Juni in Zahlen

Regentage seit dem 1. Mai: 2
'Micze Schindler'-Erdbeeren, geerntet: 7
Entfernung zur Stadt, tatsächlich: 130 Kilometer
Entfernung zur Stadt, gefühlt: 385 000 Kilometer.
Oder wie weit ist es zum Mond?

Hochsommer, Sommerhoch

JULI

Der Strand füllt sich mit Menschen, der Garten mit Essbarem. Ein Jahrhundertsommer bahnt sich an, eine Zeit voller Exzesse. Too much of a good thing can be wonderful. Der Schlauch wird zum wichtigsten Gartengerät, ins Haus geht man nur noch zum Schlafen. Blöderweise muss man jetzt schon an den Winter denken, denn nach der Ernte ist vor der Ernte.

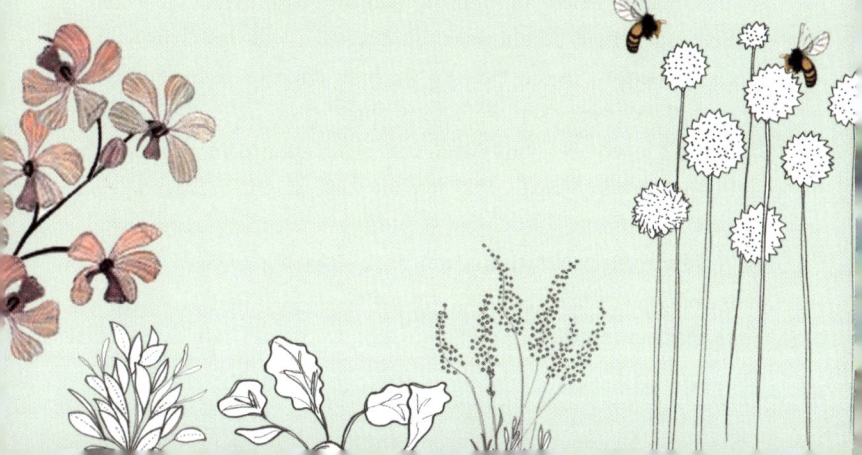

1. Juli

Halbzeit. Sechs Monate sind schon um, davon die letzten beiden lupenreiner Bullerbü-Sommer mit nur zwei halbherzigen Regentagen. Es ist knochentrocken im Norden, mit dramatischen Folgen. Ernteausfälle bis zu 50 Prozent werden prognostiziert, Landmaschinen laufen heiß und entzünden sich. Kuriose Meldungen tauchen im Vermischten auf: Ein Vogel setzt sich auf die Oberleitung einer Bahnlinie, löst einen Kurzschluss aus, fällt brennend zu Boden und entzündet ein trockenes Feld – sieben Hektar Land brennen ab. Man solle nicht im hohen Gras parken, wird gewarnt, manchmal reiche schon ein heißer Auspuff, um ein Feuer zu entfachen.

Was für viele Bauern allmählich existenzgefährdend wird, bedeutet für mich täglich eine Stunde mehr Arbeit. Gezieltes Wässern – also nicht einfach den Rasensprenger einschalten und sich aufs Sofa legen, sondern sparsam und effizient gießen – ist erstaunlicherweise nicht so leicht, wie man denkt, und vor allem enorm zeitaufwendig. Einige Pflanzen brauchen mehr Wasser (Hortensien), andere weniger (Kräuter, Wildwiese), Jungpflanzen und Sämlinge dürfen nicht austrocknen, sonst sind sie gleich hin. Der Rasen soll sehen, wo er bleibt, die älteren Stauden und Sträucher kriegen auch nichts, die haben hoffentlich inzwischen kräftige lange Wurzeln, mit denen sie sich selbst in der Tiefe bedienen können.

Ohnehin ist das Gießen nur dann sinnvoll, wenn die unteren Bodenschichten durchtränkt werden, man will das Grünzeug ja dazu erziehen, in die Tiefe zu wachsen und sich selbst zu versorgen. Wässert man ständig ein bisschen, ist es nur in der obersten Schicht feucht. So wird das Wurzelwachstum nicht angeregt, die Pflanze bleibt quasi oberflächlich und ist entsprechend leicht gefährdet. (Gott, wieder mal so metapherntauglich heute, nicht?)

Mit anderen Worten: selten, aber ausgiebig wässern. Wirklich, wirklich, wirklich ausgiebig. Immer wenn man denkt, jetzt reicht es aber bestimmt, *noch* mehr wässern. Es ist ein Geduldsspiel. Oft

verliere ich das Spiel und lege einfach den Schlauch zwischen die Pflanzen, um zwischendrin schon mal Teewasser aufzusetzen.

Ob man morgens oder abends gießen soll, darüber streiten die Experten. Ich habe mich inzwischen zähneknirschend für frühmorgens entschieden. Der Boden ist noch kühl und dadurch aufnahmebereiter, man kann außerdem auch mit hahnkaltem Wasser gießen, ohne dass die durch die Sonne erwärmten Pflanzen einen Kälteschock bekommen. Vor allem: Gießt man abends, baut das nur den Schnecken einen schönen rutschigen Highway to Heaven.

Heute die Meldung in der Regionalschau: Angesichts der anhaltenden Hitze bitten die Städte ihre Bürger, die verdurstenden Straßenbäume zu gießen – die beste Zeit dafür sei zwischen drei und vier Uhr morgens, besten Dank für die Mithilfe.

Sehr witzig.

2. Juli

Ich ernte die letzten Erbsen, das Kraut reiße ich nicht aus, sondern schneide es knapp über dem Boden ab: An den Wurzeln haben

sich Knöllchenbakterien gebildet, die die Erde weiter düngen. Jetzt ist Platz für Neues am Rankgerüst. In den Startblöcken steht schon *Melothria*, die mexikanische Minigurke. Etwa fünfzehn Sämlinge hatten es bislang kuschelig im Gewächshaus, aber angesichts der derzeitigen Tropennächte können sie wirklich nach draußen umziehen, jetzt haben sie ja ein schickes Hochhaus. Gurken sind empfindlich. Sie wollen es warm und feucht, kurz hatte ich sogar überlegt, sie ganz im Gewächshaus zu ziehen wie meine Paprika und Chili. Aber wenn man es diesen Sommer nicht riskiert, wann dann, denke ich.

Was mir nicht klar war: Nach der Ernte ist vor der Ernte. Erbsen, Buschbohnen, Kohlrabi, die kann man ruhig in eine zweite Runde schicken. Radieschen, Salate, Kräuter ja sowieso, die sind, wie erlebt, in sechs bis acht Wochen essreif. Ich denke also gerade noch mal neu über die Platzverteilung in den Hochbeeten nach. Im Gewächshaus warten Sämlinge von Palmkohl, Radicchio, Brokkoli und Porree auf ihren Einsatz, ich plane jetzt doch mit Roter Bete und Spinat, die auch den Winter gut überstehen sollen. Und Feldsalat. Hätte ich als Stadtkind ja nie geahnt: Gemüse wächst auch im Winter.

Auch bereit zum Auspflanzen: eine Quickpot-Platte mit Dill, Thai-Basilikum, Mizuna, Ovired-Salat, vor vier Wochen gesät. Mal kurz nachgerechnet: 500 Korn Salat kosten in Bioqualität knapp 3 Euro, ein Körnchen also 0,6 Cent. Eine vorgezogene Salatjungpflanze in der Größe, wie ich sie hier habe, kostet im Gartencenter rund 80 Cent, also das 133-fache eines Samenkorns. Ich frage mich gerade, auf welchem anderen Weg man in vier Wochen eine solche Wertsteigerung erzielen könnte, und zwar ausschließlich unter Verwendung von Geduld und etwas Wasser. Und in weiteren vier Wochen macht mich das, was sich in diesen Töpfen befindet, für mindestens zehn Tage abends satt.

5. Juli

Seit vielen Tagen fahre ich einen großen Rosmarinstrauch im Auto spazieren. Klar könnte ich ihn endlich einpflanzen, aber würde es dann noch so gut riechen im Wagen? Was spricht eigentlich gegen motorisierte Gewächshäuser? Da ist doch eindeutig noch eine Marktlücke: Autobepflanzung. Mein Vater bemerkte beim

Blick auf die verdreckten Fußmatten meines Wagens neulich ohnehin süffisant, dass man hier nur einmal gut gießen müsste, dann würde es zu sprießen beginnen. Vielleicht Sport- und Spielrasen statt Gummimatten? Oder kriechender Thymian?? Die Möglichkeiten!

8. Juli

Wir waren mit ein paar Leuten zum Essen in einem der besten Restaurants der Gegend verabredet, leider ohne Reservierung. Keine Chance, alle Tische weg. Und nun?

»Kommt mit zu mir, ich koche uns was. Nudeln oder so«, sagte ich.

Ich glaube, ich habe von diesem Abend geträumt, seit ich den Garten habe.

Phänologischer Kalender: Der erste Tag, an dem man ein Abendessen ohne Vorplanung aus dem Garten bestreiten kann.

Mit dem Erntekorb hinüber zu den Hochbeeten schlendern, Mesclun-Salat und Eichblatt pflücken, ein Bündel Schalotten aus der Erde ziehen, kurz überlegen, ob ich meinen erstgeborenen Fenchel schlachten sollte, stattdessen Rina eine Schere in die Hand drücken, damit sie alle möglichen Kräuter für den Salat schneidet – Minze, Zitronenmelisse, Bronzefenchel, Petersilie, Schnittlauch –, dann im Vorgarten eine Handvoll orangefarbener Kapuzinerkresseblüten pflücken, um sie drüberzustreuen, und dann das Ganze auf den Tisch stellen. Und das unbeschreibliche Glück, vier Leute mit Zeug satt zu machen, das ich selbst angebaut habe.

Na gut, Nudeln, Lachs, Zitrone, Olivenöl und Alkohol waren auch noch im Spiel – das kriege ich noch nicht allein hin, das kommt im nächsten Jahr. Dann wird ein Spaghettibaum gepflanzt, ein Weinberg aufgeschüttet und eine Lachstreppe angelegt. Fangen wir mit dem Salat an und steigern uns dann unaufhörlich.

12. Juli

»Ist dein Wecker kaputt?«, fragt ein Freund, der mich besucht, und deutet auf mein rechtes Handgelenk.

Dort fehlt tatsächlich seit ein paar Wochen das Gerät, ohne das ich mich die letzten Jahre nackt gefühlt hätte: eine klobige schwarze Sportuhr, die per Bewegungssensor meine Aktivität misst und auswertet. Im Frühjahr war meine größte Befriedigung, wenn sie mir abends 200 oder gar 250 Prozent der mir auferlegten Tagesleistung anzeigte; an einigen der heftigsten Schaufel- und Schubkarrentage waren es sogar über 300 Prozent. Als pathologische Streberin empfand ich 100 Prozent lange wie früher eine 3 oder 4 in der Schule. Ausreichend? Befriedigend? Also bitte, schon die Bezeichnungen sind ein Hohn.

Die Selbstüberwachung durch so einen Fitness-Tracker und die daraus folgende Selbstgeißelung passte genau in mein Persönlichkeitsprofil – nicht nur in meins, wenn man den Siegeszug der immer ausgefeilteren Modelle so anguckt. Vielleicht sind die Maschinen auch nur Ausdruck unserer feedbacksüchtigen Zeit. Das Bedürfnis nach Likes und erhobenen Daumen ersetzt die Anerkennung und das Lob, das an anderer Stelle zu fehlen scheint. Da lässt man sich ersatzweise von so einem Fitness-Überwacher mit der Ansage »253 Prozent« übers Köpfchen streicheln. Mag sein, dass es mit der Gartenarbeit zu tun hat: Inzwischen finde ich ausreichend gut genug. Am Ende eines Tages weiß ich jetzt schon selbst, was ich getan habe: die Staudenbeete durchgegrubbert, die Hochbeete mit dem Handjäter gereinigt, die Tomaten ausgegeizt – alles Tätigkeiten, von denen ich vor einem Jahr noch nicht mal was ahnte.

Auch deshalb hat die Fitness-Uhr ausgedient: Im Garten geht es eben nicht um Fitness-Training, das ja immer etwas Selbstverliebtes hat, sondern um Arbeit. Und meine Arbeit muss ich mir von keiner Maschine quittieren lassen.

Wo der Tracker am Arm saß, gibt es inzwischen nicht mal mehr eine weiße Stelle auf der braunen Haut.

15. Juli

Immer wieder stellt sich die Erntefrage: Wann ist der richtige Zeitpunkt? Bei Kartoffeln heißt es mal, dass man ernten kann, wenn sie blühen, mal, dass man das Verwelken des Krauts abwarten soll. Frühkartoffeln wie meine 'La Ratte' allerdings können angeblich schon raus, wenn das Kraut noch grün ist. Ist es so weit? Ich will sie ja auch nicht zu früh aus der Erde ziehen, sie lassen sich schwerlich wieder zurückstopfen, sollten sie erst Kirschgröße erreicht haben. Die Vegetationsdauer beträgt 80 bis 110 Tage, lese ich, das ist nicht sonderlich präzise. Ich beschließe, doch noch eine Woche zu warten. Oder zwei.

Fenchel soll geerntet werden, wenn er faustgroß ist, danach nähmen Geschmack und Konsistenz ab. Hm. Meine beiden überlebenden Knollen haben bestenfalls Kinderfaustgröße, aber sie beginnen wegen der Hitze schon zu sprossen, das Grün wird verdächtig lang. Komm, raus damit, bevor sie verholzen.

Heute gibt es Gemüsepfanne mit ausschließlich Selbstgeerntetem: die beiden Fenchel, eine Handvoll Buschbohnen (die sind ganz sicher so weit, sie lassen sich leicht durchbrechen), ein Mairübchen, eine rote Zwiebel, eine kleine Chilischote und jede Menge Kräuter, von Estragon über Salbei bis Rosmarin einfach eine große Handvoll beherzt reinschmeißen. Erst später wird mir klar, dass ich mal wieder nur knapp dem Tod von der Schippe gesprungen bin: Bohnen enthalten das giftige Phasin, das sich erst nach 15 Minuten Kochen zersetzt. Roh darf man sie auf keinen Fall essen, als Pfannengemüse aber eigentlich auch nicht, das ist nach Ansicht der meisten Experten eine zu kurze Kochzeit.

In diesem Fall aber: keine Übelkeit, kein Durchfall. Ich spiele mit dem Gedanken, eine rohe Bohne zu essen und dann zu schauen, was passiert. Lebe wild und gefährlich.

17. Juli

Die Sonnenblumen, die mir Frau Schröder vor zwei Monaten als Sämlinge geschenkt hatte, sind inzwischen größer als ich und haben ihre gelben Strahleköpfe ausgepackt, die sich mit der Sonne drehen. Nur eine von ihnen nicht, die sich vom Licht abwendet wie ein bockiges Kind. Ich muss immer lachen, wenn ich das Trotzköpfchen (im Bild vorne rechts) sehe, das auch ausgerechnet auf dem kräftigsten Stängel steht. Ich rede der Kleinen jeden Morgen gut zu, vielleicht überlegt sie es sich ja noch mal. Aber auch so: Ich mag die. Sie ist ein Dickkopf. Eine muffige kleine Sonnenblume, die keinen Bock auf Sonne hat – eine Figur wie aus dem Kinderbuch.

Können Pflanzen ein Eigenleben haben? Ich habe nun schon öfter erlebt, dass sich Sämlinge, die aus derselben Pflanze stammen, komplett unterschiedlich entwickeln, obwohl sie nur ein paar Zentimeter voneinander entfernt aufwachsen. Wie Geschwister, die einander nicht gleichen. Lauter kleine Individuen.

Abends lese ich die Meldung, dass ein chinesisches Unternehmen einen sechsbeinigen Roboter-Blumentopf entwickelt hat, der sich wie ein Krebs bewegt. Mithilfe von Lichtsensoren kann er die Pflanze in die Sonne tragen, wenn nötig, oder ihr einen Schattenplatz suchen. Die Idee hatte der Erfinder, als er eine tote Sonnenblume in einer Ausstellung sah. Daraufhin wollte er den Pflanzen

Beine machen: »Pflanzen sind leider sehr passiv, sie haben den wohl eingeschränktesten Freiheitsbereich in der Natur.« Das würde meine trotzige kleine Sonnenblume ganz anders sehen.

Vielleicht wird aus ihr ja noch was ganz Großes, das Potential hätte sie: Der Weltrekord für Sonnenblumen liegt bei 9,17 Meter.

20. Juli

Im Regionalfernsehen Sondersendungen nach der Tagesschau zum Thema Dürre. Es war der wärmste April seit Beginn der Wetteraufzeichnungen, der wärmste Mai, der zweitwärmste Juni nach der Jahrhundertdürre 2003, als in Europa 70 000 meist ältere Menschen an den Folgen der Hitzewelle starben.

Im Garten-Newsletter der Royal Horticultural Society zehn Empfehlungen, wie man bei Dürre gärtnert. Sehr britisch, sehr pragmatisch: Selbst wenn die Bäume Blätter abwerfen, sei das selten tödlich. Also ignorieren. Ältere Sträucher und Rosen: ebenfalls ungefährdet. Rasen ruhig vergilben lassen, der erholt sich schon wieder. Wenn man schon so blöd sei, bei diesem Wetter unbedingt was pflanzen zu wollen, dann mehrfach randhoch Wasser in das ausgehobene Pflanzloch füllen und versickern lassen, den letzten Spülgang mit einer stark verdünnten Düngerlösung. Ansonsten alle zehn bis vierzehn Tage gießen, und zwar ordentlich, »a good soak«, was gern mal 30 Liter auf einen Quadratmeter bedeuten kann, also drei Gießkannen. Bevorzugt Kamelien und Rhododendron versorgen, denn die setzen im Spätsommer Blüten fürs nächste Jahr an. Ach so, man solle dafür übrigens gern Bade- und Abwaschwasser zweitverwerten, das mache den Pflanzen nichts aus. Abwaschwasser aber nur, wenn es nicht allzu fettig von Bratpfannen sei.

Badewasser! Wie gesagt: Royal Horticultural Society. Man muss sie lieben, die Briten.

Am Abend gehe ich noch mal in den Garten hinaus. Noch vor kurzem war es fast taghell um zehn, jetzt nachtschwarz. Heute wurden zwei Korbsessel von Ikea geliefert, ich möchte hinten beim Gewächshaus einen zweiten Sitzplatz mit Arbeitstisch eröffnen. Lange habe ich nicht eingesehen, warum man mehrere Sitzplätze im Garten haben sollte, reicht nicht einer? Ein Tisch und ein paar Stühle auf der Terrasse zum Essen, dazu höchstens noch eine Bank irgendwo im Garten, das muss doch genügen, dachte ich.

Genügte auch lange.

Inzwischen habe ich verstanden, dass von jedem Punkt, an den man sich setzt – und sei es nur kurz ins Gras, beim Verschnaufen im Spiel mit dem Hund – der Garten ein anderer ist. Der gleiche Ort, aber aus anderer Perspektive. Und dadurch ein neuer Ort, voller neuer Eindrücke. Warte, *so* sieht das also aus?

Jetzt sitze ich in einem der Stühle (der leider nicht so schön knarrt, wie ich gehofft hatte; Korbstühle haben gefälligst zu knarren) in meinem Gewächshaus – er passt so gerade eben hinein – und schaue nach vorn auf mein kleines Haus.

Und werde von einer derartig überraschenden Welle von Rührung überschwappt beim Anblick meines erleuchteten Wohnzimmers, meines zum Versinken gepolsterten englischen Sofas, meines Lesesessels mit dem Fußhocker, meiner alten Stehleuchte mit dem gefältelten Schirm, dass ich mir schnell nachschenken muss. Denn ich sitze hier mit einer Flasche nicht so schlechten Rotweins und mit einem sehr guten Glas, das perfekt auf diesen nicht so schlechten Rotwein abgestimmt ist. Essentialismus, wir hatten das schon mal.

Wieso rührt mich der Anblick da drüben so?

Ich schaue von außen hinein in mein kleines Leben, das da vorne milde glimmt, ein wie angegossen sitzendes Leben. Es ist das erste Haus, das ich je besessen habe, eine Schachtel, in die ich hineinpasse wie in ein Etui, überschaubar, beruhigend simpel.

Es gibt eine Bachkantate mit dem Titel »Ich habe genug«, den ich früher immer missverstanden habe, nämlich als todessehnsüchtiges »Es genügt«. Tatsächlich geht es um die dankbare Erkenntnis, wirklich im Wortsinn genug zu haben, genügend zum Leben. Dass es nicht mehr sein muss, dass man vollständig zufrieden ist. Es ist nicht leicht, in einer Welt des »Immer mehr« an diesen Punkt zu gelangen, man muss sich wehren gegen die Einflüsterungen, was man alles wollen soll, was einem angeblich zum wahren Glück noch fehlt.

Mir fehlt: absolut nichts. Ich habe genug. Ich sitze hier beschützt in meinem Gewächshaus, geborgen wie lange nicht mehr. Es ist nur eine kleine rollende Hütte aus dünnem Holz und Plexiglas, aber jetzt gerade ist es das perfekte Heim. Für die nächste Stunde oder so. Manchmal genügt das ja, einen Ort zu finden, der das auch nur für eine Stunde sein kann.

Draußen exhumiert Fiete einen Kauknochen aus einem Beet und wandert ruhelos durch die Dunkelheit, um einen neuen Platz dafür zu finden. Wo einbuddeln? Bei den Astern? Den Himbeeren? Hinter der Minze? Unter dem Bambus? Entscheidungen, Entscheidungen.

Nebenan auf dem Zeltplatz tobt ein Sommerfest, es ist Freitagnacht, die Musik hallt herüber. »Take me home, country roads, to the place I belong«, höre ich.

Oh bitte, das ist jetzt nicht wahr, oder? Dass der passende Soundtrack zu meinem kleinen Heimatfilm aufgelegt wird? Das glaube ich mir nicht mal selbst, so perfekt ist das.

Seltsam, wie misstrauisch man immer wird, wenn alles stimmt.

Jetzt spielen sie »Mit Pfefferminz bin ich dein Prinz«. Danke. Das stört die heile Welt zum richtigen Zeitpunkt. Oder macht sie nur noch heiler, ich bin mir gerade nicht so sicher. Denn nun kommt wieder so ein goldrichtiges Geräusch: das glückliche Kreischen von Kindern, die verboten lange aufbleiben dürfen, die haben ja Ferien. Mitternacht! Und immer noch nicht im Bett! Geil!

Fiete kommt, hüpft durch den offenen Türspalt ins Gewächshaus und legt sich unter den Korbstuhl, anscheinend hat er einen befriedigenden Platz für seinen Knochen gefunden.

Und ich auch.

Es passiert nicht so oft, dass man sich selbst einen Platz suchen darf. Eigentlich wird er einem meistens zugewiesen. Setz dich da hin auf die hintere Schulbank, das dort ist dein Spind, hier ist Ihr Büro. Den eigenen Ort suchen, finden und für sich reklamieren, ihn vielleicht sogar erst bauen, »a room of one's own«, wie Virginia Woolf ihn als Menschenrecht forderte, das ist verrückterweise gar nicht so selbstverständlich.

Vielleicht bin ich deshalb heute so high. Die richtige Umgebung, das richtige Haus, das richtige Gewächshaus, der richtige Abend, der richtige Wein. Und ein paar richtige Lieder.

Heimat.

21. Juli

Die neue Folge von *Gardeners' Question Time* liefert mal wieder das, worauf Fans wie ich so warten: einen schönen lautstarken Streit zwischen zwei Experten. Wenn man ehrlich ist, guckt man Formel-1-Rennen doch auch nur wegen der qualmenden Reifen und Beinah-Kollisionen, oder? Dies ist das gärtnerische Äquivalent: Bunny Guinness und Bob Flowerdew kloppen sich bei der Frage, ob und wie man Spargelpflanzen vermehren kann.

Bob: »Aus Samen ziehen.«

Bunny: »Einfach im Frühjahr ausgraben und teilen.«

Bob: »Auf keinen Fall. Das geht nicht.«

Bunny: »Doch.«

»Nein! Wenn man das macht, stirbt die Pflanze! Sie stirbt! Sie stirbt!«

»Ach Quatsch«, schäumt Bunny, »ich habe neulich mit einem Spargelzüchter gesprochen und der hat gesagt …«

»Hast du es je selbst gemacht? Sie stirbt!«

»Das kannst du so oft sagen, wie du willst, aber es funktioniert!«

»SIE STIRBT!«

Moderator: »Ich glaube, ich setze euch beide mal auseinander.«

Großartig. Solche Eruptionen sind in der sanftmütigen Gartenwelt gar nicht so selten, und ich freue mich dann immer sehr. Hauptsächlich, weil wieder mal klar wird, dass kluge Ratschläge, aus welcher Richtung sie auch immer kommen und wie erfahren der Beratende auch immer ist, höchstens grobe Anhaltspunkte liefern können und man um eigene Entscheidungen (und Fehlversuche) nie herumkommt.

22. Juli

Sonntagsspaziergang von Stöfs durch den Wald nach Panker. Auf Gut Panker gibt es ein kostenloses Jazzkonzert auf der Wiese. Stulle mit Saibling von Fischer Reese, Buttermilcheis am Stiel, lächelnde Leute, Summertime-Stimmung. Ich komme mit einem Paar ins Gespräch, das ebenfalls einen Foxterrier an der Leine hat. Stellt sich heraus: Es ist das Gärtner-Ehepaar Türk, das die Grünanlagen von Gut Panker in Schuss hält. Wir reden über die Hunde, die Dürre, das Leben auf dem Land, die Besuche in der Stadt.

»Stadtbesuche finde ich anstrengend, die Stadt fordert eine ganz andere Aufmerksamkeit«, sagt Peter Türk. »Ich fühle mich dort immer wie eine Kamera mit Autofokus, die manisch surrend auf zu viele Dinge scharfzustellen versucht.«

Ich weiß, was er meint. Bei meinen wenigen Hamburg-Terminen in den letzten Monaten fühlte ich mich auch angesichts der plötzlichen Kanonade von Eindrücken fast überfordert, obwohl ich seit 1992 in der Stadt lebe. Zum ersten Mal hatte ich den Eindruck, auf der Hut sein zu müssen, alles ständig zu scannen – Autos, Menschen –, um schnell reagieren zu können. Das tue ich sonst vermutlich ganz unbewusst, aber nach längerem Stadtentzug eben nicht.

»Wir haben uns inzwischen ganz gut eingelebt auf Panker«, sagt Türk, und seine Frau Christine nickt.

»Wie lange sind Sie schon hier?«

»27 Jahre.«

Ganz gut eingelebt. Was Norddeutscheres lässt sich nach 27 Jahren nicht sagen.

23. Juli

Phänologischer Kalender: Die erste Kartoffelernte.

Ich schleiche schon seit Tagen um die Pflanzsäcke herum, aber heute muss es sein. 'La Ratte' ist eine der sehr frühen Sorten, die kann jetzt wirklich raus. Andererseits sieht das Laub von den 'Angeliter Tannenzapfen' viel schlapper aus. Die zuerst? Na los, halten wir uns an das erste Gebot: Einfach machen.

Ich ziehe eine der drei Pflanzen, die ich pro Sack gesetzt habe, vorsichtig aus der Erde. An den Stolonen, den nabelschnurartigen Verbindungen zwischen Mutter- und Tochterknollen, hängen einige mandelkleine Knöllchen. Verdammt, vielleicht war es doch zu früh.

Aber vielleicht stecken ja noch welche in der Erde? Nach einigem Graben finden sich tatsächlich viel mehr Knollen, weitaus größere. Es ist ein komplett kindisches Vergnügen, die Kartoffeln aus der Erde zu wühlen. Wie eine Schatzsuche fühlt sich das an, die Jagd nach dem Gold.

Am Ende sind es etwas mehr als ein Kilo Kartoffeln. Das ist nicht doll als Ergebnis dreier Pflanzen, aber es ist schon mal was. Heute Abend gibt es Pellkartoffeln mit Salzbutter. Die anderen Kartoffeln lasse ich noch ein bisschen in der Erde. Und was ich heute nicht brauche, bleibt ungewaschen. Kartoffeln halten länger, wenn man die Erde dran lässt, die konserviert. Im Supermarkt ist der Dreck ab, dafür ein Schutzmittel drauf. Weil die Leute keine schmutzigen Kartoffeln kaufen.

Zivilisation.

24. Juli

Der Gartenschlauch ist geplatzt. Noch letztes Jahr wäre meine Reaktion vermutlich gewesen: ogottogottogott, ich brauche einen neuen Schlauch. Reaktion heute: Wasser abstellen, Säge und Rohrzange holen, Schlauch absägen, neu in das Verbindungsstück einpassen, mit der Zange festziehen, fertig. Sache von zwei Minuten.

Das Gefühl, sich zu helfen zu wissen, ist unbezahlbar. Ich habe es nie gemocht, von Handwerkern abhängig zu sein, am liebsten möchte ich alles selbst können. Geht nicht, klar. Mein Auto muss in die Werkstatt, Sanitärarbeiten würde ich nie anfassen. Ich mache den alltäglichen Kram: Lampen anschließen, Regale zusammenbauen, Sachen streichen wie gestern meinen neuen Gartentisch (und wissen, dass es kein Problem ist, wenn man den linken Fuß versehentlich mitstreicht – Lasur kriegt man bestens mit einem Topfschwamm von den Zehen runter). Aber meine Lust wächst, mehr Dinge zu können. Zumindest ein Grundverständnis der wichtigsten Zusammenhänge zu haben, um den Experten nicht wie der letzte Depp ausgeliefert zu sein.

Derzeit lese ich fasziniert *Das Handbuch für den Neustart der Welt*, Untertitel: »Alles, was man wissen muss, wenn nichts mehr geht«. Welche Kenntnisse braucht man, um unsere Zivilisation wieder ins Laufen zu bringen, falls man morgen früh aufwacht und sich blöderweise auf einer postapokalyptischen Erde wiederfindet? Klar: viel mehr, als ein einzelner Mensch leisten kann. Wir leben in einer hoch spezialisierten Welt, in der jeder nur ein mikroskopisch kleines Puzzlestück in der Hand hält, oft ohne die Ahnung, wie das an die mikroskopisch kleinen Puzzlestücke links und rechts von uns passt. Man muss nicht mal darüber nachdenken, wie man ein Smartphone baut – allein die Herstellung eines simplen Bleistifts würde jeden einzelnen Menschen überfordern, schon weil die dafür benötigten Rohstoffe geografisch zu weit voneinander entfernt über die Erde verteilt sind, aber vor allem, weil kein Mensch alles wissen kann oder machen kann, was zur

Herstellung nötig wäre. Eine Einsicht fürs Poesiealbum: Ohne den Rest der Menschheit sind wir komplett aufgeschmissen.

Wäre ich also überlebensfähig nach der Apokalypse, zumindest für kurze Zeit? Ich weiß, wie man Feuer macht, Brot backt und Tomaten zieht, ich kann mir einen Pulli stricken (aber woher hätte ich das Garn?) und ein Fahrrad reparieren – das war's dann aber auch schon an nützlichen Fähigkeiten. Dank des *Handbuchs für den Neustart der Welt* weiß ich nun, dass ich mich nach der Apokalypse als erstes auf den nächstgelegenen Golfplatz begeben sollte, um mir zur Stromerzeugung eine wiederaufladbare Deep-Cycle-Batterie aus einem Golfwagen zu besorgen. Ich weiß jetzt außerdem, wie man Wasser desinfiziert, aus Weidenrinde Kopfschmerztabletten macht und mit Uhu Wunden schließt.

Na, und die Sache mit dem Schlauch: Die habe ich auch ohne Buch hingekriegt.

Einfach machen.

Einfach machen.

Einfach machen.

25. Juli

Blaue Blume III: Die erste Blüte der Kaiserwinde, die noch vor drei Monaten ein winziges Samenkörnchen war und jetzt zwei

Meter hoch an der Terrasse rankt. Morgens öffnet sich die Blüte »in jenem einzigartigen Blau, das nur noch alte Leute von Zuckertüten oder Sommerhimmeln kennen«, wie Eva Demski schreibt. Dann spannt sich eine kleine stramm zusammengerollte Blüte in der Sonne wie ein Cocktailschirmchen auf, man kann regelrecht dabei zusehen. Mittags faltet sie sich schon wieder fein säuberlich zusammen und verwelkt, aber wen schert's? Morgen gibt es eine neue. Oder zwei. Oder vier.

27. Juli

»Wo ist er denn nun? Ich sehe nichts.«

Der Strand ist voll, was hier so gut wie nie passiert und erst recht nicht um diese Uhrzeit: 21 Uhr. Die Leute haben Picknick-körbe dabei, Liegestühle, Ferngläser. Heute ist die Nacht der Nächte: die längste Mondfinsternis des Jahrhunderts – die nächste in dieser Länge ist für den 9. Juni 2123 berechnet. Das wird keiner von uns mehr erleben, die Kinder und Enkel auch nicht, und deshalb stehen alle hier. Um die Einmaligkeit zu bestaunen, um die Vergänglichkeit zu betrauern, um trotzdem oder gerade deswegen eine Flasche zu trinken.

In einem meiner Lieblingscomics von den Peanuts sagt Charlie Brown: »Eines Tages werden wir alle sterben, Snoopy.« Und Snoopy sagt: »Stimmt, aber an allen anderen Tagen nicht.«

Heute ist einer dieser anderen Tage. Der Mond lässt sich Zeit. Eigentlich sollte er schon zu sehen sein, der Himmel ist wolkenlos. Zu diesig, heißt es. Egal, schenk noch mal ein, notfalls gucken wir uns das nachher im Fernsehen an. Einige haben Musik dabei und tanzen im Sand, andere sitzen einfach nur still und schauen aufs Meer. Schöne Stimmung, aber mir sind es zu viele Leute, ich trö-dele mit dem Hund nach Hause.

Gegen 23 Uhr gehe ich noch mal auf die Straße. Und da steht er überm Feld, zartrot meliert. Weiter hinten ein kleiner hellroter Punkt: der Mars, der nur 58 Millionen Kilometer von der Erde ent-fernt ist, so nah wie seit 15 Jahren nicht mehr. In dieser Konstella-tion – lange Mondfinsternis plus extreme Nähe des Mars, so dass beide nebeneinander zu sehen sind – passiert das, was ich hier gerade vor Augen habe, nur alle 105 000 Jahre, hat jemand ausgerechnet.

Am 31. Januar gab es schon mal so einen Mondfeiertag: Supermond, Blauer Mond und Blutmond an einem Tag. Supermond heißt: Der Mond war uns extrem nahe 360 000 Kilometer auf die Pelle gerückt. Blauer Mond: der zweite Vollmond innerhalb eines Monats. Blutmond: eine kurze Mondfinsternis, die den Mond rot färbte (aber nur wenn man in Asien lebt, hierzulande war es nicht zu sehen). Dass solche Himmelsereignisse inzwischen Schlagzeilenmaterial sind und so viele Menschen mobilisieren, finde ich ein gutes Zeichen. Vielleicht wächst allmählich das Gemeinschaftsgefühl, auf einem verdammt kleinen, verdammt empfindlichen Planeten zu leben.

28. Juli

Ich habe mir einen Stuhl an die weit geöffnete Terrassentür gerückt, die Füße ins Freie gestreckt und gucke und höre einfach nur zu: Es regnet. Zum ersten Mal seit … Ich kann mich ernsthaft nicht mehr erinnern. Es ist auf jeden Fall so lange her, dass ich den Regen so ergriffen bestaune wie gestern die Mondfinsternis. Erst kommt der Wind, der die trockenen Blätter aus dem Wald herüberweht, dann ein leises Grollen, dann prasselt es los.

Ich schaue in den nassen Vorhang vor den Bäumen, gucke verliebt den Pfützen zu, die sich auf der Terrasse bilden, und schnuppere in die frische feuchte Luft wie Fiete, der kurz einen bösen Geist am Waldrand verbellen geht und sich dann schleunigst wieder ins Trockene rettet. Regen! Großartiger, ersehnter, rettender, nährender Regen. Nie wieder werde ich über Nässe fluchen, die sonst so normal ist in unseren Breiten. Okay – höchstens, wenn sie wieder normal wird.

30. Juli

In der Dämmerung sieht der Garten anders aus, abends noch mal anders als morgens. Abends strahlen die weißen Pflanzen, als ob sie das Tageslicht getankt hätten und jetzt abgeben wie Solarleuchten. Morgens um halb sechs wirkt das Weiß dagegen noch müde, leicht verschlafen. Aber trotzdem schön.

31. Juli

Von links nach rechts: 'Mayan Twilight', 'Blaue Schweden', 'La Ratte'. Die Kartoffelernte schreitet voran.

Dieses Jahr haben nicht mal die dümmsten Bauern dicke Kartoffeln, und das tröstet mich ein bisschen angesichts meiner teils dropsgroßen Knollen. Wegen der Dürre prophezeit der Bundesverband der Kartoffelindustrie steigende Pommes-frites-Preise: Die Pflanzen stellen im Hitzestress das Wachstum ein, die Kartoffeln bleiben alle klein – zu klein, um sie zu Pommes zu verarbeiten, wofür man auch in normalen Jahren schon XL-Knollen brauche. Eine Pommes-frites-Krise – wenn das nicht die letzten Klimawandelleugner umstimmt, weiß ich's auch nicht.

Heute war der vorläufig heißeste Tag des Jahres, selbst hier am kühlenden Meer waren es 34 Grad. Eben, kurz vor Sonnenuntergang, traf ich vor dem Haus meinen Nachbarn Dietrich von gegenüber, wir beide in Latschen und kurzen Hosen und mit Schlauch in der Hand. Ohne Zögern haben wir uns sofort über die Straße hinweg gegenseitig nassgespritzt.

»Wie die Kinder«, sagte er kopfschüttelnd, aber zutiefst befriedigt.

Sommer macht so was mit einem.

Der Juli in Zahlen

Tage über 20 Grad: 31
Tage über 30 Grad: 11
Regentage: 1
Aus dem Garten bestrittene Mahlzeiten: 50 Prozent
Tage, an denen ich mich zu diesem Jahr
    beglückwünscht habe: 31

Gedeih und Verderb

AUGUST

Der Kampf um den Kohl beginnt, und es sieht
nicht gut aus für den Kohl. Dafür wächst alles
andere wie verrückt und ernährt die Gärtnerin
den ganzen Monat, wie sie es gehofft hatte.
Nur: Wie viele Tage hintereinander kann man
Kartoffeln essen? Es bahnen sich große
Veränderungen für den Garten an, aber
vorher heißt es Abschied nehmen.

1. August

Joa, einen insektenfreundlichen Garten habe ich, das kann ich nicht anders sagen. An manchen Tagen möchte man einen Fluglotsen anheuern, der das Geflügel halbwegs koordiniert. Denn einige der Stauden – Blutweiderich, *Agastache*, *Veronica*, *Verbena bonariensis* – sind so beliebt, dass es sogar schon zu Kollisionen vor den Blüten kommt.

Besonders Kohlweißlinge gibt es reichlich in diesem Jahr, so viele, dass sie selbst schon wie kleine Blüten wirken, die da an den Stängeln hängen. Zuerst habe ich mich gefreut. Dann bin ich drauf gekommen, dass sie nicht zufällig Kohlweißlinge heißen. Und dass ich jede Menge Kohl im Garten habe.

Verdammt.

Das erklärt die Löcher in den Brokkoli-Sämlingen im Gewächshaus. Ich drehe ein Blatt um, und tatsächlich: eine Raupenplantage, sauber angeklebte Eier und schon geschlüpfte Miniraupen. Na toll.

Das Internet rät zu einer kulinarischen Attacke: Man soll den Kohl großzügig pfeffern, das mache den Pflanzen nichts aus, aber die Schmetterlinge mögen es nicht. Anderes Mittel: Knoblauchspray. Fünf grobgehackte Knoblauchzehen und eine kleine Zwiebel mit einem Teelöffel Cayennepfeffer und einem Esslöffel Schmierseife für ein paar Tage in einem Liter Wasser durchziehen lassen. Abseihen, in eine Sprühflasche füllen, die Kohlblätter besprühen, besonders die Unterseite. Das Zeug soll auch gegen Blattläuse, Weiße Fliege und ähnliche Nervensägen helfen, ein Universalschreck also.

Seufz. Man hat ja sonst nichts zu tun, aber gut. Ich setze das Wundermittel an, sprühe und falte die Hände. Sollte es nichts nützen, bringt es wenigstens eine neue Geruchsnote in den Garten: Die Ecke um die Hochbeete riecht jetzt wie eine Zazikifabrik.

3. August

Ein Tisch, ein paar Freunde, ein Topf selbstgezogene Kartoffeln in allen Regenbogenfarben. Selbstgemachte Salbeibutter, selbstgemachter Kräuterquark. Zwei Saiblinge vom nahen See.

Glückseligkeit.

4. August

»Ach, du hast sogar einen Nutzgarten«, sagt die frühere Kollegin, die mich besuchen kommt und die Hochbeete hinter dem Rhododendron entdeckt. Ich will protestieren.

Denn alles hier ist Nutzgarten, finde ich. Ich nutze jede Ecke. Den Rasen zum Toben mit dem Hund und zum Auf-dem-Rücken-Liegen-und-in-den-Himmel-Gucken. Die Ecke mit den *Echinacea*, um unbeschreibliche, sich jeden Tag von Orange über Pink bis zu müdem Mauve wandelnde Farbe zu tanken. Die Ziergräser für Höhe und Bewegung. Das Kräuterbeet für Duft und Würze. Das rollende Gewächshaus für Anzucht und Zuflucht. Die Gartenbank mit dem Blick auf den Leuchtturm für den Abschluss des Tages. Sehr, sehr, sehr nützlich das alles.

Besonders Blumen finde ich ungemein nützlich. Die kindliche Freude bei ihrem Anblick, die Bewunderung für die Unverdrossenheit ihrer Blüten. Und natürlich ihre Rolle als kaltes Buffet für

Insekten, die quasi als Gegenleistung für die Befruchtung meines eigenen Buffets sorgen.

Die Kollegin und ich reden wenig über alte Zeiten und viel über neue. Vor zehn Jahren haben wir zusammen bei einem Hochglanzmagazin gearbeitet und uns den ganzen Tag mit Hochglanzthemen beschäftigt. Ich hatte damals eine Designertasche, für deren Preis ich mir heute einen Rasenmäher, eine Kettensäge, eine Häckselmaschine, zwanzig Tonnen Kompost sowie Blumenzwiebeln für das nächste Jahrzehnt kaufen könnte und sofort auch kaufen würde. So ändern sich die Interessen und die Unverzichtbarkeiten. Es waren keine schlechten Zeiten damals, überhaupt nicht. Lediglich andere.

7. August

Thorsten Zillmann sitzt im Auto vor seinem Werkhof, als ich ankomme, wie immer am Handy. Er grinst, winkt, steigt aus, gemeinsam gehen wir nach hinten zu den Steinen.

Ich bin jetzt so weit. Weit genug für eine schwerwiegende Entscheidung: Pflaster. Hinten zwischen Hochbeeten, Gartenhaus und Gewächshaus hätte ich gern eine gepflasterte Fläche für einen Sitzplatz und meinen Werktisch. Auf diesem Pflaster, stelle ich mir vor, werde ich mit dem rollenden Gewächshaus mobiler sein, der Sonne besser folgen oder ihr entfliehen können, besser stehen und besser gehen können. Ich wünsche mir ein kleinteiliges Pflaster, gern alten Granit, zwischen dessen Fugen ich begehbare Polsterstauden ansäen will, Thymian oder Bubikopf, es soll wuchern, nicht zu ordentlich aussehen, den optischen Übergang zum Wald herstellen.

»Die Fugen gern breit, einen oder zwei Zentimeter«, sage ich.

Zillmann guckt skeptisch. »Sie wissen aber schon, dass dann Unkraut …«

»Ja. Aber ich glaube, dass die Polsterstauden das Unkraut fernhalten.«

»Hmm. Wenn man beim Einfegen vom Sand gleich Erde und

Samen beimischt, dann vielleicht …« Langsam beginnt er der Idee was abzugewinnen.

Ich mag Leute, die dem Unberechenbaren eine Chance geben, ihm einen Platz in ihrer Planung einräumen. Gerade Garten- und Landschaftsbauer tun sich in der Regel enorm schwer damit, habe ich zu meiner Verblüffung festgestellt. Die wollen am liebsten so bauen, dass es in zehn Jahren noch genau so aussieht wie abgeliefert. Oder sie wollen zumindest genau wissen, wie es in zehn Jahren aussehen wird.

Das will ich auf gar keinen Fall. Das würde mich tödlich langweilen. Einen Plan haben, das ist nie schlecht, aber einen Plan haben, der sich 1:1 umsetzen ließe, das ist übel.

Wir schauen uns verschiedene Steine und Platten an, schöne hellgraue in Holzmaserung, die wären vielleicht was für die Terrasse am Haus. Gebrauchten Granit. Und dann entdecke ich einen Betonstein in Muschelkalkfärbung, unregelmäßig schiefer-beige, als ob schon mal Flechten auf dem Stein ihre Spuren hinterlassen hätten. Ein wilder kleiner Stein.

»Der da«, sage ich.

Zillmann nickt.

8. August

Was ich in meiner kleinen Vasensammlung auf dem Tisch getestet habe, funktioniert auch im Großen: rauchiges Violett (*Agastache* 'Blue Fortune') und rostiges Orangerot (*Helenium* 'Loysder Wieck'). Haben sich nie gesucht, aber gefunden.

9. August

Mein Plan, im August von eigener Ernte zu leben, geht bislang auf. Was einerseits damit zu tun hat, dass ich bis jetzt jeden Tag Kartoffeln und Salat gegessen habe oder Kartoffeln als Salat (links: 'Blaue Schweden' und 'Rote Emmalie' mit roten Zwiebeln, Minze und Estragon, alles aus eigenem Anbau) und mich inzwischen nach einem Teller Nudeln sehne. Es hilft aber auch, dass mir einiges in den Mund wächst, was ich nie gesät habe: Im Wald hinter meinem Haus sind die Brombeeren reif. Jeden Tag gehe ich mit einem Schüsselchen hinüber und sammle mir ein Müslifrühstück zusammen.

11. August

Monty unterhält sich mit einer berühmten irischen Gärtnerin. Helen Dillon, fast 80, »the queen of green«, hat gerade nach 45 Jahren unter dem schockierten Gejapse der globalen Gartengemeinde ihren legendären 40 000 Quadratmeter großen Garten hinter sich gelassen und ist in ein weitaus kleineres Haus mit 800-Quadrat-meter-Garten gezogen, ein Grundstück also von etwa derselben Größe wie meins. Ob es ihr nicht schwergefallen sei?

»Kein bisschen«, sagt sie. »Ich war schon im alten Garten am Ende gelangweilt von bestimmten Pflanzen. Also hatte ich sie schon vor dem Umzug rausgeschmissen.«

»Das kenne ich«, sagt Monty. »Mache ich auch oft. Und habe nicht das geringste schlechte Gewissen dabei.«

Auch das muss ich noch lernen: Ich darf mich verabschieden von meinen eigenen Sprösslingen. Von dem, was ich vor zwei Jahren oder vielleicht sogar erst diesen Frühling gepflanzt habe: Einiges wird zu groß (die verdammte Aster), anderes mickert, anderes gefällt mir einfach nicht (*Sanguisorba* 'Pink Elephant'). Also weg damit, Platz für Zeug, das ich lieber mag und das sich hier wohler fühlt. Die Entscheidungen, die man jedes Jahr wieder treffen darf, schenken eine Freiheit, wie man sie selten erlebt. Der Gotteskomplex mal wieder: Man hebt und senkt den Daumen wie ein römischer Imperator, eine Entscheidung über Leben und Tod.

12. August

Leuchtturmfest. Große Sache hier, ein gesellschaftlicher Höhepunkt. Zweimal im Jahr wird der Leuchtturm aufgeschlossen und kann bestiegen werden, alle 179 Stufen hoch. Ich mache das jedes Mal, auch wenn ich weiß, was ich sehen werde: wenig, denn am Leuchtturmtag ist traditionell miese Sicht.

Aber ich gucke von oben auf das Meer und auf der anderen Seite in meinen Garten, sehe meine Gartenbank vor dem Rhododendron und denke: So ein kleiner Flecken Erde. Aber *mein* kleiner Flecken Erde.

Unten grillt die Freiwillige Feuerwehr Würstchen vom Highlander-Rind, die Damen des Sportvereins haben Kuchen gebacken, die Totengilde von 1754 verkauft Fischbrötchen, die DLRG schminkt Kinder, eine Blaskapelle aus einem Nachbardorf spielt die Titelmelodie aus »Rocky« und die Dorfbewohner verkaufen auf einem Flohmarkt, was sie nicht mehr brauchen.

Ich trinke mit den Nachbarn im Stehen einen Wein, kaufe der Feuerwehr eine Wurst ab und ergattere auf dem Flohmarkt eine schwere Sixties-Glasschale. »Von Oma Erna, echt jetzt, aber ich steh eher so auf Anthrazit und Chrom«, sagt der Verkäufer. »Für dich einsfuffzig.«

Oma Erna hat mal sehr viel mehr dafür ausgegeben, damals vor fünfzig Jahren, soviel ist klar. Und sie hat gut darauf aufgepasst, der Rand ist makellos, ohne Absplitterungen. Die Schale hat einen grünen Fuß mit eingeschlossener Luftblase und einen blauen Kelch, sie erinnert mich an meine ewige Suche nach der Blauen Blume, und wahrscheinlich habe ich sie deshalb für einsfuffzig gekauft. Und für Weingummi vor dem Fernseher. Aber wenn ich

sie so vor mir sehe, denke ich auch: Alles, was mir heute kostbar ist, wird eines Tages jemandem gehören, der mehr auf Anthrazit und Chrom steht – oder was auch immer das Äquivalent im 22. Jahrhundert sein wird. Ich bin die Oma Erna von übermorgen. Ich weiß noch, dass ich zu Beginn des Jahres etwas schaffen wollte, das bleibt. Jetzt starre ich den Garten durch die Schale hindurch an und denke: einsfuffzig.

Aber nein. Die Schale ist schön, der Garten ist schön und wird immer schöner. Diese Oma Erna hier lebt und hat noch Pläne. Und sie wird gut auf ihre Schale aufpassen.

13. August

Auf dem Weg zum Strand kommt mir ein weißhaariger Mann auf einem Fahrrad entgegen, laut singend, das nasse Handtuch über dem Lenker. So beginnen wir hier die Tage.

14. August

Morgens grabe ich Kartoffeln aus und lege nur die schönsten in den Korb, ebenso die zartesten Kohlrabi und die heilsten Salatblätter. Ich fahre zu meinen Eltern nach Neumünster und bringe meine Ernte mit, wir wollen Kartoffeln mit Quark und Butter essen.

Ich habe inzwischen schon viele Leute mit meinem Gemüse bekocht, aber dies ist was anderes. Die eigenen Eltern zu ernähren, und sei es nur für einen Tag und nur für ein Mittagessen, das hat eine seltsam existentielle Dimension. Ich habe meine Eltern schon oft zum Essen oder auf Urlaube eingeladen und finde das komplett normal, darüber habe ich ernsthaft noch nie nachgedacht. Aber sie mit diesen Kartoffeln zu füttern, die ich selbst angebaut habe, bewegt mich auf eine schwer zu beschreibende Weise. Das ist wie ein Erntedankfest, eine Feier all dessen, was uns ohne eigenen Verdienst geschenkt wurde: Natur, Nahrung, Leben.

Gottlob killt meine Mutter so beiläufig wie effektiv meine weihevolle Stimmung. »Also, die roten hier sind mir zu mehlig«, sagt sie.

Mein Vater sagt beschwichtigend: »Mir schmeckt das ganz ausgezeichnet.«

Ich fürchte nur, er meint die Pfefferbutter meiner Nachbarin Helga, die ich mitgebracht habe.

Wenn behauptet wird, dass alles besser schmeckt, was man im eigenen Garten anbaut, dann stimmt das ganz unbedingt – aber vielleicht nur für diejenigen, die viele Monate im Gemüsebeet verbracht haben und die jeden Kohlrabi schon kannten, als er noch ein pfefferkorngroßer Samen war.

Wenn ich in die Früchte meiner eigenen Arbeit beiße, dann liegen auf der Zunge neben der mehligen roten Kartoffel auch die Erinnerungen an die Zeit, als ich mit ihr im Frühjahr eine WG bildete, sie legte, sie anhäufelte, nach Kartoffelkäfern absuchte, mich nach Wochen über die violette Blüte freute und die Pflanze schließlich mit diesem befriedigenden Pflockkkk aus der Erde zog.

Jede Mahlzeit hat ihre eigene Geschichte, die sich über Monate entwickelt hat. Sie schmeckt nach Bangen und Hoffen, nach Geduld und Enttäuschung (»soooo klein?«) und vor allem nach dem kindlichen Staunen, dass es tatsächlich geklappt hat: Aus dem Körnchen ist ein Essen geworden, eine gemeinsame Mahlzeit.

Mir schmeckt das ganz ausgezeichnet.

15. August

Amazon macht mir folgende Kaufvorschläge: Übergang KG Rohr auf DN100-Drainagerohr, 10 Meter Drainagevlies, 50 Stück Gartenschlauchanker, Dachrinnenablauf DN 110, Mini-Einhandzwingen 40 bis 100 mm, 3,25 kg Epoxydharz, 10 Schnureisen, 200-teiliges Zubehörset für Multischleifgerät.

Unnötig zu sagen, dass ich nie nach Drainagerohren oder Schleifgeräten gegoogelt habe. Ich schätze, ich bin offiziell im Landleben angekommen.

Nachmittags bin ich mit dem Auto unterwegs und komme durch ein benachbartes Dorf. Ein Verkehrsschild steht am Straßenrand, ein rotgerändertes Warndreieck mit der Aufschrift »Trauerzug«. Und tatsächlich, in Richtung des Friedhofs geht eine schwarzgekleidete Menschenmenge langsam die Straße entlang. Es müssen 120, vielleicht 130 Leute sein – bei einer Einwohnerzahl von knapp über 1000.

Dass es überhaupt ein solches Verkehrszeichen gibt – zwei sogar, für jede Fahrtrichtung eins –, sagt mir, dass solche großen Trauerzüge hier der Normalfall sind. Einer ist gegangen, alle gehen mit. Auch das ist Landleben. Und das ist etwas, zu dem mir kein Amazon-Kaufvorschlag je verhelfen wird.

16. August

Nachmittags gehen wir mit den Hunden an den Strand.

»Es wird voll werden«, sage ich, »es ist der letzte richtig warme Tag, hat Meeno gesagt.«

Meeno ist Meeno Schrader, der Wettermann des Regionalmagazins im Dritten vor der Tagesschau, das inzwischen fester Bestandteil meines Tages ist, mit Berichten über den Husumer Bockmarkt oder Mikroplastikfunde in der Schlei oder die Tatsache, dass jede dritte deutsche Saatkrähe in Schleswig-Holstein wohnt. Am Ende der Sendung zeigen sie immer ein eingesandtes Zuschauerfoto von irgendeiner besonders schönen Ecke dieses schönen Landes (und ich bin *so* kurz davor, selbst eins hinzuschicken), aber davor kommt Meeno mit dem Wetterbericht. Meenos Wort ist Gesetz, danach entscheide ich, ob ich morgen größere Arbeiten beginne oder heute Abend besser noch die Terrasse sturmfest mache.

Es ist voll am Strand. Sehr voll. »So habe ich das hier noch nie erlebt«, sagt Rina, die selten überfordert klingt, völlig überfordert.

Es ist ein Wimmelbild. Leute auf Picknickdecken und in Strandmuscheln. Die Zeltlagerkinder in Paddelbooten. Hunde, die sich mit Karacho in die Fluten stürzen, um Schwimmspielzeug zu apportieren. Die schleswig-holsteinischen Sommerferien gehen übermorgen zu Ende, am Montag beginnt wieder die Schule, und heute hat anscheinend jeder, wirklich jeder gesagt: »Komm, den Tag nehmen wir noch mal mit. Es soll der letzte schöne Tag werden, hat Meeno gesagt.«

Es geht zu Ende mit dem nicht enden wollenden Sommer, das spüren alle. Um neun ist es jetzt dunkel. Die Vögel haben längst alle Samen aus den Sonnenblumen gepickt, ich habe gerade noch eine Handvoll für nächstes Jahr retten können. Die Astern blühen hellviolett, blasser als in anderen Jahren, aber die kleinen Biester drängeln trotzdem den Herbst herbei. Auf dem Feldweg habe ich gestern die erste geplatzte Kastanienschale gesehen, gewiss ein Irrtum auf Seiten der Kastanie. Die Nachbarn sitzen alle noch mal draußen in der lauen Sommernacht, Gelächter und Gläserklirren klingt von allen Terrassen herüber.

Der vorletzte Ferientag. Es liegt ein leises Seufzen in der Luft. Die Party nähert sich dem Ende, sie spielen schon Rausschmeißmusik.

17. August

Fiete rennt schon mal vor, es sieht interessant aus da hinten: Am Strand steht ein kleines Zelt, daneben liegt ein hochseetaugliches Ruderboot, an dem ein schmächtiger blonder Mann herumschraubt.

»Moin!«

»Moin.«

»Dolle Sache«, sage ich, »so eine Wandertour auf dem Meer. Wohin fahren Sie?«

»Von Flensburg nach Rostock. Heute will ich nach Heiligenhafen.« Mit dem Auto sind das 40 Kilometer, auf dem Wasser vielleicht 25 oder 30. Wenn er nicht gerade Buchten durchquert, rudert er in Küstennähe, aus Sicherheitsgründen. »Bei Gewitter sehe ich zu, dass ich schnell aus dem Wasser komme.«

Das Boot ist ein 40 Kilo schwerer Wanderruderer. Er hat es aus drei Millimeter dünnem Sperrholz selbst gebaut. »Das wollte ich schon immer.« Es gibt eine Luke für das Zelt und das Gepäck, zudem Platz für ein kleines zweirädriges Gestell, um das Boot an Land zu ziehen.

»Woher wussten Sie, wie man so was baut?«

»Wusste ich nicht. Ich dachte: einfach machen.« Bauanleitung: Internet.

Ich schaue seufzend auf das Boot. Ich bin selbst mal Einer gerudert, im einzigen Club an der Außenalster, der damals Frauen als Mitglieder aufnahm. Immer morgens vor der Arbeit, wenn einem die Alster und die Kanäle ganz allein gehören. Lange her. Wäre eigentlich mal wieder schön … Nur verbringe ich die Rudersaison jetzt halt fern der Alster am Meer und möchte auch nicht tauschen.

»Bei ruhiger See können Sie doch auch hier rudern. Kaufen Sie sich ein gebrauchtes Boot und legen Sie sich das in den Garten«, sagt der Blonde. »Die gibt es schon für 200 Euro. Muss ja nicht Topqualität sein.«

Nee, muss es nicht und darf es auch nicht. Gute Boote kosten gern mal 2 500 Euro, für ein gelegentliches Hinausrudern bei gelegentlich ruhiger See eindeutig zu viel. Aber die Idee beginnt in mir zu arbeiten. »Danke«, sage ich beim Abschied. »Dieser Floh sitzt jetzt fest in meinem Ohr. Nächstes Jahr vielleicht. Gute Fahrt!«

Zuhause gehe ich auf ebay, Suchanfrage: »Rennruderboot, Einer, gebraucht«. Zwei Angebote für 111 Euro bei Selbstabholung.

Nein. Neinneinnein. Nächstes Jahr.

18. August

Von einem Kunstversand habe ich mir eine Reproduktion von Albrecht Dürers Aquarell »Das große Rasenstück« schicken lassen, 40 mal 30 Zentimeter, fast genau so groß wie das Original, das ich vor Jahrzehnten in der Wiener Albertina gesehen habe. Ich habe in letzter Zeit viel an das Bild denken müssen, deshalb wollte ich es mir ins Haus holen.

Es zeigt ein kleines Stück fränkische Wiese, gemalt aus der Käferperspektive – so als hätte Dürer auf dem Bauch davorgelegen. Schwer vorstellbar, es ist vermutlich im Atelier entstanden, zumal die bescheidenen Pflanzen – Rispengras, Löwenzahn, Schafgarbe, Breitwegerich, Ehrenpreis – in Originalgröße und zum Teil mit

Wurzel gemalt sind wie eine botanische Studie. Steht man vor dem Bild, ist man quasi auf Augenhöhe mit dem Unkraut, man schaut nicht darauf herab wie sonst. Die Halme wuchern seitlich aus dem Bildausschnitt heraus und andere in das Bild hinein, es hat bei aller künstlerischer Komposition etwas beinah Schnappschusshaftes an sich: Jenseits des Bildes geht die Wiese weiter, denkt man, Dürer hätte auch das Rasenstück 30 Zentimeter weiter links malen können.

Was ich so liebe an dem »Großen Rasenstück« ist das Gefühl, mit einem anderen Menschen über Zeit und Raum eng verbunden zu sein. Ein 32-jähriger Mann malt 1503 in Nürnberg mit einem zärtlich genauen Blick etwas ganz Banales, das ich heute, 500 Jahre später und 700 Kilometer weiter nördlich, genau so beobachten kann, ich muss nur ein paar Schritte auf den Feldweg hinaus tun. Beim Spazierengehen mit dem Hund trete ich oft auf Breitwegerich, es macht ihm nicht das Geringste aus. Und jedes Mal, wenn ich ihn sehe, muss ich an Dürer denken, der dieses unbeliebteste aller Unkräuter so unsterblich gemacht hat.

Eigentlich ist jede Form des Gärtnerns so ein »Großes Rasenstück«: Man verwandelt Natur durch genaues Hinschauen, durch Selektion und Komposition in Kunst. Und das geht, wie man sieht, mit Breitwegerich genau so gut wie mit kostbarsten Orchideen.

20. August

Es gibt Arbeiten, die man endlos vor sich herschiebt, weil es immer etwas Dringenderes zu tun gibt. Ich will schon seit Wochen meinen Schuppen und mein Gewächshaus streichen. Im Juni habe ich bereits die Farbe gekauft, ein völlig unentschiedenes grünliches Graubraun, buchenstammfarben, würde ich sagen, modderfarben, ein schattiger Ton. Meine Hoffnung ist, dass die Holzhäuschen am Ende des Gartens optisch im benachbarten Wald versinken, und zwar auch im Winter.

Ich war etwas nervös, als ich vorhin den Farbeimer öffnete –

ganz genau konnte ich mich nicht mehr an die Farbe erinnern, für die ich mich vor zwei Monaten spontan entschieden hatte; dafür war sie zu wenig einprägsam. Ich stand im Schwedischen Farbenhandel, einem Hamburger Fachgeschäft für erosions- und vermutlich auch atomkriegssichere Außenfarben, speziell für nordeuropäische Holzhäuser entwickelt, die Salz und Sturm und Kälte trotzen müssen. Ich schwankte zwischen den Farbtönen Nebelgrau, Schärengrau und Flechtengrün und landete bei »Helsingfors«, einem Kompromiss zwischen den drei Optionen. Kompromisse können zu den frustrierendsten Lösungen der Welt gehören oder zu den besten, dafür scheint es kein Gesetz zu geben.

Ich male schlecht, aber gern. Anstreichen ist enorm befriedigend, man sieht die Veränderung sofort – man stellt sie schließlich selbst her. Malen ist perfekt für Heimwerker-Deppen wie mich: Man muss wenig können, um was zu schaffen, und wenn es schiefgeht, kann man das Ganze ruckzuck ungeschehen machen.

Und wie immer bei lange aufgeschobenen Arbeiten: Sie erledigen sich schneller als gedacht. Zwei Monate darüber nachgedacht, jetzt aber endlich mal die Hütte zu streichen – und zwei Stunden dafür gebraucht, es tatsächlich zu tun. Zwar nur der erste Anstrich und zwei der vier Seiten (die anderen stehen an der Hecke und zum Wald, die bleiben, wie sie sind), aber …

Einfach machen.

23. August

Ich befreie einige Borlotti-Bohnenkerne aus ihren pergamentenen Hüllen, freue mich über ihre hübsche Maserung und denke

gleichzeitig mal wieder über die Mühsal nach, die es für vergangene Generationen bedeutet hat, am Leben zu bleiben, genauso wie für jetzige Generationen, die das Pech hatten, ein paar tausend Kilometer weiter südlich oder östlich geboren zu sein. Eine Hülle birgt drei bis fünf Kerne, die ich in einem Schraubglas sammele. Wenn es gut läuft, wird das Glas am Ende der Saison gefüllt sein – und gerade mal für einen Topf Bohnensuppe oder ein paar Portionen Bohnensalat ausreichen. Für mich ein schöner Zeitvertreib, für andere eine Frage des Überlebens.

24. August

Phänologischer Kalender: Der Whisky-Hügel stellt die Cola-Lollis auf.

Mit anderen Worten: Wespen-Hochsaison. Das einzige wirklich bewährte Mittel: Lutscher in den Zaun stecken. Mein liebster abendlicher Hangout, der Strandkorbverleih Whisky-Hügel (Name: lange Geschichte), schwört auf die Geschmacksrichtung Cola, angeblich fliegen die Wespen da besonders drauf. Im Schnitt hält so ein Lutscher zwei Stunden, dann ist nichts mehr von ihm übrig.

25. August

Es regnet, und das ist fantastisch. Denn das bedeutet, dass heute nur die wahren Freaks hier aufschlagen werden: Pflanzenmarkt im Freilichtmuseum Kiekeberg, ein Ort der Wunder und der Schätze.

Zweimal jährlich verkaufen hier Kleingärtnereien mit Spezialsortimenten; bei Westphal gibt es nur Clematis, bei Wilksen nur Ginster, bei Bartels nur Staudenhibiskus, bei Fransen nur Funkien. Davor stehen Leute, die schon zwanzig verschiedene Funkien in ihren Schattenbeeten haben und jetzt auf der Suche nach Nummer 21 und 22 sind, und die sollten schon was Besonderes sein.

Es ist wichtig, mit den richtigen Leuten auf so einen Markt zu gehen: Die müssen im passenden Moment sagen »Ach, nimm das doch noch mit« und einen im nächsten Augenblick am Ärmel von gewissen brandgefährlichen Ständen wegzerren. Ich bin mit Helga hergefahren, der Trimmfrau von Fiete, die ihn alle zehn Wochen mit selbstgebackenen Leberwurstkeksen gefügig macht und ihm anschließend die toten Haare ausrupft. Was er sich willig gefallen lässt. Leberwurstkekse, wie gesagt.

Helga hat gemeinsam mit einem Freund einen Schrebergarten. Der eigentlich voll ist. Eigentlich. »Wir kaufen nichts, wir gucken nur, okay? Versprich mir das. Pass auf mich auf.«

Aber natürlich. Sicherheitshalber habe ich eine geräumige Tragetasche dabei, sicherheitshalber haben wir beide genug Geld eingesteckt. Unseren Schwur – nur gucken, nicht kaufen – brechen wir circa 200 Meter hinter dem Eingang zum ersten Mal. Man muss sich nichts vormachen, kein Mensch hat je nur geguckt in Kiekeberg.

Unsere Strategie – schön systematisch die Stände abgrasen, erst die linke Seite, dann die rechte Seite – hat sich nach weiteren 100 Metern erledigt. Ich schnüre hinüber zur rechten Seite, magisch angezogen von einem Tisch voll leuchtend violettem Ziersalbei.

»Guck mal, *Salvia* 'Amistad'!«

»Finger weg. Nicht winterhart.«

»Aber die Farbe!«

»Nicht. Win. Ter. Hart.«

»Winsel.«

Ich hatte mich lange gut im Griff (bis auf eine wirklich wunderschöne rostfarbene *Rudbeckia* 'Prairie Glow', zehn Tomatensamen für einen Euro und eine Knolle Schlangenknoblauch), doch dann kamen wir zu Kwekerij Bergalp, einer holländischen Gärtnerei für *bloembollen*, Blumenzwiebeln. Da war es dann vorbei mit mir. Ich bin ein Blumenzwiebeljunkie, an solchen Ständen bin ich hoffnungslos verloren. Vermutlich, weil man

Hunderte von Pflanzen abschleppen kann, ohne es richtig zu merken – die nehmen ja praktisch keinen Platz weg in einer Tragetasche. Und weil Blumenzwiebeln für mich die Verheißung sind: Man gräbt was ein im Herbst, vergisst es dann komplett, und im Frühjahr blüht einem ein blaues Wunder. Oder ein weißes, ein gelbes.

Ich durchstöbere die Tütchen mit fiebrigen Fingern, raffe winzige Narzisschen 'Diamond Ring' und 'Golden Bells' an mich, drei Knollen der eleganten aprikotfarbenen Kaiserkrone 'Early Fantasy', 20 *Camassia* 'Blue Melody', tiefblau mit weiß-grün panaschierten Blättern, 20 Weinbergs-Traubenhyazinthen *Muscari* 'Neglectum', dunkelblau mit einem hauchfeinen weißen Rand um die Blütenöffnungen.

Helga und ich grinsen uns an, wir sind jetzt beide im Tunnel. Die noch. Und die. Und guck mal da. Und hast du das gesehen? Noch in der Kassenschlange greife ich gierig nach neuen Tüten wie ein Kind nach der Quengelware im Supermarkt.

An einem Tisch sitzt eine kleine rothaarige Dame hinter einer Geldkassette und gibt zu jeder Zwiebel Pflanzanweisungen. »Die erst Ende Oktober in die Erde! Die hier so schnell wie möglich. Die *Fritillaria* mindestens zwanzig Zentimeter tief setzen, leicht schräg, damit das Wasser aus der Vertiefung oben abfließt. *Gaarne tot ziens!*« Entschuldigung? Sie lacht: »Bis bald.«

Was an solchen Märkten so berauschend ist, ist die Freude, die über allem schwebt, bei Käufern wie Verkäufern. Da ist eine einzige große Liebe im Spiel, eine Hingabe und Obsession, die alle verbindet, so unterschiedlich auch sonst ihr Leben sein mag. Am Stand von Karen Heß stehen mehrere aufgeregte Männer mit gezückten Handys um einen rosa blühenden Gamander herum. Der ist zwar hübsch, aber so hübsch? Doch es ist ein Taubenschwänzchen, das sie so fasziniert: ein Wanderfalter, der schwirrend in der Luft steht wie ein Kolibri und seinen langen Saugrüssel zielgenau in einen Blütenkelch getaucht hat.

Ich hatte neulich so einen Falter bei mir im Garten gesehen, keine Ahnung gehabt, was ich da vor mir hatte und hilflos »riesiges insekt wie kolibri« in die Suchmaschine eingegeben. Zack, Taubenschwänzchen. Fluggeschwindigkeit bis zu 80 Stundenkilometern, Schlagfrequenz der Flügel 70 bis 90 Schläge in der Sekunde, bislang selten im Norden, dank des warmen Sommers aber aus dem Mittelmeerraum hierher gewandert, was für sie ein Leichtes ist, denn sie können bis zu 3000 Kilometer in zwei Wochen zurücklegen.

3000 Kilometer! Ein Schmetterling!

Ich bin noch nie von diesem Pflanzenmarkt weggegangen, ohne etwas bis eben noch komplett Unbekanntes kennengelernt zu haben. An einem Stand kann man Kretensaft trinken. Krete? Eine kleine Wildpflaume, in der Größe zwischen Pflaume und Schlehe, die einen ganz unpflaumig wilden Geschmack hat, wie Holunder gekreuzt mit schwarzer Johannisbeere.

Und nein, ich habe dann doch keinen Kretensetzling gekauft. Ich kann mich beherrschen. Ich gucke ja nur.

26. August

Andreas hatte mir einen Eimer Pflaumen vorbeigebracht, den bei meiner Rückkehr die Wespen umschwirren. Die Hälfte ist schimmlig, der Rest muss gerettet werden. Also einkochen.

Ich habe das noch nie im Leben gemacht, wie so vieles in diesem Jahr. Als Rezept leuchtet mir Pflaumenmus aus dem

Ofen ein: Die halbierten und entsteinten Früchte werden in einem Bräter mit wenig Zucker bestreut, damit sie Saft ziehen, dann mit Zimt, Sternanis und einer Zitrone in Scheiben zwei bis drei Stunden im Ofen gegart. Gelegentlich umrühren. Pürieren. In ausgekochte Gläser füllen, Gläser nach dem Verschließen sofort umdrehen, abkühlen lassen.

Und nach dem Abkühlen sofort essen.

27. August

Es gab Tage, an denen ich die Idee verflucht habe, Tomaten zu ziehen. Es ist aufwändig. Sie müssen gerade bei den Temperaturen dieses Jahres nahezu jeden Tag gewässert werden, wöchentlich gedüngt, regelmäßig ausgegeizt, hochgebunden und von welken Blättern befreit werden.

Seit drei Monaten bin ich quasi Leibeigene meiner Tomaten. Was zum Teil ihnen selbst und ihren generellen Serviceansprüchen anzulasten ist, zum Teil der Hitze.

Das Gute daran, sich wirklich jeden Tag mit ihnen zu beschäftigen, ist das Vergnügen, ihnen beim Wachsen und Werden zuzugucken. Und bei jeder geschleppten Gießkanne zu murmeln: Wartet, bald seid ihr fällig.

Grob geschätzt verhalten sich die Tage, an denen ich geflucht habe, zu den Tagen, an denen ich mich über sie gefreut habe, in etwa in der Relation 50:1. Heute zählte nur dieser unglaubliche Geschmack, der lediglich ein paar Meersalzflocken und ein paar Tropfen Öl braucht.

Meine Favoriten: 'Gardeners Delight', das Geschenk der Royal Horticultural Society. Zuckersüß, zarte Schale, eine klassische Naschtomate, die direkt vom Busch am besten schmeckt. Gefolgt von 'Ruthje' und der kleinen gelben birnenförmigen 'Dattelwein'. Ich mache mir jetzt schon Notizen fürs nächste Jahr: davon mehr, davon weniger ('Banana Legs': kann man vergessen, zu mehlig).

Aber auf jeden Fall wieder Tomaten. Trotz aller Flüche.

28. August

Vorerst letzter Tag im Garten, morgen steche ich in See: Ich bin angeheuert worden für zwei Lesungen auf einem Kreuzfahrt-schiff, der MS Europa. Die Route führt von Hamburg durch den Nord-Ostsee-Kanal um die ganze Ostsee herum: Riga, Tallinn, St. Petersburg, Helsinki, Stockholm, Kleipeda, Danzig. Ein Ange-bot, das ich nicht ablehnen konnte, auch wenn es mich für zwei Wochen aus meinem Garten reißt. Ein Hamburger Freund hütet ein, er wird gießen, ernten, nach dem Rechten sehen. Ich mache einen kleinen Fotokurs über die fachgerechte Ernte von Bor-lotti-Bohnen, drehe ihm ein Handy-Video, wie man Verblühtes ordentlich ausschneidet (immer an der Blattachsel!), und komme mir dabei sehr albern vor.

Beim Morgenrundgang werde ich melancholisch. Tschüss, ihr kleinen Sonnenhüte und Sonnenbräute, tschüss, du duftende Blau-raute und du freche Aster, tschüss, ihr winkenden Gräser, ihr Gurken und Bohnen und Paprikapflanzen, ich werde euch alle vermissen. Ich wünsche euch Sonne und Regen und viele Hum-meln, macht's gut und gedeiht.

Zwei kleine Bläulinge jagen sich über die Stauden, das erste Mal, dass ich hier welche sehe. Ihre Flügel sind von unwahrscheinlichstem Himmelblau, um die Kanten ziehen sich feine schwarze Linien und weiße Fransen. Einer setzt sich auf eine Hummelschaukel-Blüte, blau auf blau, ein winziger Moment, kitschig schön. Ein Abschiedsgruß des Gartens.

Der August in Zahlen

Wärmster Tag: 7. August (34,5 Grad)
Wahrscheinlichkeit, dass die Hitze Hauptthema
    des Smalltalks ist: 98 Prozent
Meistgebrauchter Satz: »Mann, ist das heiß.«
Gin Tonic-Verbrauch, Vergleich zum Vormonat: + 34,5 Prozent

Das Große
und Ganze

SEPTEMBER

Heimatkunde, etwas weiter gefasst: Wir gucken uns in diesem Monat die Ostsee mal von ein paar anderen Ufern aus an. Und stellen zuhause fest: Das geht auch hier eine Nummer größer. Ein Bagger rollt an, Bäume werden gefällt, Rasen muss raus – der Garten wird auf links gedreht und völlig neu gedacht. Der Herbst ist schließlich der zweite Frühling der Gärtner.

1. September

Als sogenannter Gastkünstler an Bord eines Kreuzfahrtschiffs hat man eine merkwürdige Position inne: Die Passagiere betrachten einen als Teil der Crew, die Crew als Teil der Passagiere. Solche Zwitterrollen sind meist anstrengend: Man muss sich stets auf die Erwartungen des Gegenübers einlassen und wechselt je nach Situation das Verhalten. Einerseits hat man mehr Privilegien (Hallo? Kostenlose Kreuzfahrt auf einem Luxusschiff!), andererseits weniger. Selbstverständlich haben die Passagiere Vorrang – im Zweifel räumt man geräuschlos schöne Sonnenplätze an Deck oder Hocker an der Bar –, und es wird erwartet, dass man im informelleren Restaurant speist, wo man in einer bestimmten Tischreihe nahe dem Buffet fast immer einen weiteren Gastkünstler zum Quatschen trifft, in meinem Fall die klassische Klarinettistin Sabine Meyer oder die Musicalsängerin Franziska Becker. Man muss sich das wie eine schwimmende Künstlerkantine mit fünf Sternen vorstellen.

Ich finde solche undefinierten Rollen großartig – umso leichter kann ich meine Nase in gleich zwei Welten stecken. Am ersten Tag bekommen wir beim Künstlermeeting einen vielfarbigen Einsatzplan ausgehändigt mit Probezeiten und technischer Einrichtung, mit den Dienstzeiten des BG (Bordgeistlichen) und des Ozpi (ich habe zwei Tage gebraucht, um zu kapieren, dass dies den Pianisten Dietmar betrifft, an Bord Ozeanpianist genannt) und mit Kürzeln wie 1800 PAX DRILL (heißt: um 18 Uhr findet die vorgeschriebene Sicherheitsübung für die Passagiere statt). So ein Schiff ist ein System aus perfekt verzahnten Maschinen, und eine davon ist das Entertainment, das so gut geölt läuft wie die beiden Schiffsschrauben ein paar Decks tiefer.

Am ersten Tag fahren wir in aller Frühe aus Hamburg hinaus, die Elbe hinunter, den Nord-Ostsee-Kanal hinauf. Vor dem Bullauge zieht meine Heimat Schleswig-Holstein vorbei. Kleine Backsteinhäuser mit weißer Gartenbank stehen am Ufer, stets die vorbeifahrenden Frachter aus aller Welt im Blick.

Ich bin schon oft auf Brücken und Fähren über den Kanal gefahren, der das Land von Südwest nach Nordost durchschneidet, doch nie auf ihm selbst. Überquerte ich ihn, schaute ich automatisch nach unten, den Schiffen nach, die in Richtung Ostsee oder Nordsee schwammen. Mit so einem mal mitfahren, ach … Und dann ist es wahr geworden, denn Wünschen hilft eben meistens doch. Wünsche sind wie ferne Leuchttürme, auf die man zudriftet, indem man – ob bewusst oder unbewusst – Hunderte von kaum wahrnehmbaren Entscheidungen trifft, die einen diesem Ziel näherbringen.

Der Abschied vom Garten war mit Herzklopfen verbunden. Der Garten würde in guten Händen sein, das war es nicht. Mein Homesitter Felix würde gießen, ernten, auslichten und zwischendrin einen hoffentlich sonnigen Ostsee-Urlaub verbringen. Und ich würde was erleben auf der Reise, das war sonnenklar.

Aber ich würde auch was verpassen. Die letzten Tomaten, die Holunderbeeren, die ich zum Saftmachen am Strauch gelassen hatte und die nun als Vogelfutter dienen würden. Auch gut. Wenngleich ich aus Erfahrung weiß, dass Vögel, die Holunderbeeren gefressen haben, für ihre holunderbeerfarbenen Hinterlassenschaften bevorzugt Gartenbänke als Zielscheibe nutzen. Aber vielleicht auch nur meine.

Ich stehe im Regen an Deck, als wir unter der Rader Hochbrücke durchfahren, und schaue nach oben, so wie ich all die Jahre von dort oben hinuntergeblickt habe. Wäre ich jetzt dort oben im Auto, rechne ich mir aus, wäre ich in einer Dreiviertelstunde zuhause im Garten.

Du spinnst, Alte. Jetzt trink erst mal einen Schnaps und komm im Reisen an.

2. September

Raus aus dem Garten, aber trotzdem mittendrin im Thema: Die Kreuzfahrt entpuppt sich – mein berühmtes Glück mal wieder – als Gartenreise. An Bord ist Dr. Carsten Seick, ein gelernter Garten- und Landschaftsbauer, den es schnell angeödet hat, dass seine Arbeit zu 90 Prozent aus dem Akkord-Pflastern von Flächen besteht. Also studierte er Kunstgeschichte, promovierte über das Thema Landschaftsgärten, arbeitete als Gartendenkmalpfleger und Gästeführer und gründete 1997 sein eigenes auf weltweite Gartentouren spezialisiertes Reiseunternehmen.

Ihn werde ich während dieser Reise begleiten in Schlossparks und botanische Gärten, durch Landschaftsgärten und Orangerien. »Natürlich, seien Sie gern bei allen Ausflügen dabei«, hatte er vorab gemailt.

Seick ist ein Glücksfall, wie sich herausstellt. In alle Richtungen neugierig und deshalb vollgestopft mit Wissen aus den entlegensten Bereichen. Er springt von der Erfindung des Rasenmähers 1810 zur Trickserei einer Tabakpflanze, die ihren Nikotingehalt um das Dreißigfache steigert, wenn sich eine Raupe nähert, er erklärt den Unterschied von intensiver und extensiver Gartengestaltung im 18. Jahrhundert, rezitiert Eichendorff-Gedichte, gibt zwischendurch Ratschläge zur Bekämpfung des Buchsbaumzünslers (»Niemals die Blattstärkung vergessen! Starke Zellmembrane halten Schädlinge auf Abstand. Am besten Algenkalk in ein altes Küchensieb geben und die Büsche ordentlich dick einmehlen«) und vergisst auch nicht zu erwähnen, dass das Rauchen von Hortensienknospen einen schönen Rausch produziert. (Ich mache mir eine Notiz fürs nächste Frühjahr.)

Gestern waren wir auf Schloss Rundāle, dem baltischen Versailles in der Nähe von Riga, entworfen vom grandiosen Hofbaumeister Bartolomeo Francesco Rastrelli, der sich hier schon mal für St. Petersburg warmgelaufen hat. Hinter dem Schloss ein elaborierter Barockgarten mit schnurgeraden Sichtachsen, die alle auf das Schlafzimmer des Herrschers zulaufen. »Sichtachsen sind Sinnachsen«, doziert Seick. Aufstehen und mit einem einzigen Blick das Reich überblicken, das war im 18. Jahrhundert der auch gegen die Natur durchgesetzte Majestätsanspruch. Der Sieg des Menschen über die Wildnis, das sollte durch den Garten demonstriert werden. Macht euch die Erde untertan.

Mir war vorher gar nicht klar, wie ideologisch das Thema Garten ist, wie sehr er Menschheitsgeschichte spiegelt. Mit dem Bordpfarrer Rainer Meier habe ich schon am ersten Tag darüber geplaudert, wir hatten uns auf einem Sofa in der Lobby festgequatscht. »Allein dass es UMwelt heißt, sagt doch alles«, meint er. »Typisch für das anthropozentrische Weltbild, das den Menschen in den Mittelpunkt stellt und die Natur als Garnitur drumrum begreift.«

»Komm doch in meinen Gottesdienst«, sagte er dann noch, »da geht es auch um das Thema Garten.« Natürlich tut es das. Es ist so, als ob sich alle verschworen hätten, mich mit immer neuen Aspekten zu meinem Thema zu füttern.

Also schön. Der Gottesdienst findet im Belvedere statt, wo normalerweise nachmittags Kaffee und Kuchen und abends kleinere Veranstaltungen wie Kammerkonzerte und Lesungen gereicht werden. Vor dem Flügel des Bordpianisten ist ein improvisierter Altar aufgebaut. Leitmotiv der Predigt ist »Schau an der schönen Gärten Zier«, eine Zeile aus Paul Gerhards Lied »Geh aus mein Herz und suche Freud«, von dem wir fast alle Strophen singen.

Das Lied aus der Barockzeit ist schon oft zum beliebtesten Kirchenlied gewählt worden, absolut kein Wunder, weil es sogar auf Heidenkinder wie mich wirkt. Es ist ein Lied wie ein Landausflug, ein glücklicher, staunender Blick in die Natur, auf Blumen, Bäume, auf Hirsch und Reh, auf Lerche und »die hochbegabte Nachtigall«. So mitreißend ist die Welt in diesem Lied, dass man sich ihr nicht entziehen kann: »Ich singe mit, wenn alles singt«, heißt es in der fünften Strophe, ein Gefühl, das ich gut aus meinem Garten kenne.

Meier predigt vom ersten Erdling Adam (der seinen Namen von Adamah bekommen hat, dem hebräischen Wort für Ackerboden), von der Sehnsucht nach dem Paradies und vom Bewahrungsauftrag an den Menschen, für die Erde zu sorgen wie ein weiser König.

Amen. Fern vom Garten, und doch mittendrin.

3. September

Möglicherweise kann ich jetzt nach Hause fahren, denn besser kann es nicht werden. Das war so ein Tag, den man sich rot im Kalender anstreicht – ach, eigentlich nicht nötig, er ist auch so unvergesslich.

Es ist Montag, die Museen sind auch in Russland an diesem Tag geschlossen. Für die Passagiere der MS Europa aber wird abends die Eremitage geöffnet, das neben Louvre und Prado bedeutendste Kunstmuseum der Welt. Wir eilen über den fast menschenleeren Schlossplatz, warten vor einem Nebeneingang zum Winterpalast, gehen eine überraschend schmale Treppe hinauf – und stehen im Paradies.

Ich muss an meinen alten Kindertraum denken, mich einmal heimlich nach Ladenschluss im Kaufhaus einschließen zu lassen und dann die ganze Nacht allein durch die Räume zu geistern. So ist das hier, in der Erwachsenenversion. Draußen geht über der Newa die Sonne unter, und auch hier drinnen scheint die Dämmerung hereinzubrechen. Die Korridore sind nur schwach erleuchtet, die berühmten Raffael-Loggien eher zu ahnen als zu sehen und aus dem Halbdunkel treten Meisterwerke der Kunstgeschichte hervor. Zwei Madonnendarstellungen von da Vinci! Rubens! Rembrandt! Tintoretto! Der Lautenspieler von Caravaggio! Goya! El Greco! Tizian! Van Eyck! Van Dyck! Bruegel! Keine Chance, sich etwas genauer anzuschauen, schon geht es zum nächsten Höhepunkt und zum übernächsten, weiter, immer weiter, geschoben und gezogen, es ist absolut schwindelerregend.

Ich habe mir vorab auf YouTube einen grandiosen Spielfilm erneut angeguckt, der 2002 in der Eremitage entstand: *Russian Ark*. Der 96-minütige Film ist ein ebenso großer Kraftakt wie das Gebäude selbst: Er ist in einer einzigen Einstellung gedreht worden, ohne Schnitt, 900 Schauspieler und Tausende von Statisten haben monatelang dafür geprobt. Es ist eine delirische Geisterbahnfahrt durch die russische Geschichte, man wird zusammen mit der Kamera und dem Erzähler von einer Szene zur nächsten geschwemmt: Peter der Große peitscht seinen General aus, Zar Nikolaus sitzt beim Abendessen, Katharina die Große sucht nach einer Toilette in ihrem eigenen Palast, Menschen in Uniformen und Abendkleidern fluten die Gänge und Treppen, draußen tobt die Revolution – die Geister der

Vergangenheit bewohnen immer noch diesen Ort, der kein Maß zu kennen scheint. Allein der Winterpalast, der nur einen Teil des Eremitage-Ensembles bildet, hat über tausend Räume.

Genau dieses trunkene Verlorensein erleben jetzt auch wir. Wir treiben durch goldene Säle, laufen wie betäubt durch all den Reichtum, überwältigt, überfordert. Am Ende sitzen wir stumm und erschlagen im Oberlichtsaal der Italienischen Malerei und hören das Konzert eines jungen Symphonie-Orchesters, Mozart, Rossini, Mussorgsky, Faurés »Pavane«. Auch das zu viel, einfach zu viel. Sensorischer Overkill.

Ich würde jetzt gern noch mal zurückgehen zu Michelangelos Kauerndem Knaben, der in seiner Schlichtheit wie ein Rettungsanker inmitten des Exzesses war. Geht nicht, die Sicherheitsleute gucken grimmig. Hinter uns schließen sich Türen.

Was bleiben wird von dieser Nacht, ist die Erinnerung an einen Rausch. An ein Vollbad in Glanz und Gold, Größe und Geschichte,

Macht und Schönheit. Noch vor wenigen Tagen habe ich meiner kleinen Scholle hinterhergetrauert, jetzt merke ich wieder, dass hinterm Gartenzaun eine sensationelle Welt wartet.

Eremitage heißt Einsiedelei, und so weit voneinander entfernt sind unsere beiden Einsiedeleien gar nicht, meine kleine auf der einen Seite der Ostsee und die von Katharina der Großen auf der gegenüberliegenden Seite: Beides sind Orte des Rückzugs, der Liebesmüh, der Erfüllung. Beides sind Versionen vom Paradies.

4. September

Nach dem Besuch des Bernsteinzimmers im Katharinenpalast in Puschkin schreiten wir die gigantische steinerne Rampe hinab, die sich die greise Katharina die Große hat bauen lassen, um bequem vom Palast in den Garten zu gelangen, und schlendern anschließend durch den Park von Pawlowsk. Seick zitiert einen Gartentheoretiker

aus dem 18. Jahrhundert: »Alles erscheint Natur, so glücklich ist die Kunst versteckt.«

Er erklärt die Prinzipien des Landschaftsgartens, die Wegeführung entlang von Bäumen (»Trampelpfade verraten den schlechten Gartenplaner«), dass sich in die Natur getupfte Brücken und Tempelchen im Gehen enthüllen wie durch einen weggezogenen Vorhang. Dieser Gartenstil ist mir viel näher als der Barock, der Pflanzen in Raster zwang und wie bunte Fädchen benutzte, aus denen Muster in den Boden gestickt wurden: In der Aufklärung begann man, mit Mitteln der Natur eine zweite Natur zu schaffen, eine ideale Landschaft, die aussehen sollte wie von selbst gewachsen. Nur schöner halt, malerisch.

Und da kommt er dann eben doch wieder durch, der Mensch, der sich die Erde durch Kunst untertan machen und die Natur besser hinkriegen will als jeder Gott.

6. September

Drottningholm ist der Wohnsitz des schwedischen Königspaars, ein paar Kilometer außerhalb von Stockholm. Man zog hierher der Kinder wegen: Sie sollten einen Garten zum Spielen haben, den es im großen düsteren Stadtpalast in der Altstadt nicht gab. Ich finde das fast rührend: Bei Königs ist es auch nicht anders als bei anderen jungen Familien, die es nach Suburbia zieht.

Ein paar Nummern größer ist es hier natürlich, und wo bei durchschnittlichen Jungfamilien ein Trampolin und ein Barbieschloss auf dem Rasen stehen, steht in Drottningholm ein chinesisches Dorf, ein Geburtstagsgeschenk für Königin Louisa Ulrika, einer Schwester Friedrichs des Großen.

Nach der Hälfte der Reise, nach Riga, Tallinn, St. Petersburg, Helsinki habe ich ein merkwürdiges Heimatgefühl, wann immer wir in einen neuen Hafen einlaufen. Mag sein, dass ich damit in die klassische Kreuzfahrerfalle laufe: Weil wir meist nachts fahren und morgens schon im nächsten Land anlegen, schnurrt die Welt plötzlich zu einem sehr überschaubaren Ort zusammen. Gestern noch St. Petersburg, heute Helsinki – als ob es benachbarte Dörfer wären und die mächtige Ostsee nur ein Tümpel.

Und doch ist was dran am Gefühl: Das Meer verbindet all die Städte und Kulturen unauflöslich miteinander und macht sie zu

Mitgliedern einer großen, weitverzweigten Familie. Das Lübische Recht galt in 100 Hansestädten des Ostseeraums, darunter seit 1224 in Danzig, seit 1248 in Reval (dem heutige Tallinn), seit 1258 in Memel (heute Klaipeda). Als ich durch die Straßen Rigas ging, war ich sofort zuhause, was ebenso an Kopfsteinpflaster und Architektur gelegen haben mag wie am überraschenden Anblick einer Statue der Bremer Stadtmusikanten an der Kirche St. Petri. Da schlägt das gleiche Herz, dachte ich.

8. September

Und dann weht da noch der gleiche Wind über den gleichen Sand. Wir waren nach Palanga zum Schloss der Grafen Tyszkiewicz

außerhalb von Klaipeda gefahren, nördlich der Kurischen Nehrung. Und hatten noch Zeit. Also gingen wir hinunter zum Meer.

In den Dünen waren Fahrräder an Kiefern gelehnt, Holzstege führten zu Umkleidehäuschen, Kinder bauten Burgen.

Und da war sie: die gleiche Weite, wie ich sie von zuhause kenne. Ich steckte eine Hand ins Meer und schickte eine kleine Welle nach Westen, heim zu meinem Strand.

9. September

Das Wetter ist herrlich, als wir aus dem Danziger Hafen auslaufen. Blau-weißer Himmel, leichte Brise, 20 Grad. Ein mildes frühherbstliches Licht. Am Ufer liegt ein polnisches Marineschiff.

Achtern sitzen drei Männer in der Sonne und winken herüber. Wir winken zurück. Jetzt schiebt sich der kleine hellgrüne Leuchtturm auf der Landspitze ins Bild.

»Hier«, sagt Kapitän Hartmann über den Bordlautsprecher, »fiel der erste Schuss des zweiten Weltkriegs.«

Ich frage mich, ob es damals, im September 1939, ebenso schön war wie heute. Die ersten Schüsse fielen von Bord des Panzerschiffs »Schleswig-Holstein«, das zu einem Freundschaftsbesuch im Danziger Hafen lag. Vorgeblich, denn der Überfall auf Polen war längst beschlossen.

»Schleswig-Holstein«. Ausgerechnet. All die Zeit habe ich nur gesehen, was uns Ostseeanrainer verbindet, und nicht, was uns trennt.

Abends bin ich auf die Brücke eingeladen, eine besondere Ehre. Und ich bin froh, kurz dem Trubel des traditionellen Galaabends fünf Decks tiefer zu entkommen.

Hier oben ist es schöner. Der Blick ist fantastisch, wir fahren genau in die untergehende Sonne hinein. Ich klebe am Fenster, hinter mir Funksprüche, Wachwechsel, Witze, die zwischen der Brückencrew fliegen.

»Wie nah fahren wir morgen an der Hohwachter Bucht vorbei?«, frage ich.

»Moment«, sagt die wachhabende Offizierin, »kann ich kurz ausrechnen. 13,4 Seemeilen.«

Zu weit, um irgendetwas zu erkennen, aber vielleicht werde ich dann schon Land sehen. Plötzlich kann ich es nicht mehr erwarten, wieder nach Hause zu kommen.

10. September

Vor einer Woche habe ich in der Eremitage länger vor Rembrandts »Rückkehr des verlorenen Sohns« gestanden, ich habe sogar noch gewartet, bis alle anderen weitergegangen waren, um das Bild zu

fotografieren. Heute lese ich auf Bitte von Rainer, dem Bordgeistlichen, im Gottesdienst die Bibelstelle mit dem Gleichnis vom verlorenen Sohn vor, er hat das Rembrandt-Gemälde als Titelbild auf sein Programm gedruckt.

Ich habe noch nie aus der Bibel vorgelesen, ich bin kein Kirchgänger, aber Dinge, die ich noch nie gemacht habe, sind für mich absolut unwidersteh-

lich. Und genau während ich lese, fahren wir in 13,4 Seemeilen Entfernung an meinem Garten vorbei, in den ich morgen zurückkehren werde.

Es gibt keine Zufälle, sagt eine Freundin immer. Ich widerspreche jedes Mal: Es gibt sogar *nur* Zufälle, die dann durch uns, die große Sinnsuch- und Sinnerfindungsmaschine Mensch, zu Geschichten aufgefädelt und mit Bedeutung vergoldet werden. Wir sind es, die diese Zufälle zu Gleichnissen und Legenden dichten, die wir uns über uns selbst erzählen. Daran ist nichts Schlechtes, im Gegenteil: Was sonst soll man mit all den Widersprüchen und Absurditäten dieser Welt anfangen?

Nachmittags sitze ich mit Carsten Seick noch mal beim Tee an Deck. »Jeder Mensch sammelt«, sagt er, »und ich sammele Gärten. Ich kann zigmal in denselben Garten gehen – jedesmal kommt dadurch was Neues zu meiner Sammlung hinzu. Gärten verändern sich ständig, gerade die berühmten Gartenmonumente wie Sissinghurst oder Great Dixter. Das macht sie ja so spannend.«

Wie sieht sein eigener Garten aus?

Klassisch viergeteilt, sagt er, klare Linien, mit Gemüsegarten, Rosenbeet, einem Gewächshaus. »In der Mitte ist ein quadratischer Teich. Darin habe ich eine Glaskugel mit einem Einhorn versenkt.«

Ein Einhorn? Eine Anspielung auf Renaissance-Gärten wie den auf der Isola Bella im Lago Maggiore oder den Medici-Garten der florentinischen Villa di Castello. Auch dort findet man ein Einhorn im Zentrum, das der Legende nach verseuchtes Wasser in Trinkwasser verwandeln kann, wenn es sein Horn hineintaucht.

»Hübsche Idee, das mit deinem Einhorn«, sage ich.

Seick lacht. »Garten bedeutet Freiheit. Es ist ein Ort, an dem man alles tun darf, was man will. Wir leben mit so vielen Vorschriften, da muss man doch jeden Quadratzentimeter Gestaltungsspielraum mit eigenen Ideen füllen.«

»Warum nutzen dann aber die wenigsten diese Freiheit?«

Er zuckt die Achseln.

11. September

Wieder zurück in Hamburg. Mitten in der Nacht sind wir die Elbe hochgefahren, an Blankenese vorbei, an Övelgönne, den Landungsbrücken, der Elbphilharmonie. Wir wenden um 180 Grad und legen sanft am Kreuzfahrtterminal an. Es ist zwei Uhr, ich gehe wieder ins Bett, erst am Morgen werden wir das Schiff verlassen können.

»Rücksturz zur Erde« hieß das früher immer bei »Raumpatrouille Orion«, wenn es zurück auf den Heimatplaneten ging, und genau so fühlt sich das an: ein harter Aufprall in der Wirklichkeit nach dem Luxusleben auf

hoher See. Fiete ist demonstrativ unbegeistert von unserem Wiedersehen. Er hat zwei Wochen mit seinen Hundekumpels am Elbdeich herumtoben dürfen, auch für ihn ist meine Heimkehr ein Rücksturz, schätze ich.

Ich wasche Wäsche, kaufe Vorräte und fahre dann in meine Hütte an dem Meer, das ich mir jetzt zwei Wochen lang von so vielen fremden Ufern aus angeguckt habe. Empfangen werde ich von zwei Schalen mit Tomaten, die Felix geerntet hat, und drei kleinen Obsttartes, die er mir zur Begrüßung gebacken hat.

Abends läuft im schleswig-holsteinischen Regionalmagazin ein Beitrag über den Hirsch Sven, der in die blonde Galloway-Kuh Sarina verliebt ist und immer mit ihrer Rinderherde abhängt.

Jo, ich bin eindeutig wieder zuhause.

12. September

Der erste Gang durch den Garten am Morgen ist aufregend, tastend. Eine Besichtigung. Zwei Wochen Wachsen und Vergehen machen zu dieser Jahreszeit, in der sich alles langsam dem Ende zuneigt, einen großen Unterschied. Das Licht ist milder, die Sonne steht tiefer. Sie lässt die gelben und kupferfarbenen Herbstblüher strahlen, die Blütenstände der Gräser flirren.

Ich wandere durch meinen Garten mit neuem Blick, froh über das wilde Wuchern ganz ohne streng ordnende Strukturen, wie ich sie in den letzten beiden Wochen besichtigt habe. »Sichtachsen sind Sinnachsen«? Ich blicke von meinem Tisch direkt in den Wald und von der Gartenbank direkt auf den Leuchtturm, sinnvoller kann es gar nicht sein.

13. September

Thorsten Zillmann fährt den Bagger aufs Grundstück, packt die Kettensäge aus und sagt: »So.«

Heute ist der Tag der langen Messer. Ich habe mich entschieden, den Umbau des Gartens ein paar Nummern größer anzugehen. Wenn wir schon baggern, kann auch gleich die alte enge Waschbetonterrasse am Haus und die verwinkelte Zuwegung ersetzt werden. Dafür müssen zwei Kirschlorbeeren dran glauben – oder vielmehr: Lorbeerkirschen. Der falsche Name wurde irgendwann mal von Gartencentern eingeführt, vermutlich fand man, dass Lorbeer edler klingt. Um die eine, eine kleinblättrige Portugiesische Lorbeerkirsche, ist es schade, um die andere kein bisschen. Die nimmt mir jetzt schon zu lange Licht und Luft am Haus und wirft ihre blöden plastikartigen Blätter und dunklen Beeren auf die Terrasse.

»Sicher?«, fragt Zillmann und erklärt, dass er immer dreimal nachfragt, bevor er Bäume fällt. »Wieder zusammenkleben können wir nicht.«

»Ganz sicher.«

Als ich sehe, wie schnell das Abholzen geht, verstehe ich die Frage: Was in zehn, fünfzehn Jahren gewachsen ist, wird in fünf Minuten gerodet, liegt am Boden, fertig zum Schreddern. Die traurigen Stumpen hebelt Zillmann lässig mit dem Bagger heraus.

Ich stehe daneben wie ein kleines Kind. Kettensäge! Bagger! Einfach zu toll.

»Nerve ich Sie, wenn ich zugucke?«

»Kein Stück.«

Zillmann führt mich in die Kunst des Strauchschneidens ein. Das Geheimnis ist Geduld, wie fast immer im Garten. »Die meisten Kunden machen den Fehler, Hecken schnell wachsen zu lassen und dann oben zu

kappen. So verkahlen sie nur. Pflanzen wachsen nun mal nicht unten dicht, wenn man sie oben abschneidet. Stattdessen muss man, auch wenn's schwer fällt, jedes Jahr den Neuaustrieb um die Hälfte kürzen, damit die Pflanze sich verzweigt.«

Wir werden den Weg in den Garten verlegen, der alte führte sehr beengt im Zickzack um die Hausecke herum, der neue geht mitten durch mein altes Kräuterbeet, das jetzt umziehen muss.

Abends buddele ich aus, was ich behalten will. Vieles ziehe ich sowieso in Töpfen – Kaffirlimone, Zitronenverbene, Thai-Basilikum sind mir zu zimperlich für den Verdrängungskampf im Beet, und winterhart sind sie ohnehin nicht. Ich steche vorsichtig Petersilie ab, Salbei, Rosmarin, Estragon, Thymian, Heiligenkraut, Wasabirauke, Griechischen Bergtee.

14. September

Morgens um neun hält quietschend ein Laster des örtlichen Baustoffhandels vor meinem Haus. An Bord: sechs Paletten mit Pflastersteinen und Tiefbord-Randsteinen, die per Kran sanft in meinen Vorgarten gesetzt werden.

Die Nachbarn kommen zum Gucken. »Wirklich schön, das Pflaster.« Finde ich auch, froh, dass ich meinen Kauf nicht bedaure.

Vielleicht ist das ein Talent des Alters: sicherer werden in der Wahl. In der Lage sein, ein eindeutiges Ja zu sprechen und auch zu meinen. Ich bilde mir ein, dass ich früher mehr geschwankt habe. Dass ich ernsthaft darunter gelitten habe, dass eine Entscheidung immer den Verzicht auf alle anderen Möglichkeiten mit sich bringt. Da war stets ein leichtes Nagen, nicht alles haben zu können. Ein Zweifeln und Verzweifeln: Ist das jetzt richtig so? Wäre es anders nicht besser? Eine Kinderkrankheit, gegen die man mit ein paar Jahrzehnten auf dem Buckel langsam immun wird.

Zillmann haut weiter raus, heute per Hand, mit Spaten, Schere und Handsäge. »Den *Philadelphus* versetzen wir an den Zaun. Den

Flieder auch. Und die kleine Sternmagnolie rückt ein Stück vor, die hatte ja gar keine Luft. Was wollen Sie mit den Margeriten machen?«

Meine Standardantwort: »Mal gucken. Findet sich schon ein Platz.«

Was auf jeden Fall bleiben soll, ist der voluminöse Bambus, der bislang von allen Seiten eingequetscht war und sich jetzt frei im Wind wiegt. Nun darf er tanzen, und ich gucke ihm von meinem Tisch aus zu. Ist richtig Party da draußen.

Wenn man einen Garten umbaut, ist das ein bisschen wie Umzug. Man entrümpelt. Gründlich. Endlich fasst man beherzt in verstaubte Ecken, trennt sich von Ärgernissen, entdeckt Vergessenes wieder, findet einen besseren Platz für Liebgewonnenes. Und stellt sich all die richtigen Fragen: Ist das hier, weil ich es will? Oder weil es schon immer da war?

Das gute Alte bleibt, das schöne Neue kommt. Und es kommt genau zum richtigen Zeitpunkt. Wäre ich nicht zwei Wochen auf Reisen gewesen und wäre mein Kopf nicht nach all den Gartenbesichtigungen bereit für Neues, würde ich jetzt mehr zögern. Der Schritt hinaus war nötig, um einen klaren Blick zu gewinnen. Die Augen sind frisch geputzt, die Ärmel hochgekrempelt.

15. September

»Weißt du, was das ist?« fragt Hartmut. Er steht vor seinem Haus und zeigt auf kleine rote Beeren in Bodennähe.

Ich schüttele den Kopf.

»Das sind Meikeglöckchen«, grinst er.

Bitte was?

»Maiglöckchen, extra für dich umgetauft. Das Rote sind die Samenkapseln. Schneid dir welche ab, säe sie aus bei dir.«

Immer wieder fällt mir auf, wie viele Pflanzen ich bislang nur in einer ihrer Lebensphasen wahrgenommen habe. Maiglöckchen kannte ich lediglich als kleine duftende Frühjahrsboten, ich hatte mir noch nicht mal die Frage gestellt: Was treiben Maiglöckchen eigentlich so im September? Jetzt weiß ich es: Sie produzieren hübsche rote Beeren.

Ebenso ging es mir mit Ingwer. Den kannte ich nur als Knolle aus dem Asiamarkt, aber wie sieht eigentlich die dazugehörige Pflanze aus? Ende Mai hatte ich zwei kleine Stücke eines verschrumpelten Ingwerrhizoms, das bereits austrieb, einfach in Erde gesetzt und machen lassen. Ehrlich gesagt: vergessen. Die beiden Setzlinge haben inzwischen ihre Töpfchen gesprengt, heute habe ich sie in größere Gefäße umgesetzt. Im Winter hole ich sie ins Warme und in ein paar Monaten werde ich vielleicht regionalen Bio-Ingwer ernten.

Abends mache ich zum ersten Mal seit dem Frühjahr ein Feuer im Ofen, spiele Glenn Gould und verkoche zwei Kilo Birnen, die mir Hartmut geschenkt hat, zusammen mit Zwiebeln und ein paar Chilischoten zu einem Chutney. Und danach noch meine kleinen mexikanischen Melothria zu einem Gurkensirup fürs Mixen mit Gin und Tonic.

Fiete liegt vor dem Feuer und raunzt den Ofen an. Es ist ihm zu warm, der Ofen soll gefälligst kühler werden oder sich verziehen. Der Hund selbst bewegt sich keinen Millimeter. Terrier-Logik.

Ich gieße mir einen Gin Tonic mit Melothria-Sirup ein und gucke meinem Hund zu. Es ist Samstagnacht. Ich habe nicht den Eindruck, dass ich jetzt irgendwo anders auf der Welt sein müsste als hier vor dem Ofen.

Gurkensirup

150 ml Wasser
130 g Zucker
300 g Gurken
Saft einer Zitrone
je nach Geschmack: Ingwer, Minze oder Basilikum

Wasser und Zucker aufkochen, bis sich der Zucker vollständig gelöst hat. Gurken entkernen, raspeln oder im Mixer pürieren, mit dem Zitronensaft und/oder den fein gehackten Kräutern in die abgekühlte Zuckerlösung geben und eine Stunde durchziehen lassen. Durch ein Tuch oder abseihen, nochmals kurz aufkochen und in heiß ausgespülte Flaschen abfüllen. Hält im Kühlschrank drei bis vier Wochen.

21. September

»Meine Dahlien«, sagt Monty, »haben noch nie so schlecht geblüht wie in diesem Jahr. Dabei habe ich alles gemacht wie seit einem Vierteljahrhundert: in gute Erde gepflanzt und jeden Freitag gedüngt und gegossen. Aber in diesem warmen Sommer hätte ich sie doppelt so oft gießen sollen. Man kann sich nicht auf die Erfahrung verlassen – ich hätte einfach besser hingucken sollen.«

Das mag ich so an dem Mann: Er genießt seine Fehler, denn er wird durch sie klüger. Erfahrung hilft, aber sie kann auch blind machen. Auch nach 25 Jahren muss man immer wieder an das Einmaleins erinnert werden, das ich gerade mühsam lerne: hingucken, aufmerksam sein, nichts für selbstverständlich halten. Manchmal muss man Erfahrung auch einfach wieder verlernen.

23. September

Heute Nacht um 3.53 Uhr begann der Herbst. Es war der Zeitpunkt des Äquinoktiums, der Tagundnachtgleiche. Für einen winzigen Moment hingen Tag und Nacht in perfekter Balance, dann kippte das Verhältnis zugunsten der Dunkelheit. Die Sonne geht jeden Tag zwei Minuten später auf und zwei Minuten früher unter, auch dieses Jahr begibt sich jetzt zur Ruhe.

Und im Erzgebirge fällt der erste Schnee.

Trotzdem ist es nicht vorbei, im Gegenteil. Die Erde ist noch warm und wird es ein paar Wochen bleiben. In denen geht es nur um eins: den nächsten Frühling, den nächsten Sommer. Was jetzt gesät und gepflanzt wird, bestimmt den Garten des kommenden Jahres, wenn nicht der kommenden Jahre. Gärtnern ist wie Schach, man muss immer mehrere Züge im Voraus denken. »Kein Sommer, der sich nicht vom Tode des vorigen nährt«, wie Hermann Hesse sagte, auch er ein leidenschaftlicher Gärtner.

Weshalb ich prompt ein großes Staudenpaket geordert habe, das in einer Woche ankommen dürfte. Insgesamt 125 Pflanzen. Zillmann räuspert sich, als er davon erfährt, und sagt sanft: »Möglicherweise wäre es gut, wenn Sie sich mal einen Plan aufzeichnen, wo was hin soll. Damit wir das neue Beet entsprechend groß ausbaggern können.«

Ja, möglicherweise.

Der Herbst ist für Gärtner ein zweites Frühjahr. Eine Zeit des händereibenden Neuanfangs. Für viele Pflanzen ist es ideal, wenn sie jetzt in die Erde kommen, für Sträucher, Stauden sowieso, sogar einige Einjährige profitieren davon, jetzt schon

gesät zu werden. Ich möchte es mit Ackerrittersporn probieren, mit dem Gemeinen Natternkopf und mit Blauem Waldmeister (»*Asperula orientalis* ist eine zarte, wunderschön blau blühende, süß-blumig duftende Einjährige – ein Muss für jeden Liebhaber blauer Blumen«), dazu kommen noch ein paar hundert Blumenzwiebeln, die ich in den letzten Wochen auf Märkten gekauft oder online geordert habe. Es britzelt wieder in mir wie im April.

Als Kind war September für mich der eigentliche Jahresanfang. Es war die Zeit der frisch gespitzten Bleistifte, unbeschriebenen Hefte, neuen Lehrer und Schulräume. In der Welt der Erwachsenen gibt es kaum noch solche regelmäßigen Neustarts, nicht mal Silvester taugt so recht dazu. Aber dafür gibt es ja den Garten, der nach dem langen, langen Schulferiensommer jetzt in die nächste Klasse versetzt wird.

25. September

Wenn man etwas baut und erst recht, wenn man etwas bauen lässt, dauert es quälend lange, bevor es richtig losgeht. Wobei »es« und »richtig« die Wortwahl der Ahnungslosigkeit ist. Natürlich geht es von Anfang an richtig los, denn all die Vorarbeiten, das Einrichten der Baustelle, die Beseitigung des Alten, das geduldige Vorbereiten gehören genauso zum Es wie das Schaffen von Neuem.

Das sollte ich nach all der Zeit im Garten eigentlich wissen: Man steckt nicht einfach nur Blümchen in die Erde, sondern kümmert sich erst mal um den Boden. Befreit ihn von Unkraut, lockert ihn, arbeitet Kompost und Hornspäne ein, macht ihn bereit. Sehr viel Arbeit, bevor die eigentliche Arbeit beginnen kann.

Und trotzdem war ich ungeduldig: Muss das alles wirklich sein, um so eine harmlose Pflasterfläche zu legen? Das Abtragen, Auskoffern, Verdichten, die Randbegrenzung durch Tiefbord-Randsteine, das Einbringen der Tragschicht aus Kiessand 0/32, Abrütteln der Tragschicht, Einbringen von Brechsand, Festtreten, Abziehen mit einer

Richtlatte über Lehren, dabei immer wieder Wasserwaagen-Kontrolle und stete Beachtung des Gefälles von zwei Prozent, damit das Wasser ablaufen kann – Schritt um langsamer Schritt passierte in den letzten Tagen, und immer wieder ging ich nach hinten zum Schuppen, wo die Jungs arbeiteten, um zu gucken, ob nicht langsam mal losgepflastert würde, das kann doch unmöglich so lange dauern.

Doch. Kann es und tut es. Und das ist auch gut so, denn sonst wird alles Murks.

Wie nicht anders zu erwarten war, habe den Murks ganz einfach ich selbst gebaut. Ich hatte mir ja in den Kopf gesetzt, zwischen den Pflastersteinen breite Fugen für Trittpolsterstauden haben zu wollen. Jeder Gartenbauer schlägt bei der Idee innerlich die Hände über dem Kopf zusammen, aber, wie gesagt, ich dachte: Das wird schön, das schafft eine optische Verbindung zum Wald und zum Beet nebenan, das sieht dann nicht so gelackt aus und außerdem riecht es gut, wenn ich nächstes Jahr darüberlaufe.

Heute also pflasterten Adrian und Lennart endlich los und setzten meine Ideen geduldig in die Tat um, obwohl unregelmäßig versetzte breite Fugen nicht wirklich einfach herzustellen sind. Sie verabschiedeten sich in den Feierabend (»Bis morgen dann!«) und ich ging mal wieder nach hinten zum Gucken. Sie waren zu zwei Dritteln fertig mit der Fläche. Toll gemacht, wirklich. Die Fugen entwickelten sich fast organisch von einer geschlossenen Fläche beim Schuppen zu einem zunehmenden lockeren Adergeflecht zwischen den Steinen. Genauso hatte ich mir das gewünscht.

Und plötzlich nicht mehr.

Mensch, das Pflaster ist so schön, dachte ich, was soll das eigentlich mit der Fugenbegrünung? Wird das nicht fürchterlich chaotisch aussehen, besonders bei diesen lebendigen Steinen? Was zum Teufel habe ich mir dabei nur gedacht?

Habe ich nicht vor wenigen Tagen noch groß getönt, dass man im Alter immer sicherer in seinen Entscheidungen wird? Verdammter Mist.

Okay, erst mal durchschnaufen. Eine Runde mit dem Hund im Wald drehen. Wieder nach hinten, noch mal neu drauf gucken.

Immer noch das mulmige Gefühl, die falsche Entscheidung getroffen zu haben. War es zu spät?

Tief durchatmen. Handy. »Zillmann.«

»Ähm, Herr Zillmann, ich stehe gerade hinten am Schuppen und ich, öm … Werden mich Ihre Jungs hassen, wenn ich sie bitte, die Fläche doch konventionell auf Knirsch zu legen? Geht das überhaupt noch?«

Pause. »Na ja. Schon. Die Steine müssten allerdings noch mal aufgenommen werden, die liegen ja im Bett, die kann man nicht einfach ranschubsen.«

Ogottogott. Ich bin jetzt eine von diesen Trullas, die sich nie entscheiden können, ob beim Friseur oder sonst im Leben. Länger! Nein, kürzer! Nein, doch lieber länger! Ach so, das geht jetzt nicht mehr, weil es ja schon kurz ist?

»Aber super, dass Sie gleich angerufen haben«, sagt Zillmann. »Wäre es schon fertig gepflastert, eingefegt und abgerüttelt gewesen, *das* wäre wirklich ärgerlich gewesen.«

Ich fühle mich mies, aber erleichtert. Lieber spät als zu spät, lieber jetzt was sagen, als sich zwanzig Jahre ärgern, lieber Irrtümer schnell einsehen und sofort zugeben, solange noch was zu retten ist.

Letztlich ist es fast unvermeidlich, dass man mit null Erfahrung erst mal Sand in den Motor der Routine schmeißt. Um dann einzusehen, dass es einen Grund für solche Routinen gibt. Bis jetzt habe ich mich allein durchgewurschtelt, meine Fehler schadeten niemandem außer mir selbst und nur ich musste dafür büßen (die endlose Raushackerei von Gras im Frühjahr!). Insofern war es höchste Zeit, dass ich mal auf die Nase falle mit meiner Methode »Erst mal machen und dann mal sehen«.

Und zu den Jungs werde ich morgen zuckersüß sein.

26. September

»Moin! Leute, es tut mir furchtbar leid, ich habe einen Fehler gemacht, ich …«

Sie grinsen nur. »Wissen wir schon. Kein Problem, echt. Auf jeder Baustelle ändert sich während des Arbeitens was, völlig normal.«

Uff.

28. September

Es geht voran. Die hintere Terrasse ist fertig und muss nur noch abgerüttelt werden (verblüffend, wie schnell man fließend Bauisch spricht, besonders wenn man nicht mal eine Viertelahnung hat, was das alles bedeutet). Jetzt geht es um die Terrasse am Haus, die ich erweitern möchte, hauptsächlich für Licht und Luft, aber auch, um mein Brennholz aus dem Weg zu schaffen, das künftig einen schönen trockenen Platz hinter der Hausecke finden soll.

Bei der Gelegenheit wird auch das alte Ökotop plattgemacht, stattdessen wird ein sanft geschwungener Rasenweg zur erhöhten Terrasse hinaufführen, flankiert von neuen Pflanzungen.

Bedeutet: Da muss viel Erde bewegt werden, der Bagger ist wieder im Einsatz. Und ich dachte: wenn er schon mal da ist, dann … Ein neues, circa 30 Quadratmeter großes eiförmiges Beet soll den Rasen weiter dezimieren, habe ich beschlossen, und bei der Gelegenheit soll auch mein Wäscheleinenbeet aus dem ersten Jahr um einen guten halben Meter verbreitert werden, um die inzwischen Schulter an Schulter schubbernden Stauden zu teilen und auseinanderzupflanzen.

Möglicherweise ist mir durch die Besichtigung all der großen Parkanlagen während der Kreuzfahrt alle Zurückhaltung und Vorsicht flöten gegangen, aber ich bin jetzt nicht mehr zu bremsen. Wie ein alter Freund immer zu sagen pflegte: Think big – klein wird's von allein.

Also: Mal wieder die berühmte Wäscheleine aus dem Schuppen

holen, eine Form auslegen, die angedachten Pflanzhöhen mit Bambusstäben simulieren, das Ganze aus allen Positionen begutachten – vom Haus aus und von hinten, von der Bank und von der Gartenpforte, stehend und sitzend –, mit Kreidemarkierspray fixieren und los. Für mich wären es vier Tage Arbeit mit der Wiedehopfhaue gewesen, um die Rasensoden rauszuplacken. Zillmann und sein Bagger erledigen es in einer halben Stunde. Sinnvolle und sinnlose Arbeit habe ich inzwischen zu unterscheiden gelernt.

Und da der Bagger schon mal da ist, lösen wir mit ihm gleich noch ein Problem: Beim Auskoffern der Fläche am Ende des Gartens haben wir einen merkwürdigen Betonklotz gefunden, 100 mal 60 mal 40 Zentimeter, versenkt im Boden. Was zum Teufel ist das?

Uwe vermutet: ein Fundament, das Walter vor Jahrzehnten für seinen Räucherofen gegossen haben muss; als Angler hat er immer seine selbstgefangenen Fische kon-

serviert. Der Klotz wiegt geschätzte 400 bis 500 Kilo – zu viel, um ihn im Stück abtransportieren zu können, man hätte ihn mühsam mit dem Presslufthammer zerlegen müssen. Was tun damit?

Die Entscheidung: behalten. Mit dem Bagger durch den Garten schubsen, hochkant in eine Ecke stellen, zum Kunstwerk deklarieren. Vielleicht lasse ich Efeu daran hochranken, vielleicht bestreiche ich den Klotz mit Buttermilch, um Moos anzusiedeln. Vielleicht stelle ich ein Pflanzgefäß darauf, vielleicht eine Skulptur. Oder vielleicht eine Granitkugel, so dass es an den »Stein des guten Glücks« erinnert, den Goethe 1777 in seinen Weimarer Garten hat bauen lassen und den ich bei einem Besuch vor einem Jahr fasziniert fotografiert hatte: ein schlichter Kubus mit einer Kugel darauf, eines der ersten nichtfigürlichen Denkmäler Deutschlands, so heißt es.

Je länger ich darüber nachdenke, desto besser gefällt mir die Idee: das Mobile, Unbeständige einer Kugel, das von einem stoischen Sockel zur Ruhe gebracht wird – damit kann ich was anfangen. Das bin ich ja selbst geworden in diesem Jahr: ein Rolling Stone, der jetzt mit Genuss Moos ansetzt.

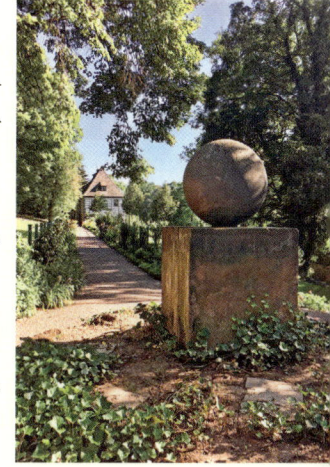

Nennen wir das Monument also vorläufig »Walters Räucherofenfundament des guten Glücks«. Es steht jetzt unter einer Magnolie, die vom Nachbarn herüberwächst, und da steht es gut.

Moos-Graffiti

Zwei bis drei Hände voll Moos (nicht aus dem Wald, sondern von Gehwegen oder Wänden abkratzen, Waldmoos wächst nicht so gut an)
120 ml Buttermilch oder Joghurt
700 ml lauwarmes Wasser
Ein halber Teelöffel Zucker, wahlweise ein Schuss Bier.

Alles drei Minuten in einem Mixer auf niedrigster Stufe vermischen, mit einem breiten Pinsel auf den angefeuchteten Untergrund auftragen, es hält auf Holz und Stein. Einmal wöchentlich leicht mit Wasser besprühen.

Der September in Zahlen

Zurückgelegte Seemeilen: 2134 (Glücksquotient: 9)
Entfernung Terrassentür – Hochbeete: 25 Meter
(Glücksquotient: 10)
Gerodete Sträucher: 4
Neugeschaffene Beetflächen: 70 Quadratmeter
(Glücksquotient: Messgerät versagt)

Das Eichhörnchen-Prinzip

OKTOBER

Aufheben, aufbewahren, einwecken – ach, und
vielleicht nebenbei noch den Planeten retten.
In diesem Monat geht es um das Konservieren,
ob von Sauerkraut oder von Erinnerungen.
Aber alles lässt sich nicht festhalten:
Die Blätter fallen, und Monty geht in
die Winterpause. Wie soll man jetzt nur
weiterleben?

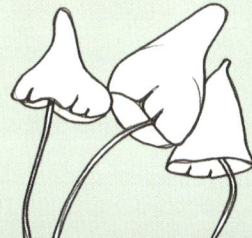

1. Oktober

In der *New York Times* entdecke ich einen kleinen Essay mit dem Titel »Lob der Mittelmäßigkeit«. Der Autor Tim Wu ist Juraprofessor an der Columbia University und wundert sich darüber, dass die Leute keine Hobbys mehr haben. Das betrachtet er als zivilisatorischen Rückfall: »Freizeit ist ein mühsam errungener Fortschritt. Er bedeutet, dass wir uns längst nicht mehr mit den Notwendigkeiten des brutalen Überlebenskampfes herumschlagen müssen. Und doch scheinen wir vergessen zu haben, wie wichtig es ist, Dinge einfach nur zu unserem Vergnügen zu tun.«

Seine Theorie über den Untergang des Hobbys: »Wir haben Angst, dass wir nicht gut genug darin sind. Oder vielmehr: Wir bilden uns ein, dass wir selbst in unserer Freizeit in allem gut sein müssen.« Er plädiert für freudvolles, nicht sonderlich kompetentes, kindlich-begeistertes Tun: etwas machen, das einem Freude bereitet, darum gehe es doch. Und das heißt nicht automatisch, dass einem nur Freude bereiten darf, worin man gut ist. Freizeit ist Freiheit, sagt Wu, und das bedeutet auch Freiheit vom manischen Streben nach Exzellenz. Es müsse genügen, etwas einfach nur zu mögen, ohne es zu beherrschen.

Wu hat natürlich recht. Man muss nur das traurige Schicksal des schönen Worts »Dilettant« betrachten: Abgeleitet vom lateinischen delectare (= sich ergötzen, sich erfreuen) bezeichnete es ursprünglich jemanden, der etwas aus reinem Vergnügen, aus Liebhaberei oder Leidenschaft tut. Das Wort war keineswegs abwertend gemeint, im Gegenteil. Es wurde meist im Zusammenhang mit Menschen angewendet, die es sich leisten konnten, etwas aus Lust zu tun und nicht zum Bestreiten ihres Lebensunterhalts. Lange war es den oberen Ständen vorbehalten zu dilettieren, es galt als etwas Erstrebenswertes.

Spätestens in der Leistungsgesellschaft wurde der Dilettant vom Liebhaber zum Stümper. Die Wortbedeutung wandelte sich von jemandem, der etwas genießt, zu einem, der es nicht richtig kann. Dilettantisch heißt unfachmännisch, und der Fachmann ist das Maß aller Dinge, dem wir uns auch in der arbeitsfreien Zeit zu beugen haben.

Professor Wus Essay kam genau zur rechten Zeit, nämlich in dem Moment, in dem ich mich dabei ertappte, meinen Garten, das große Vergnügen dieses Jahres, etwas fachmännischer anzugehen. Für die Bepflanzung des neuen Ei-Beetes hatte ich einen Masterplan auf Millimeterpapier gezeichnet, der die zukünftigen Größen der Stauden und ihre Pflanzabstände ebenso berücksichtigt wie die Zeit ihrer Blüte und natürlich die Farben, um ein möglichst kontinuierlich abbrennendes und dabei harmonisches Feuerwerk zu inszenieren, das von April bis November immer eine Sensation zu bieten hat.

Sogar der zukünftige Schattenwurf der in drei Jahren ausgewachsenen Stauden ist einberechnet, die halbschattenliebenden Phlox und Herbst-Anemonen stehen deshalb auf der sonnenabgewandten Seite des Beets. Und das Brandkraut, das mit seinen etagenförmigen Blütenquirlen auch im Winter super aussieht, steht so, dass man es von der Terrasse aus durch die dann blattlose Azalee erspähen kann.

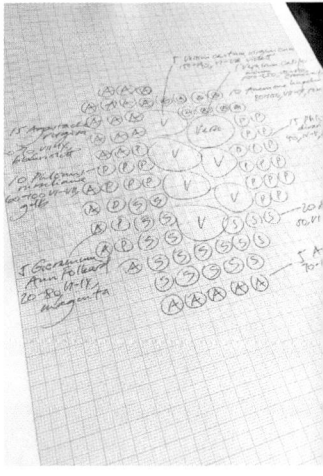

Ich war hochzufrieden mit meinem Plan. Dann las ich den Essay und dachte: Nimmst du die Sache nicht etwas zu ernst? Treibst du dir gerade selber die Freude aus?

Aber nein, das Dilettieren umfasst ja auch das Malen von Plänen. Das Überlegen, Probieren, Verwerfen, Beschließen ist Teil des Vergnügens. Die Erkenntnis, dass es dann alles ganz anders kommt, auch.

In zwei, drei Jahren, wenn das Beet eingewachsen ist, wird klar sein, welche Sorte von Dilettant ich bin: Liebhaber oder Stümper. Höchstwahrscheinlich beides, und beides mit Freuden.

3. Oktober

»Hey! Was machst du?«

»Sauerkraut. Gerade in den Gärtopf gestampft und die Gewichte aufgelegt. Ich fand das passend am Tag der deutschen Einheit.«

Schweigen am anderen Ende der Leitung. Dann deklamiert Katharina flüssig:

»Eben geht mit einem Teller
Witwe Bolte in den Keller,
Dass sie von dem Sauerkohle
Eine Portion sich hole,
Wofür sie besonders schwärmt,
Wenn er wieder aufgewärmt.«

Und bricht in schallendes Gelächter aus.

Vielen herzlichen Dank, das Bild werde ich jetzt nicht mehr los. Wenn ich so weitermache, wächst mir auf dem Kopf noch ein Tuch mit Schleife vorne dran.

Verspießere ich gerade vollends? Ich habe ohnehin schon ein paar bedenkliche Angewohnheiten entwickelt hier auf dem Land: Ich gehe schockierend früh ins Bett, fahre abends nicht mehr gern Auto wegen des Wildwechsels und studiere am Wochenende mit echtem Interesse die Werbeaussendungen der großen Bau- und Supermärkte, die mir ins Haus flattern. Hm, könnte ich vielleicht einen Auto-Entfeuchter gebrauchen? Eine Zug-Kapp-Gehrungssäge? Einen Schuhschrank? Will ich eine Erlebnis-Busreise an den Gardasee für 269 Euro machen (»4x Frühstück mit Kaffee, Tee, Milch, Brot oder Brötchen, Butter, Marmelade, Wurst und Käse«)? Plötzlich ist die Warenwelt wieder ein Wunderland so wie vor fünfzig Jahren, als ich den Quelle-Katalog am Küchentisch meiner Großmutter las, wo er seinen festen Platz hatte.

Ergebnis des Prospektstudiums: mein brandneuer Gärtopf zum Fermentieren von Gemüse. Von der Existenz eines solchen Gefäßes hätte ich vor Kurzem nicht mal was geahnt, aber als ich ihn sah, musste ich ihn haben: Er fasst fünf Liter, ist aus Steingut in beruhigend altmodischem Hellgrün und hat eines der genialsten Verschlusssysteme, die ich kenne: Wasser. Oben am Topfhals befindet sich eine Rinne, die mit Wasser gefüllt wird, darin ruht ein Deckel mit zwei halbmondförmigen Öffnungen. Gärt es im Inneren, können die Gase glucksend entweichen, der Topf bleibt dabei luftdicht abgeschlossen.

Wenn man schon einen Fermentiertopf hat, sollte man sinnvollerweise auch was fermentieren, und das Sauerkraut ist mein erster Versuch, andere Gemüse werden folgen. Fermentieren ist eine Art kontrolliertes Vergammelnlassen, wodurch das Konservierte erstaunlicherweise gesünder wird: Dank der probiotischen Milchsäurebakterien bleibt das Vitamin C erhalten ebenso wie alle anderen Inhaltsstoffe, zusätzlich wird Vitamin B12 gebildet.

Fermentieren hat zudem eine unschlagbare Umweltbilanz: Man braucht keinerlei Energie dafür, weder Hitze noch Kälte, denn es wird nichts gekocht und nichts tiefgefroren, und das fermentierte Gemüse hält bis zu einem Jahr. Kein Wunder, dass diese Methode über Jahrhunderte von Seeleuten angewandt wurde, um vitaminreiche Nahrung auf den monatelangen Reisen zu transportieren.

Für Sauerkraut braucht man Weißkohl (ich habe Spitzkohl wegen des feineren Geschmacks genommen) und Salz, etwa 20 Gramm pro Kilo Gemüse. Den Kohl schneide ich in nicht allzu feine Streifen, lasse ihn gesalzen etwas ziehen – und dann beginnt der Spaß: Er wird so lange mit bloßen Händen geknetet, bis der Pflanzensaft austritt. Wichtig ist, dass er im Gärgefäß völlig von Flüssigkeit bedeckt ist, notfalls kann man etwas Salzlake nachgießen. Auf die Masse wird ein ganzes Kohlblatt gelegt, darauf die mitgelieferten Gewichte (es geht auch ein Teller oder Stein), die alles unter der Oberfläche halten, fertig. Zwischen den Kohl kann man noch Gewürze wie Lorbeerblätter oder Wacholderbeeren packen. Oder Zwiebeln, Knoblauch, Dill, Ingwer, Chili, Gewürznelken.

Eine Woche bleibt der Topf in der warmen Küche, um den Gärprozess in Gang zu setzen, dann wandert er in den Keller oder wie in meinem Fall in den Gartenschuppen. In vier oder sechs Wochen werde ich zum ersten Mal probieren, was dabei herausgekommen ist.

Und im Zweifel gibt der Gärtopf eine schöne Bodenvase ab.

5. Oktober

Vieles, was ich derzeit tue, hat mit Aufbewahren und Haltbarmachen zu tun: Kräuter werden getrocknet, Zwiebeln zu einem Zopf geflochten, die letzten grünen Tomaten zu einem Chutney verkocht. Ich gucke den Eichhörnchen zu, die bei mir durch den Garten flitzen und Nüsse durch die Gegend schleppen, und tue es ihnen gleich. Zeit für Vorräte, *winter is coming*. Hoffentlich noch nicht so schnell, aber der Garten wird schon mal systematisch abgeerntet.

Dazu gehört auch das Sammeln von Saatgut. Aus einer der schönsten Tomaten der Sorte 'Black Zebra' habe ich die Samen geschabt, sie zwei Tage eingeweicht, um das glibbrige Zeug abzukriegen, sie einen Tag auf einem Stück Küchenpapier getrocknet und gerade mühevoll vom Papier abgepult. Ergebnis: 59 zukünftige Tomatenpflanzen für 2019.

Und der Entschluss, das nicht noch mal zu machen. Das Leben ist zu kurz, und ich werde hoffentlich immer das Geld haben, mir

25 Korn für 3,20 Euro zu kaufen. Immerhin, auf diese Weise habe ich 7,55 Euro gespart. Nur was mache ich mit 59 'Black Zebra'-Sämlingen? Klar, verschenken geht immer, eine Tauschbörse mit den Nachbarn wäre vielleicht nicht schlecht, ein Stand auf dem Wochenmarkt vielleicht, hm…

Wie so oft höre ich bei der Arbeit *Gardeners' Question Time*. Die letzte Frage der heutigen Ausgabe stellt Lynn Harrison aus Haslemere in Surrey: »Ich musste traurigerweise meinen Kater Yoda einschläfern lassen. Ich würde jetzt gern seine Asche als Dünger an seinem Lieblingsplatz verstreuen und suche nach Pflanzen, die ihm besonders gefallen haben würden und die möglichst lange blühen.«

Wie immer wird auch diese Frage von den Experten mit völliger Selbstverständlichkeit beantwortet.

»Die Magnolie 'Star Wars'. Eine Kreuzung aus *Magnolia campbellii* und *Magnolia liliifolia nigra*. Sie hat tellergroße rosa Blüten, und das über zwei Monate. Und blüht oft ein zweites Mal im Herbst.«

'Star Wars'? Ah, wegen Meister Yoda! Mein Groschen fällt heute etwas langsamer.

»Katzenminze. Katzen lieben den Geruch.«

»Zum Beispiel *Nepeta grandiflora* 'Summer Magic', eine ganz besonders schöne Katzenminze. Die blüht durch bis September.«

»Silberwein oder Matatabi, *Acitinidia polygama*. Katzen sind absolut verrückt danach, es ist wie Crack für sie.«

Die hätten noch ewig so weitermachen können, aber leider war die Sendezeit um. Und ich bin ein weiteres Mal verliebt in die Briten und in Experten und vor allem in britische Experten.

6. Oktober

Ich gucke anders, bilde ich mir ein. Ich sehe mehr als früher. Der Garten ist eine Wahrnehmungsschule, die sich auch jenseits des Zauns fortsetzt. Ich sehe Tierspuren im Wald. Spinnennetze. Ich sehe, wie der feine Flaum des Winterweizens auf dem Feld gegenüber jeden Tag einen Millimeter länger wird. Wie sich die Kühe gegenseitig zärtlich die Ohren lecken.

Was ich auch sehe: Müll am Strand. Chipstüten, Plastikflaschen, Einwickelpapier von Schokoriegeln. Weniger als im Sommer natürlich, aber immer noch genug, auch wenn kaum mehr Leute herkommen. Ich habe mir angewöhnt, alles aufzuheben und bis zur nächsten Mülltonne mitzunehmen, darüber denke ich nicht mal mehr nach.

Den Müll fremder Leute einsammeln? Ja, weil er mich ärgert. Wenn ich ihn liegen ließe, würde er mich morgen ein weiteres Mal ärgern, also beseitige ich ihn lieber gleich. Mir selbst zuliebe.

7. Oktober

Das neue Ei-Beet habe ich mit der Grabegabel gelockert, angesichts der verdichteten Erde ein Knochenjob von vier Stunden.

Fünf Schubkarren Mutterboden-Kompost-Gemisch darauf verteilt, fünf Kilo Oscorna-Bodenaktivator eingeharkt, den Himmel ein bisschen draufregnen lassen, das Beet für einen Tag in Ruhe gelassen. Die Regenwürmer mussten sich erst mal von dem Schock erholen.

In Ruhe gelassen habe ich auch die bestellten Stauden, die in sechs Kartons angeliefert wurden. Ich habe sie ausgepackt, vorsichtig von dem feuchten Packpapier und dem Heu befreit, in dem sie gelagert waren, sie in den Schatten gepackt und gewässert. Und erst mal ankommen lassen.

Aber heute sollten sie in die Erde. Inzwischen habe ich Routine im Einpflanzen: Die Töpfe werden auf der Fläche verteilt, die Abstände bedacht – *Phlox* elf Stück auf den Quadratmeter, *Agastache* und *Phlomis* vier, Storchschnabel zwei – und dann eingesetzt.

Mein neues Lieblingswerkzeug ist eine kleine Pflanzhacke, es geht doppelt so schnell wie mit einer Kelle. Mit ein, zwei Schlägen wird das Loch gehauen, Ballen rein, Erde mit der flachen Seite der Hacke wieder ranschieben, zack. Die Hacke hilft auch, wenn der Wurzelballen verfilzt ist. Ein paar gezielte Hiebe genügen, um das Geflecht aufzureißen: Das bisschen Brutalität hilft beim Anwachsen, denn lockere Wurzeln finden besseren Kontakt mit dem Erdreich und können sich schneller ausbreiten.

Ich habe das bei meinen ersten Pflanzungen nicht gewusst und mich dann gewundert, dass die frisch gesetzten Schätzchen vor sich hin mickerten. Eine kleine Zierkirsche vor dem Haus habe ich wieder ausgegraben und dabei festgestellt, dass sich das Wurzelwerk kaum ausgebreitet hatte, ich bekam den Ballen fast genau so wieder aus der Erde, wie ich ihn hineingesetzt hatte, in perfekter Topfform. Was auch daran gelegen haben mag, dass ich das Pflanzloch gerade mal so groß ausgehoben hatte, dass die Kirsche haarscharf hineinpasste.

Stets hatte ich lässig darüber hinweggelesen, wenn es in den Fachbüchern hieß: mindestens eineinhalbmal so breit und so tief wie der Topfballen. Weil ich die gärtnerische Ur-Hybris begangen habe: die fahrlässige Illusion »Bei mir doch nicht«. Für mich gelten die Regeln nicht, bei mir überlebt das Zeug bestimmt, mich verschont der Winter, die Nässe, überhaupt jedes Naturgesetz. Tja. Die lockere Erde rund um den Wurzelballen ist essentiell fürs Anwachsen. Jede Form von Um- und Einpflanzen ist für eine Pflanze eine Zumutung, da muss man ihr das Bettchen aufschütteln und es ihr so leicht wie möglich machen, sich am neuen Ort wohl zu fühlen. Pflanzen sind schließlich auch nur Menschen.

8. Oktober

Der Weltklimarat hat heute einen Sonderbericht veröffentlicht, eine Auswertung von 6000 Studien zum Thema Klimawandel. Demnach ist die notwendige Begrenzung der Erderwärmung auf 1,5 Grad zwar noch erreichbar – aber nur, wenn die Emission von Treibhausgasen bis 2030 um 45 Prozent unter das Niveau des Jahres 2010 absinke und spätestens 2050 netto auf Null gebracht werde.

Früher hätte ich bei solchen Nachrichten auf Durchzug gestellt: Nach mir die Sintflut, hätte ich gedacht. Jetzt denke ich: Vor mir die Sintflut. 2030, das sind nur noch 12 Jahre. Ich werde dann 70 sein, also noch sehr am Leben, wenn alles gut geht, und bis dahin zweifellos mehrere Dutzend weiterer warnender Studien gelesen haben. Die alle dasselbe sagen werden: Man hätte ungefähr vorgestern anfangen müssen, wie man seit vorvorvorgestern weiß.

Bislang sind die Durchschnittstemperaturen im Vergleich zur Zeit vor der Industrialisierung um ein Grad gestiegen, mit jedem Jahrzehnt sind es weitere 0,2 Grad. Würde man so weitermachen wie bisher, würde das zu einer Erwärmung um etwa drei Grad führen, was wiederum eine Steigung des Meeresspiegels an der Nordsee um fünf Meter, an der Ostsee um drei Meter zur Folge hätte.

Ich habe gerade eine interaktive Karte meiner Gegend angeguckt, auf der man die Auswirkungen der Erderwärmung besichtigen kann: Schon wenn das Meer einen Meter steigt, ist meine Hütte futsch. Die einzige Frage, die ich mir stelle: Werde ich es noch erleben oder nicht?

9. Oktober

Plötzlich ist es wieder so ruhig hier. Die Gartenbauer sind fertig, nach drei Wochen. Erst dauerte es ewig, am Ende ging es viel zu schnell. Heute haben Adrian und Alex in einer Gewaltaktion Randsteine geschnitten und eingepasst, Quarzsand eingefegt, die beiden Flächen abgerüttelt, zwei Sichtschutzwände aus Lärche eingebaut,

Muttererde geschaufelt und verteilt, Kies eingebaut, Rasen gesät und mit einer Walze angedrückt, nebenbei ohne Murren Sonderwünsche erfüllt (»Könnt ihr mir vielleicht mit den übriggebliebenen Steinen einen Weg zu meiner Komposttonne pflastern?«).

In der Mittagspause haben sie mir beigebracht, wie sie abends den Steinstaub aus der Haut kriegen (»Mit Babyöl einreiben, einwirken lassen, dann duschen«) und welche die beste Arbeitshose mit eingearbeiteten Kniepolstern ist (»Die von Engelbert Strauss. Ist aber nicht ganz billig«).

Es war eine lustige kleine Arbeits-WG. Morgens habe ich den Jungs Tee gekocht und eine Schüssel Melothria oder Tomaten hingestellt, ich habe ihnen beim Wuchten von Bordersteinen zugeguckt und sie mir beim Beetumgraben. Jeder ackerte so vor sich hin, und dann waren wir irgendwann durch.

Und jetzt bin ich auf Entzug, ich vermisse den Radau, das Chaos, die Vorläufigkeit und das Werden. Fertigsein ist kein erstrebenswerter Zustand im Garten, er ist wahrscheinlich noch nicht mal möglich.

10. Oktober

Ein weiterer Beweis, dass sich Blödsinn doch oft lohnt.

Anfang Juni hatte ich ja die Samen der Glockenrebe *Cobaea scandens* gesät, nur weil Monty so von ihr geschwärmt hatte. Viel

zu spät, das hätte man im Februar oder März auf der Fensterbank machen müssen. Ah pah. Im Juli habe ich die Sämlinge an ein Rankgerüst in meinem sonnigen Vorgarten gesetzt.

Und jetzt das: tatsächlich zwei Blüten, die sich innerhalb weniger Tage von weiß über hellviolett zu purpur färben, jeden Tag eine andere Schattierung.

Was für eine Show! Die Glockenrebe hat jetzt schon einen fest reservierten Platz in der Saatschale auf meiner Fensterbank im nächsten Februar.

12. Oktober

Wir stoßen auf die neuen Terrassen an, meine Nachbarn und die Gartenbauer. Mit Staropramen und Crémant und Flammkuchen und Käseschnecken und zwei Blätterteig-Tartes, die ich aus Frau

Schröders Äpfeln gebacken habe, und Brownies nach dem Rezept von Katharine Hepburn* und mitgebrachten Stühlen und drei durch den Garten tobenden Hunden und vielen Geschenken: selbstgemachtem Eierlikör, einem Johanniskraut und einer Pimpernelle, Samen für Stielmus, Riesenkürbis und Kap-Stachelbeeren, viel Wein und noch mehr Leckerli für Fiete. Ein glücklicher Spätnachmittag, der in einen glücklichen Abend übergeht. Genau für so was hat die Menschheit Terrassen erfunden.

*Katharine Hepburns Brownie-Rezept

120 g Butter

50 g ungesüßtes Kakaopulver

2 Eier

200 Gramm Zucker

2 Esslöffel Mehl

120 g gehackte Walnüsse

1 TL Vanille-Extrakt

1 Prise Salz

Butter in Topf mit Kakaopulver schmelzen und glatt rühren. Abkühlen lassen. Eier hineinschlagen und verrühren. Zucker, Mehl, Nüsse, Vanille und Salz zufügen. In eine gefettete eckige Form gießen (ca. 20 mal 20 cm), 35 bis 40 Minuten bei 160 Grad backen. Nicht zu fest werden lassen – »Don't overbake!«, warnte Hepburn –, die Brownies sollten weich und leicht klebrig sein. Abkühlen lassen, erst dann in kleine Quader schneiden.

13. Oktober

In der neuen Folge von *Gardeners' World* wird der Chefgärtner eines großen Privatanwesens nach seinem Lieblingsort im Garten gefragt. Eine eher sinnlose Frage, weil sich so was natürlich stetig ändert, je nach Jahreszeit und manchmal sogar nach Tageszeit. Seine Antwort: derzeit die Ecke mit den *Calamagrostis*, dem straff aufrechten Reitgras. »They are dying well«, sagt er, und das ist schön: auch dem Vergilben und Verwelken eine bewundernswerte Qualität abzugewinnen.

Meine Gräser beginnen auch langsam mit dem schönen Sterben. Einige Halme sind schon gelb, einige Ähren braun, ganze Ecken färben sich von grün zu keksfarben.

Wenn die Tage kürzer und die Nächte kühler werden, stellen die

Pflanzen das Wachstum ein und fahren die Photosynthese zurück. Das Chlorophyll wird aus den Blättern abgebaut und in den Ästen und Wurzeln eingelagert. Nun kommen die anderen Pigmente, die gelben Carotinoide und Xanthophylle und die roten Anthozyane zum Vorschein, die bis dahin vom grünen Chlorophyll überdeckt waren. Mit anderen Worten: Die Herbstfärbung steckte die ganze Zeit in den Blättern, nur eben nicht sichtbar. Das Sterben wohnte schon immer im Blatt.

Was aber immer noch unverdrossen die Illusion des endlosen Sommers aufrechterhält, sind die *Cosmos* in meinem Vorgarten.

Dieses Jahr habe ich zum ersten Mal die Sorte 'Cupcake' ausgesät, die mit ihren gerüschten Blütenschälchen irgendein lang verschüttetes Mädchen-Gen in mir freipräpariert. Das war auch die ganze Zeit da, nur eben nicht sichtbar. Die *Cosmos*-Kelche sind einfach nur entzückend, und die Bienen sehen das ähnlich. Nie war der deutsche Name der Blume, Schmuckkörbchen, verdienter als bei dieser Sorte.

18. Oktober

In den letzten beiden Jahren habe ich viele Dutzend *Allium*-Zwiebeln im hinteren Gartenteil vergraben, in diesem Jahr hat nur eine einzige davon geblüht. Was an den Wühlmäusen liegt, die dort am Waldrand toben und meinen Zierlauch als freundliche Winterfütterung betrachten.

So wie rechts sah es noch im letzten Jahr aus. Dieses Jahr: nada. Auch beim vorsichtigen Lockern des Beets fand ich keine einzige Zwiebel mehr.

Der Plan für die Neubepflanzung: die *Allium*, auf die ich nicht verzichten mag, zusammen mit Narzissen ins selbe Pflanzloch zu setzen. Wühlmäuse mögen keine Narzissen, ebenso wenig wie Schachbrettblumen und Kaiserkronen, deshalb hoffe ich, dass der Narzissenzwiebelgeruch sie so vergrault, dass sie die leckeren *Allium* gar nicht bemerken. Die duftende, sahnefarbene, gold-orange gefüllte *Narcissus* 'Manly' blüht im März/April, die *Allium* 'Purple Sensation' im Mai/Juni, die wechseln sich also schön ab, und über die absterbenden Blätter der beiden, die man nicht abschneiden darf, damit die Kraft wieder in die Knollen zieht, deckt die Waldschmiele gnädig ihren Neuaustrieb, um dann ihrerseits im Juni/Juli zu blühen.

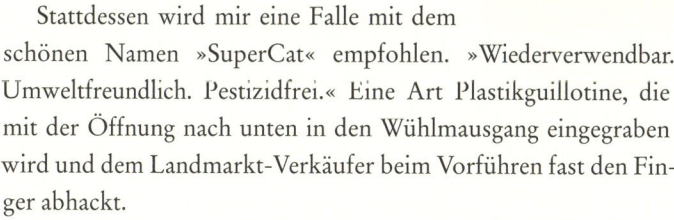

Top-Plan, fand ich. Trotzdem möchte ich was gegen die Wühlmäuse unternehmen. Im Landmarkt heißt es: Ja, da gebe es schon Giftköder, aber: »Haben Sie Haustiere?«

Ja. Und zwar eins, das selbst gern gräbt. Mist.

Stattdessen wird mir eine Falle mit dem schönen Namen »SuperCat« empfohlen. »Wiederverwendbar. Umweltfreundlich. Pestizidfrei.« Eine Art Plastikguillotine, die mit der Öffnung nach unten in den Wühlmausgang eingegraben wird und dem Landmarkt-Verkäufer beim Vorführen fast den Finger abhackt.

»Au!«

»Scheint zu funktionieren, packen Sie's ein.«

Alternativ gäbe es noch eine unterirdische Selbstschussanlage mit 50 Patronen – ach nee, lieber doch nicht.

20. Oktober

Katharina ist gekommen, und sofort scheint wieder die Sonne. Wir wollen das Gewächshaus streichen, rechtzeitig vor den angekündigten Herbststürmen, und zwar in demselben buchenstammfarbenen Modderton wie den Schuppen.

So gern ich allein vor mich hingrabe, so gern arbeite ich mit Katharina. Es geht doppelt so schnell, ist dreimal so lustig, wir bringen uns gegenseitig auf Stand, entwickeln wüste Pläne für Walters Räucherofenfundament und freuen uns über eine Kreuzspinne, die ihre Eier in einem hauchfein gesponnen goldgelben Kokon unter das Dach des Gewächshauses geklebt hat.

Es gibt wenige Frauen, die sich mit mir über Kreuzspinneneier freuen.

»Vorsichtig, nicht kaputt machen«, sagt sie, als ich den Kokon vor dem Streichen ablöse und über den Zaun in den Wald setze. »Ist es denen da drüben nicht zu nass?«

Spinnen sind bei mir im Haus und im Garten willkommen. Nützlinge sind sie sowieso, aber darüber hinaus finde ich sie absolut faszinierend. Ich liebe die Geschwindigkeit und Präzision, mit der sie ihre Netze spinnen, und die Netze liebe ich noch mehr: 20 Meter Seide, tausend Verknüpfungspunkte, nicht mal ein halbes Milligramm schwer, halten aber das 4000-fache ihres Gewichts. Mehr sogar, glaube ich: Ich habe im Sommer versehentlich ein Netz zwischen den Kartoffelpflanzsäcken mit einem harten Wasserstrahl bombardiert – es hielt völlig unbeschadet.

Wir streichen das Gewächshaus im Farbton »Helsingfors«, und darin ist ganz Skandinavien vereint: ein dänisches Häuschen in

einer Farbe, die den schwedischen Namen der finnischen Haupt-
stadt trägt – wenn das jetzt nicht salzwasser-, wind- und wetterfest
ist, weiß ich's auch nicht.

Hinterher setzen wir Narzissen- und Alliumzwiebeln wie geplant
in dieselben Pflanzlöcher, und Katharina sagt zu jeder Zwiebel:
»So, du kleine Allium, das hier ist dein neues Zuhause. Nun schlaf
schön und wachs gut an.« Ich rolle mit den Augen, aber habe mir
heimlich vorgenommen, im nächsten Jahr genau zu vergleichen,
welche der Beetseiten besser wächst, ihre linke oder meine rechte.

Abends trinken wir Bier, grillen Würste und essen die letzten
Stangenbohnen. Im Supermarkt hatten wir in einem akuten Anfall
von Nostalgie eine Blechdose *Quality Street* gekauft und debat-
tieren jetzt, ob *Hazelnut in Caramel* besser ist oder *Toffee Fudge*
oder *Orange Chocolate Crunch*. Dass es dieses Zeug, das schon
bei unseren Omas auf der Couchtisch-Häkeldecke stand, überhaupt
noch gibt, immer noch in derselben Blechdose, die Generationen
von Hamstern und Meerschweinchen als Sarg gedient hat! Und
das knisternde Einwickelpapier immer noch in diesen strahlenden
Juwelen-Tönen!

»Könnte man nicht eigentlich eine Gartenecke mit Blumen in
Quality-Street-Farben anlegen?« überlege ich. »Monty hat doch
auch einen *jewel garden*.«

Katharina lacht nur.

21. Oktober

Ich gucke die letzte Folge von *Gardeners' World* in diesem Jahr,
Monty verabschiedet sich bis zur nächsten Gartensaison, und mir
ist fast zum Heulen. Denn überall ist Schluss. Der Campingplatz
macht für den Winter dicht, der Besitzer vom Kiosk verabschiedet
sich in die Rente. Ich kaufe ihm noch einmal Brötchen ab und
schüttele ihm zum Abschied die Hand.

»Schade. Wo wir uns doch gerade erst kennenlernen.«

»Lag nicht an mir«, sagt er und grinst schief.

Auch Dieter macht seine Tauchschule bis zum Frühjahr zu. Die Ostsee hat jetzt nur noch zwölf Grad, da geht keiner mehr rein, auch nicht in Neopren. Er räumt seinen Campingstuhl mit dem Dschungelmuster nach hinten, schiebt sein Schlauchboot in die Halle, winkt noch mal. »Nächstes Jahr dann, ja?«

»Ja, nächstes Jahr.«

Nächstes Jahr hole ich alles nach, was ich in diesem Jahr nicht geschafft habe.

Denn dass es mit mir und dem Garten gerade erst angefangen hat, wird mir immer klarer. Ich habe es nicht mal in der Hand: Alles, was ich im Garten tue, jede Blume, die ich pflanze, weist in die Zukunft. Ich grabe ein Loch in die Erde, und dahinein setze ich Hoffnung, Erwartung, Zuversicht. Ich habe lange nichts getan, das so sehr nach vorn gerichtet war. Gärtnern ist, als ob man eine große Angel nach dem Morgen auswirft.

Aber es gibt auch einiges, das dann nicht mehr möglich sein wird. Mein Gartenheld Piet Oudolf hat nur noch in diesem Jahr seinen berühmten Garten Hummelo für Besucher geöffnet, die letzte Chance, ihn zu sehen. Den ganzen Sommer habe ich hin- und herüberlegt, wann und ob ich fahre, es sind fünf Stunden Autofahrt in die Niederlande. Aber dann hätte ich auch noch die Gärtnerei De Hessenhof besucht, den Garten Priona von Henk Gerritsen und den Garten von Mien Ruys und dann noch vielleicht … Zwei Tage Garten-Overkill, Schönheits-Overkill wären das gewesen – zu spät. Oudolf schließt die Pforten für immer. Ich hab's verbaselt. Zum Trost blättere ich in all den Büchern von ihm und über ihn, die bei mir herumliegen. Und beschließe, nächstes Jahr trotzdem zu fahren, die anderen Gärten sind ja immer noch da.

23. Oktober

Phänologischer Kalender: Auf den Speisekarten der Region stehen jetzt Fliederbeersuppe, Rübenmus, Mehlbüddel und Birnen, Bohnen & Speck. Die ersten Laternenumzüge werden angekündigt und das örtliche Mitteilungsblatt gibt Empfehlungen für Teilkaskoversicherungen, die nicht nur Unfälle mit Haarwild, sondern auch Tierschäden durch Fasane und Marder abdecken.

Und selbst der Maulwurf ist wieder da und schaufelt zwei bildschöne extragroße Erdhaufen auf den Rasen. Als ob er wüsste: Ab jetzt gehört der Garten wieder ihm, kein Rasenmäher wird ihn mehr stören.

Ich esse noch ein *Quality Street* und lege Hildegard Knef auf: »Wird Herbst da draußen, und in mir.«

25. Oktober

Ein Pfund Schlehen vom Wegrand gepflückt und über Nacht ins Tiefkühlfach gepackt, denn Schlehen brauchen Frost, um halbwegs erträglich zu schmecken. Eine Flasche guten Gin. Eine ordentliche Handvoll Kandiszucker. Alles in zwei große Weckgläser füllen, umrühren, mindestens vier Wochen abwarten, die Gläser alle paar Tage durchschütteln, am Ende den Likör durch einen Kaffeefilter abseihen, und fertig ist eine lange vergessene britische Spezialität, die gerade wiederentdeckt wird:  Sloe Gin. Fruchtig, mit feinem Mandelaroma von den Kernen. Zumindest theoretisch, im Advent weiß ich mehr.

Überhaupt fällt mir auf, dass ich nur noch Dinge ansetze – das Sauerkraut, diverse Chutneys, jetzt den Schlehenlikör –, deren Ergebnis ich erst in Wochen, wenn nicht Monaten vor mir habe. Dieses stets Zukunftsgerichtete des Gärtnerns hat längst auch auf mein Essen abgefärbt.

Heute Nacht werden die Uhren umgestellt, Sommerzeit wird zu Winterzeit, vielleicht zum letzten Mal, wenn es nach der EU-Kommission geht.

Aber vorher esse ich noch die allerletzten Tomaten, grün geerntet, als die Gartenbauer den Platz brauchten, und in einer Schale mit zwei Äpfeln nachgereift. Ende Oktober noch eigene Tomaten zu essen, damit hätte ich nie gerechnet.

28. Oktober

Meine Nachbarn Marianne und Werner stehen mit einer Schubkarre voller Pflanzen vor der Haustür. Sie brechen hier für dieses Jahr die Zelte ab, ob ich die Kübel übernehmen würde? Jasmin,

Wandelröschen, *Dipladenia*, Hibiskus, alle ausgesprochene Sensibelchen und kein bisschen winterhart, aber es ist einen Versuch wert. Ich freue mich an ihnen bis kurz vor Frost, dann kommen sie ins Gewächshaus zum Überwintern. Wahrscheinlich ist auch das zu kühl für sie, die empfindlichen Exoten wollen es am liebsten mindestens acht Grad warm haben. Aber wer weiß, wie warm oder kalt der Winter wird – zu schade zum Wegwerfen, wie Marianne es vorhatte, sind die Pflanzen auf jeden Fall. Und falls sie den Winter überleben sollten, wandern die Kübel im Frühjahr wieder zurück zu den beiden.

30. Oktober

Um zum Schuppen zu gelangen, muss man durch knöchelhoch liegende Blätter waten, der Ahorn im Wald nebenan wirft seinen Ballast über meinen Zaun. Was hochwillkommen ist, Ahornblätter ergeben den besten, fluffigsten Kompost, perfekte Blumenerde.

Laubkompost habe ich im ersten Jahr in einem großen Drahtkäfig gemacht, der mir aber zu viel Platz wegnahm. Genauso gut funktioniert es mit Jutesäcken oder schwarzen Müllsäcken, in die man mit der Mistgabel ein paar Löcher sticht (man kann auch auf links gedrehte leere Blumenerdesäcke verwenden). Die Blätter müssen feucht sein und werden fest in den Sack gestopft. Zubinden, in die Ecke stellen und vergessen. Nach einem halben Jahr hat man prima Mulch für die Beete, nach weiteren sechs Monaten feinkrümelige Erde.

Ich las eine faszinierende Studie über eine Art Volkszählung der Erde, eine Bestandsaufnahme der globalen Biomasse. Von den 550 Gigatonnen (= 550 000 000 000 000 Kilogramm) Kohlenstoff, aus denen das Leben auf diesem Planeten besteht, entfallen 450 Gigatonnen, also knapp 82 Prozent, auf Pflanzen. Es folgen mit weitem Abstand Bakterien mit 70 Gigatonnen und Pilze mit 12 Gigatonnen Kohlenstoff, den kleinsten Anteil haben Tiere mit zwei Gigatonnen. Die Hälfte davon, eine Gigatonne, belegen die Gliederfüßer wie Insekten, Krebse, Spinnentiere, 0,7 Gigatonnen entfallen auf Fische. Die gesamte Menschheit von derzeit 7,7 Milliarden Erdbewohnern bringt 0,06 Gigatonnen Kohlenstoff auf die Waage, genauso viel wie alle Termiten.

Pflanzen sind die großen Welterschaffer, sie vollbringen das alchemistische Wunder, aus Kohlenstoff, Sonnenlicht und Wasser neues Leben zu schaffen. Sie liefern die Existenzgrundlage für alles andere Leben auf Erden. Sie bilden aus CO_2 Sauerstoff und haben damit erst die Atmosphäre produziert, in der wir überhaupt überleben können, sie dienen als Futter für Menschen, Tiere und Kleinstlebewesen und als Wohnraum für ganze Ökosysteme. Die

Erde ist ein grüner Planet, wir anderen, Termiten wie Menschen, sind nur darauf zu Gast. Verzichtbar.

Die Einsicht, dass Pflanzen vom anthropozentrischen Weltbild systematisch unterschätzt wurden, hat sich in den letzten Jahren immer weiter verbreitet, nicht zuletzt durch Bestseller wie *Das geheime Leben der Bäume*, aber auch durch das faszinierende Buch *Die Wurzeln der Welt. Eine Philosophie der Pflanzen* des italienischen Philosophen Emanuele Coccia. Nicht nur bestimmen Pflanzen unsere Welt, wir Menschen bestehen vielmehr aus ihnen, schreibt er: »Unser Fleisch kommt direkt oder indirekt aus Pflanzen, deswegen darf man behaupten: Alles ist in allem. Unsere DNS ist ein Patchwork aus Neandertalern, Viren, Bakterien, allen Lebensformen, die wir durchmachen mussten, um Mensch zu werden. Manche unserer Gene stammen von Bakterien, vieles haben wir von Fischen und Affen geerbt. Das bedeutet nicht, dass es keine Unterschiede oder Trennung zwischen den Objekten gäbe, aber es gibt eine Verbindung zwischen allem.« Der Mensch teilt zu 99 Prozent die DNA einer Maus und zu 50 Prozent das Genom einer Banane. Was wir essen, verleiben wir uns in jeder Hinsicht des Wortes ein, wir verwandeln es uns an.

Daran musste ich denken, als ich heute zum ersten Mal feierlich die Entnahmeklappe meines britischen HotBin-Komposters öffnete. Seit März habe ich ihn befüllt mit Küchenabfällen, Teeblättern, Pflanzenabschnitten, Holzwolle, Rasenschnitt, Papierschnipseln, gelegentlich etwas Holzasche – mit sämtlichen Formen pflanzlicher Überbleibsel also. Jedes Mal habe ich gestaunt, dass immer noch Platz in der Tonne ist, obwohl ich doch schon so viel hineingefüllt hatte. Ein Fass ohne Boden, so schien es. Was daran liegt, dass hier eine andere Art von Alchemie passiert: Müll wird zu Gold.

Dabei war ich sicher, dass ich das Unternehmen Kompost ganz falsch angefangen hatte, denn das Thermometer im Deckel des Komposters zeigte selbst unter der prallen Sonne des Hochsommers nie die 60 Grad an, die eine gute Rotte haben sollte. Was am

Thermometer gelegen haben könnte, wahrscheinlicher aber daran, dass ich die Abfallschichten schlecht gemischt hatte.

Wenn ich jetzt die Klappe öffne, was kommt mir dann entgegen? Eine schleimige, stinkende Masse? Vorsichtshalber lege ich den Boden rund um die Tonne mit einer Abdeckplane aus.

Und dann: Überraschung, tatsächlich so was wie Kompost. Noch ziemlich grob – ich identifiziere Mangokerne, Eier- und Erdnussschalen, die noch nicht zerfallen sind –, aber eine gute Schubkarre Mulch habe ich doch rausgeschaufelt, den ich auf den Beeten verteilen werde und der sich dort weiter in Humus verwandeln wird. Und dadurch die nächste Generation Stauden und Gemüse ernähren wird, deren Reste im kommenden Jahr die Tonne füllen werden.

Selbstversorgung heißt eben auch, dass der Garten sich selbst versorgt. Mit meiner Hilfe, klar, aber ich bin ja auch der größte Profiteur des Kreislaufs.

31. Oktober

Meine Nachbarin Gudrun klingelt. »Ich beantrage Asyl.«

Hm?

»Werner und Marianne haben erzählt, dass du … Also ich hätte da einen Olivenbaum, einen Oleander und eine Hortensie.«

Alles klar. Mein Wintercamp füllt sich.

Der Oktober in Zahlen

Eingeweckte Gläser mit Tomatensauce, Chutney,
    Marmelade (aktueller Stand): 27
Davon echt leckeres Zeug, das garantiert
    gegessen wird: 8 Gläser
Angesetzter Sloe Gin: 5 Flaschen
Davon wird garantiert getrunken und keinesfalls
    verschenkt: 5 Flaschen
Wochen, bis Monty Don wieder in *Gardeners' World*
    zu sehen ist: 22 (reichen die 5 Flaschen Sloe Gin?)

Endspurt

NOVEMBER

Über ein Jahr, das nicht Schluss machen will.
Warum sollte es auch, da kommt ja noch
so viel: Es ziehen ein paar Bäume ein, endlich.
»Der beste Zeitpunkt, um einen Baum
zu pflanzen, war vor zwanzig Jahren.
Der zweitbeste ist jetzt«, wie das
chinesische Sprichwort sagt. Im Garten
wachsen jetzt Erinnerungen.

1. November

Milde 12 Grad, leichte Brise – und die Natur hat immer noch den Fuß auf dem Gaspedal. Wie jeden Tag bin ich morgens durch den Garten gegangen, um zu schauen, was noch blüht. Ergebnis:

Auch Kletter-Toni will sich noch nicht verabschieden, er schiebt ein paar Erdbeeren nach – siehe rechts.

Ich hätte das vorher nicht geglaubt: dass ein Jahr so lange dauern würde. Das betrifft nicht nur die Blütezeit, sondern überhaupt das Gefühl, dass dieses eines der längsten und erfülltesten Jahre seit meiner Weltreise war.

Das hängt natürlich in beiden Fällen damit zusammen, dass jeder Tag neue Sensationen brachte, oft mehrere hintereinander. Alles Erlebte war ein Erlebnis, der Beachtung und Erinnerung wert. Wenn Leute mit zunehmendem Alter darüber klagen, dass die Zeit so schnell verfliegt, liegt es an der Gleichförmigkeit der Tage, die einer wie der andere erscheinen und rasend schnell zu einer Woche, einem Monat, einem Jahr zusammenschnurren?

Mein Gartenjahr bestand gefühlt aus lauter besonderen Tagen. Jeder war etwas anders. An den einen habe ich schweißtreibend gehackt und geschaufelt, an anderen gesät, an wieder anderen umgetopft, ausgepflanzt, abgeerntet, ausgelichtet. Da war immer was zu tun, und zwar etwas Nützliches, Sinn-volles. Etwas, das mir total eingeleuchtet hat, und das ist, wie gesagt, bei Arbeit womöglich eher die Ausnahme. Sogar die Momente, die ich zur Routine zählen würde, füllten das Jahr auf immer neue Weise. Das Ritual des morgendlichen Rundgangs in meinen Back-doorshoes, so vertraut und unverzicht-bar wie der allmorgendliche Spaziergang am Meer, hat mir jeden Tag etwas Neues geschenkt. Hier entrollt sich ein Blatt, da entfaltet sich eine Blüte. Plötzlich ist da eine neue Fülle, eine andere Nuance, eine leichte Verfärbung. Selbst das Verblühen, das in den letzten Wochen zugenommen hat, die kleinen Abschiede habe ich sehr bewusst registriert.

Jeder Tag ist einzigartig. Und im Garten merkt man es.

2. November

Sie stand da, mächtig und mehrstämmig, auf dem Hof des Garten-centers, bestimmt 2,50 Meter hoch. Ihre roten Blätter strahlten in der Herbstsonne: eine Kupfer-Felsenbirne, *Amelanchier lamarckii*, die schönste ihrer Art.

Im Frühjahr treibt sie kupferfarben aus und hüllt sich in einen Mantel aus weißen Sternenblüten, im Sommer produziert sie ess-bare dunkle Beeren, die nach Marzipan schmecken, wenn man sie zu Marmelade verkocht, und im Herbst verfärbt sie sich über Gelb und Orange zu sanftem Karmesinrot. Sie ist frostfest, gedeiht in nahezu jedem Boden und muss nicht geschnitten werden. Der Name ist verdient, denn sie ist der Fels in der Brandung jedes Gartens – es gibt kaum einen dankbareren, zu allen Jahreszeiten interessanteren Strauch.

Und dieser hier sollte nur 149 Euro kosten, ein Spottpreis für eine Felsenbirne solcher Größe. Natürlich hatte ich zugeschlagen, wenngleich der Preis möglicherweise bedeutet, dass mit der Pflanze was nicht stimmt. Krank, die Wurzeln ringförmig gewachsen? Angesichts der Größe und des Gewichts war es unmöglich, das Monster aus dem Kübel zu wuchten, um mal nachzuschauen, wie ich es sonst gern tue, bevor ich etwas kaufe. Gartencenter sehen nicht gern, wenn man ihrer Ware unter die Motorhaube guckt, aber sie müssen ja auch nicht zuschauen.

Also ließ ich die Felsenbirne von drei ächzenden Männern auf einer Sackkarre in den Garten schieben, sie sollte Teil der neuen Blühsträucherhecke am Zaun zum Nachbarn werden, zusammen mit einem blutjungen Flieder, einem Perückenstrauch (*Cotinus coggygria* 'Golden Spirit'), dem bereits umgepflanzten alten Pfeifenstrauch, einem duftenden Winterschneeball (*Viburnum Bodnantense* 'Dawn') und einem gefüllten Schneeball (*Viburnum opulus* 'Roseum'). Der wurde von mir mit halb schlechtem Gewissen geordert, weil er für Insekten kein bisschen interessant ist. Aber wenn er doch so schön ist mit seinen weißen Blütenbällen! Der Rest der Hecke ist dafür dann untadelig ökologisch wertvoll.

Heute waren alle Neuzugänge komplett. Adrian und Alex kamen ein letztes Mal, um mir zu helfen, die Schwergewichte einzugraben.

»Viel Spaß beim Buddeln«, sagte ich, schon ahnend, was passieren würde. Die beiden schafften gerade mal eine Spatentiefe in den Boden, bis mein Lehm sich meldete. Nichts ging mehr, sie mussten fluchend (»So was hatten wir echt noch nicht«) den benzingetriebenen Erdbohrer vom Hänger holen, um mühsam Loch an Loch in den steinharten Grund zu drillen.

Anderthalb Stunden später: Die Felsenbirne steht, gefüttert mit

Mykorrhizapilzen zum Anwachsen, umgeben von einem Gießrand in der Größe einer Strandburg und flankiert von zwei immer noch gut gelaunten Gartenbauern.

Vor einigen Tagen hatte bei einem Besuch die Gartenredakteurin Elke von Radziewsky die Felsenbirne seufzend in ihrem Kübel betrachtet und gesagt: »Klar ist die zu allen Jahreszeiten schön. Allerdings ist sie deshalb eben auch allgegenwärtig, nahezu jeder Gartenarchitekt verwendet sie. Die Felsenbirne ist der Eames Chair unter den Sträuchern.« Pause. »Aber eine Alternative zu ihr fällt mir leider nicht ein.«

Und mir erst recht nicht.

3. November

Die Dinge schienen jahrzehntelang immer nur nach vorn zu gehen, in die Zukunft, so wie man es uns versprochen hatte. Dass der Weg zurückführen könnte, schien undenkbar. Aber jetzt: Vergangenheit, überall. Ein Auftritt in meinem alten Gymnasium zu irgendeinem Jubiläum, es roch wie früher, der Magen knotete sich wie früher, beim anschließenden Mittagessen in der Schulmensa die gleiche Beklommenheit, das gleiche nervöse Gewitzel wie früher. Der aktuelle Schulleiter hatte uns verdienten Ex-Schülern zum Dank für unseren Auftritt auf dem Podium die Originale unserer Abitur-Klausuren in die Hand gedrückt, die jetzt in unseren Taschen brannten. Gleich hineinschauen? Später, heimlich? Nie? Es fühlt sich seltsam verboten an, wie Betrug, auch wenn sie mir von berufener Hand überreicht wurden.

Ich habe die Arbeiten also erst mal liegen lassen. Die Deckblätter mit den Benotungen gelesen, kurz reingeblättert, aber schon meine Handschrift war mir fremd: Das M mache ich völlig anders, das W, das G, es ist, als ob eine fremde Person all das geschrieben hätte.

Und jetzt das: Mit meinen Eltern in einem Restaurant in Neumünster, am Nebentisch zwei ältere Damen. Eine schaut mich an und sagt: »Meike Winnemuth.« Nichts sonst.

»Kennen wir uns?« frage ich verwirrt.

»Schulz«, sagt sie nur.

Natürlich! Oh mein Gott! Frau Schulz, Gisela Schulz, meine Latein- und Gemeinschaftskundelehrerin. Die rote Gisela, so genannt wegen ihrer Haarfarbe und ihrer politischen Einstellung, beides gleichermaßen skandalös im stockkonservativen Neumünster.

Ich fand sie immer toll. Ihretwegen hätte ich fast Latein studiert. Es schien damals eine gute Idee zu sein, ohne dass ich gewusst hätte, was ich damit anfangen würde; Lehrerin wollte ich auf keinen Fall werden. Was wäre aus mir geworden, hätte ich es getan?

Sie saß da am Tisch und mit ihr all die Möglichkeiten, all die Verläufe, die mein Leben hätte nehmen können. Ich habe sie noch einmal nach der Schulzeit gesehen, am Anfang des Studiums, in einer Phase großer Verzweiflung. Es war eine Krise, wie man sie vielleicht nur mit 19 haben kann: eine existentielle, erkenntnistheoretische. Ich hatte Bertrand Russell gelesen und George Berkeley und ertrank plötzlich in einem Meer aus Zweifel: Ich fand alles anfechtbar, jede Wahrheit, sogar jede Wahrnehmung. Kann ich sicher sein, dass ich hier an diesem Tisch sitze, oder ist er vielleicht nur Einbildung? Gibt es überhaupt einen Beweis für die Existenz der Welt außerhalb meines Kopfes? Und falls ja: Wie kann ich sicher sein, dass ich sie richtig verstehe?

Ich brauchte jemanden, der mich aus meinem hysterischen Hirn befreite, also rief ich Frau Schulz an. Wir tranken Tee, sie hörte zu. Ich weiß nicht mehr genau, was sie gesagt hat, gelacht hat sie jedenfalls nicht. Ich weiß nur, dass ich danach weiterstudierte und weiterlebte und Tische nicht mehr so komisch anguckte.

Und jetzt sitzt sie da, 40 Jahre später, weißhaarig geworden. Die weiße Gisela.

Sie gibt mir ihre Karte, am Tag darauf schreibe ich ihr eine Mail, wir verabreden uns zum Teetrinken.

Und ich nehme zum ersten Mal die Abiklausur wieder in die Hand, es ging um Nationalsozialismus, Kollektivschuld, Texte von Karl Jaspers und Albert Speer, Moralkategorien. Auf das Deckblatt hatte sie mit ihrer zierlichen Schrift geschrieben: »Eine inhaltlich und stilistisch hervorragende Arbeit, die keine sachlichen Fehler und kaum Flüchtigkeiten enthält. In der Frage der Beurteilung Speers vertritt Meike eine für mich nicht akzeptable Meinung. Da aber die Problematik richtig erkannt ist und die persönliche Deutung sich der Beurteilung entzieht, kann ich die Arbeit durchaus mit ›sehr gut‹ bewerten.«

Mehr kann man von Lehrern nicht lernen, denke ich, als diese gelassene, wertschätzende Reaktion auf Andersdenkende.

Das und Tee.

5. November

Der Flieder, den wir vor ein paar Tagen an den Zaun gesetzt haben, ist kleiner als ich, jünger als ich und zugleich so viel größer und so viel älter. Er ist der Ableger eines Fliederbaums, der vor dem Haus meiner Großmutter stand. Mein Urgroßvater Karl, der das Haus 1905 gekauft hatte, hatte ihn gepflanzt. Dann nahm mein Vater einen Ableger davon mit, als er mit meiner Mutter in den Norden zog. Und von dem Strauch einen weiteren, als sie umzogen. Und bei allen weiteren Umzügen wieder einen neuen Ableger.

Und jetzt steht in meinem Garten ein Flieder der vierten Menschengeneration, aber zugleich der Ableger eines Ablegers eines Ablegers eines Ablegers eines Ablegers eines Ablegers, also der circa siebten Pflanzengeneration. Wenn nicht mehr, wer weiß, woher mein Urgroßvater den Flieder hatte und wie viele Wiedergeburten schon damals bereits hinter ihm lagen. Ich hoffe, er kommt hier gut an und wird sich verwurzeln.

Nicht nur anhand des Flieders stelle ich zunehmend fest, dass hier nicht nur Grünzeug wächst, sondern auch Erinnerung. Der Garten ist längst nicht mehr nur der Ort der Selbstverwirklichung und des persönlichen Geschmacks. Anfangs habe ich immer etwas gezuckt, wenn mir jemand eine Pflanze mitbrachte. Ich bekam eine Hosta geschenkt, eine Rose, eine Chrysantheme, eine Montbretie, eine Physalis, die ich zunächst alle in ihren Töpfen ließ. Es fühlte sich stets etwas übergriffig an, fast so, als ob mir jemand eine Hose oder einen Hut geschenkt hätte. Ich wollte nur Zeug, das ich mir persönlich ausgesucht hatte, das haargenau meinen Geschmackskriterien entsprach. Dies sollte mein Reich sein, es sollte keine anderen Gärtner neben mir haben.

Jetzt sehe ich es anders. Zu meinem Leben gehören eben nicht nur mein Geschmack (der ja ohnehin keine feste Größe ist, sondern sich ständig wandelt), sondern auch meine Familie und meine Freunde. Und die hinterlassen Spuren, im Leben wie im Garten, die tragen neue Impulse herein, Brüche, ungeplante Farbtupfer, Lebendigkeit. Und eben auch Erinnerungen.

Würde ich streng alles nicht persönlich Ausgesuchte ausschließen, wäre das eine Art geistiger Barock, der nur den eigenen Herrschaftsanspruch über dieses Stück Land demonstriert und zementiert. Kann man machen, klar. Wollte ich ja auch genau so machen am Anfang des Jahres. Mein Reich komme, mein Wille geschehe. Jetzt ist mein Wille, dass der Zaun durchlässig sei und der Garten Platz für vieles habe.

7. November

Zum ersten Mal seit Monaten ist mein Hamburger Kühlschrank wieder gefüllt, und das mit mehr als nur der irgendwann angebrochenen Flasche Weißwein und dem leicht verkrusteten Senfglas. Der Briefkasten ist ebenfalls voll: Der Nachsendeantrag, der mir acht Monate mehr oder weniger verlässlich die Post aufs Land geschickt hat, ist ausgelaufen; im Februar muss ich gedacht haben: Ende Oktober ist Schluss mit Garten, dann ziehe ich wieder in die Stadt. Jetzt bin ich nicht mehr so sicher.

Ich fühle mich seltsam fehl am Platz, fremder als sonst, wenn ich von einer längeren Reise heimkam. Ich muss das Schwimmen im Menschenstrom erst wieder lernen, das Navigieren durch die missgelaunte Menge, die sich Schulter an Schulter durch den Hauptbahnhof schiebt. Gott, sind das viele Leute hier!

Augen und Ohren müssen neu kalibriert werden, ich muss mich erst wieder darin üben, den Straßenlärm zu verdrängen und das wütende Hupen, die schlagenden Türen im Haus und meinen Nachbarn mit seinem schwierigen Musikgeschmack zu schwierigen Uhrzeiten.

Meine Straße hat sich wieder mal umsortiert in diesem Jahr. Sieben Restaurants haben dichtgemacht, fünf neu eröffnet. Smoothies und Pulled Pork sind offenbar out, vietnamesisches Streetfood und hawaiianische Poke Bowls dafür in, die normalen Gezeiten in einer Ausgehmeile mit hohen Mieten. Leute probieren was, es klappt nicht, sie geben auf, jemand anderes probiert was anderes. Die Stadt setzt sich ständig neue Gesichter auf, da bleibt kein Stein lange auf dem anderen.

Abends gehe ich mit einer Freundin ins Ballett, das Beethoven-Projekt von John Neumeier, und merke plötzlich, was mir gefehlt hat da draußen, auch wenn ich es überhaupt nicht vermisst habe: in einem Raum mit anderen Menschen dasselbe Entzücken am selben Kunstwerk zu fühlen, an menschengemachter Schönheit. Dasselbe Glück hatte ich zuletzt in der Eremitage empfunden.

Hinterher gehe ich zu Fuß nach Hause, von der Staatsoper über die Lombardsbrücke mit dem Blick auf die erleuchteten Kaufmannspaläste rund um die Binnenalster und auf die Fontäne, die in ihrer Mitte aufsteigt. Ich bleibe stehen und atme die Aussicht ein, so wie ich vorhin die Musik und den Tanz eingeatmet habe.

Das sind die glücklichen Momente. Aber sie müssen hier mehr erkämpft werden, die Nuggets müssen aus dem Schotter des Alltags gewaschen werden. Zur Staatsoper musste ich spurten, die Busstrecke war wegen einer Rechtsradikalen-Demo gesperrt. Und als ich in der Nacht mit dem Hund noch mal um den Block gehe, passiere ich zwei Dealer, die gerade ihre Alukügelchen auf dem Bürgersteig vor dem Kindergarten-Eingang sortieren. »Verpiss dich, Alte.«

Welcome back.

Ich bin durchlässig geworden im Garten, da sind ein paar Schutzschichten abgeschält worden, die mir hier erst wieder wachsen müssen. Wird schon gehen, da habe ich keine Zweifel. Die Frage ist nur, ob ich es überhaupt will. Welche Defensiven man in der Stadt aufbaut, um sie zu ertragen, in welche Rüstungen man sich da jeden Morgen wieder zwängen muss, das war mir vorher überhaupt nicht klar.

8. November

Ein kurzer Filmbeitrag in den *heute*-Nachrichten über frische Erdbeeren, gepflückt auf einem Feld in Hessen. Die Erklärung: Nach dem langen heißen Sommer seien die Pflanzen verwirrt. Das milde Herbstwetter halten sie nun für den Frühling.

Meine Güte, dieses durcheinandere Jahr.

Oder geht das schon länger so, und ich habe nur nicht hingeschaut? Es wird Zeichen gegeben haben, dass da was nicht stimmt mit unserer Welt, ich habe sie nur nicht registrieren wollen.

10. November

Nach drei Tagen Hamburg habe ich genug, mir geht das Getöse auf die Nerven. Die urbane Unruhe ist mir in die Glieder gefahren, ich werde selbst ganz hektisch hier. Lasse Dinge fallen, stoße mit Leuten zusammen.

Morgen, habe ich beschlossen, fahre ich zurück ans Meer, ich muss die Sache anscheinend langsam angehen. Die Stadt ist eine starke Substanz, die man langsam in den Körper einschleichen muss. Vorerst werde ich drei, vier Tage in Hamburg und vier, drei Tage an der See verbringen, so müsste es gehen.

11. November

Der Raum ist gut gefüllt, die meisten haben Stifte und Notizbücher vor sich auf dem Tisch: Das monatliche Treffen der Hamburger Regionalgruppe der »Gesellschaft der Staudenfreunde« ist kein Plauderstündchen, sondern ein Seminar. Die Vortragende: Annemarie Eskuche, Staudenzüchterin, Spezialistin für *Epimedium*, *Geranium*, *Bergenia*. Und genau darüber hält sie einen Lichtbildvortrag.

Hätte man mir vor einem Jahr gesagt, dass ich eines Tages meinen Sonntagmorgen als Staudenfreund-Mitglied Nummer 11229 damit verbringen würde, Fotos von fünfzig verschiedenen Storch-schnabel-Sorten anzugucken, hätte ich nur gelacht. Und jetzt kritzele ich eifrig in mein Notizbuch (denn selbstverständlich habe ich auch eines mitgebracht): »*Geranium* 'Anne Thomson' – wüchsiger als 'Ann Folkard' (Mist, Folkard habe ich schon gepflanzt). *Geranium psilostemon* 'Kolchis': selten.«

Als *Geranium* 'Rozanne' im Foto auftaucht, sagt Annemarie Eskuche: »Dazu muss ich ja nichts sagen«, aus dem Auditorium nur ein kurzes kollektives Aufstöhnen. Oh. Anscheinend nicht sehr beliebt in diesen Kreisen, vermutlich weil sie außerhalb dieser Kreise viel zu beliebt ist. Einige in der Gruppe sind wie ich auffällig still. Lektion des Tages: Es gibt so etwas wie Storchschnabel-Snobismus.

Ein Zettel mit der Voranmeldung zu einer fünftägigen Gartenreise nach Holland im nächsten Juni geht herum, als er mich erreicht, haben sich schon 20 Leute eingetragen. Ich setze meinen Namen auf die Liste. Hätte man mir vor einem Jahr gesagt, dass ich eines Tages … und so weiter.

Später geht es um den einjährigen Knöterich *Polygonum orientale*, in England wegen seiner bogigen Blütenähren »Kiss me over the garden gate« genannt. Gleich drei Mitglieder haben Samen davon, eine Frau sagt: »Wenn ich dran denke, bringe ich beim nächsten Mal welche mit.« Die große Gartengemeinschaft mal wieder.

Neben mir sitzt ein zweites Neumitglied, wir kommen schnell ins Gespräch, erst über unsere Hunde, dann über unsere Gärten. Was hat ihn hierhergetrieben?

»Ich konnte mich mit niemandem über den Garten unterhalten«, sagt er und lacht.

Ich nicke. Das kenne ich gut. Man kommt sich etwas verschroben vor, wenn man ernsthaft an den Vorzügen von 'Anne Thomson' gegenüber 'Ann Folkard' interessiert ist, und bislang hatte ich mich immer instinktiv an die Briten gehalten, Weltmeister der

Verschrobenheit nicht nur in botanischen Fragen. Wie sich jetzt herausstellt, muss ich mich auch hier nur vor der eigenen Tür umschauen.

16. November

»Sag mal, deine Paprika im Gewächshaus, sind die inzwischen rot geworden?«, fragt meine Mutter unvermittelt.

Ich bin für einen Moment stumm.

»Nein. Immer noch grün. Es ist wahrscheinlich inzwischen zu kalt für sie, um noch nachzureifen.«

»Ah.«

Das sind so Telefonate, die man führt, wenn man eigentlich über was anderes, viel Wichtigeres sprechen müsste. Über Angst. Über Krankheit. Über Verlust.

Mein Vater hat katastrophale Nierenwerte, er muss vermutlich eine Dialysebehandlung beginnen. Die er nicht will, weil es bedeutet, dass er bis ans Lebensende dreimal wöchentlich vier bis fünf Stunden von einer Maschine sein Blut durchspülen lassen muss. Nächste Woche gehen wir zusammen zum Nephrologen, weitere Untersuchungen werden folgen, dann eine Entscheidung. Eine über Leben und Tod, wenn er bei seinem Entschluss bleibt.

All das steht im Raum, über all das schweigen wir. Stattdessen reden wir über Paprika.

Als ich zum ersten Mal von der Niere erfuhr, ging ich in den Garten. Grub Zwiebeln ein, harkte Laub, pflanzte Efeu und Eisenhut an den Zaun und fünf wurzelnackte Rosmarinweiden in abgeerntete Kartoffelsäcke, weil ich nicht wusste, wohin mit ihnen. »Einschlagen« nennt man das, wenn ein Baum noch nicht seinen endgültigen Bestimmungsort gefunden hat, man baut ihm ein Zwischenlager in der Erde, damit die feinen Haarwurzeln nicht austrocknen. Erst mal am Leben halten, später entscheiden. Mit jedem Spatenstich begrub ich meinen Kummer tiefer.

Es wird viel um das Einschlagen gehen in den nächsten Monaten. Um Zwischenlösungen, kleine Schritte, Vertagen von endgültigen Entscheidungen.

Aber erst mal am Leben halten.

17. November

Ich denke immer noch über meinen Vater nach, natürlich tue ich das. Er ist oft gestürzt in letzter Zeit, jedesmal wie ein gefällter Baum, unabgebremst. Mal musste die Lippe genäht werden und mal die gebrochene Nase gerichtet, ich war mit ihm nachts um vier in der Notaufnahme, in der Chirurgie habe ich beim Nähen seine Hände gehalten. »Scheiße«, sagt er dann immer. »Scheiße.« Mehr ist dazu auch nicht zu sagen.

Kräfte lassen nach, Müdigkeit nimmt zu. Er geht sehr pragmatisch mit der Situation um. »An irgendwas muss ich ja sterben«, sagt er trocken, und dass es einigermaßen egal sei, ob mit 97 oder 94 oder 92. Die meisten Freunde sind tot, alle seine Geschwister auch, dabei war er der Älteste. Er ist ein zähes Biest.

Ich weiß nicht, ob es stimmt, aber ich empfinde es so: Ohne Garten würde ich nicht so gefasst mit der Situation umgehen. Wenn man so intensiv mit dem Werden und unausweichlichen Vergehen beschäftigt ist wie ich in diesem Jahr, mit Gedeih und Verderb, dann versöhnt es mit der Idee, dass der Tod Teil des Lebens ist. Der Garten ist ein tröstlicher Beistand. Ein Seelsorger. Morgens gehe ich jetzt immer als erstes zu dem kleinen Flieder und schaue, ob es ihm gut geht. Und ob man schon Knospen sieht. Im Kopf eine meiner Lieblingszeilen des Dichters

Robert Frost: »Alles, was ich über das Leben gelernt habe, kann ich in drei Worten zusammenfassen: Es geht weiter.«

19. November

Den Garten winterfest zu machen, das ist ein kontinuierlicher Prozess. Die Sensibelchen stehen bereits eng aneinandergedrängt und in Noppenfolie gehüllt im Gewächshaus, die Jungpflanzen sind abgedeckt, die Hochbeete abgeerntet, die letzten Bohnen und Melothria gepflückt, ihre Ranken von den Bambusgerüsten entfernt.

Die Klettergerüste habe ich ebenfalls aus den Beeten gezogen, denn nächstes Jahr werden Bohnen und Erbsen ein Beet weiter ziehen. Ich werde mich nicht sklavisch an die sogenannte Fruchtfolge halten, der zufolge man zur Vermeidung von Krankheiten nie zweimal Dasselbe in dasselbe Beet pflanzen darf, aber in einigen Fällen spielt das Gemüse Reise nach Jerusalem. Schwachzehrer wie Erbsen und Bohnen zum Beispiel laugen den Boden nicht übermäßig aus, sie reichern ihn sogar mit Stickstoff an, wenn man die Wurzeln über Winter im Boden verrotten lässt. Im nächsten Jahr können in das alte Bohnenbeet Mittelzehrer wie Fenchel, Knoblauch oder Möhren einziehen, die wiederum Platz für supergefräßige Starkzehrer wie Kohl, Rhabarber, Artischocke und Kürbis machen. Aber allzu ernst nehme ich die Sache nicht, nach einem Jahr ist der Boden in allen Beeten noch gut, denke ich. Lediglich die Tomaten werden neue Erde bekommen, vielleicht setze ich sie nach den guten Erfahrungen auch gleich in Blumenerdesäcke.

Ein paar Kohlrabi lasse ich noch im Hochbeet, außerdem Mizuna, Tatsoi, Mangold, violettroten Radicchio di Treviso und Porree, alle angeblich winterhart. Drei Köpfe Blumenkohl bleiben ebenfalls so lange wie möglich stehen, was ihnen optisch nicht sonderlich guttut, doch dem Geschmack bislang nicht geschadet hat.

Aber ich bin immer noch nicht fertig mit dem Garten. Weil ich nicht die Tür schließen mag hinter diesem Jahr. Da sind immer noch ein paar Zwiebeln, die nicht gesetzt sind, obwohl ich es längst hätte tun können. Ich schiebe es hinaus, so wie man sich bei einem guten 800-seitigen Buch ab Seite 750 die Lektüre einteilt, damit sie nicht endet.

20. November

Montys Glockenrebe schickt noch eine letzte Blüte ans Licht und streckt mir ihre gelbe Staubgefäß-Zunge heraus. Ich muss immer lachen, wenn ich an ihr vorbeikomme. Die mag auch nicht aufhören.

In einem meiner Lieblings-Podcasts, *Fresh Air* des US-Radiosenders NPR, höre ich ein Interview mit dem amerikanischen Biologen Rob Dunn. Er hat ein Buch geschrieben über all die Lebewesen, die in unseren Häusern wohnen, ohne dass wir das mitbekommen: Mikroorganismen, Pilze, millimeterkleine Insekten. Jede Socke, jedes Kissen, jede Gabel ist ein Biom, so Dunn. Es gebe Mikroben in unseren Wasserkochern, die locker die Hitze des kochenden Wassers wegstecken, erzählt er mit der Begeisterung eines Forschers, und was mir noch vor einem Jahr einen Schauer über den Rücken gejagt hätte, finde ich jetzt nicht nur unendlich faszinierend, sondern sogar ermutigend. Das Leben findet immer einen Weg.

Von den Kleinstlebewesen, mit denen wir unsere Häuser teilen, wissen wir fast nichts, weil niemand sich je die Mühe gemacht hat, sie systematisch zu erforschen, sagt Dunn. Dabei, so glaubt er, stecke großes Potential in unseren Mitbewohnern. Das Heimchen zum Beispiel trage fünf Bakterien in sich, die den Abfall der Papierindustrie entsorgen könnten. Es gebe Ameisen, die Antibiotika entwickeln. »Wir wissen gar nicht, was uns umgibt und wie uns das helfen könnte«, sagt Dunn. »Wir müssen anfangen hinzusehen. So wie wir uns in unseren Häusern abkapseln, so kapseln wir uns von der Natur im Allgemeinen ab. Wir wissen noch gar nicht, wie sehr sie helfen kann, unsere Probleme zu lösen.«

Ich war nicht ein einziges Mal krank in diesem Jahr. Keine Erkältung, keine Grippe, nichts. Ich bin die ganze Zeit durch den Dreck gerobbt, war im Frühjahr oft genug verschwitzt und durchgefroren zugleich. Mein Haus war voll Erde und Blätter, hereingetragen oder hereingeweht. Oft war ich abends einfach zu müde, um sauber zu machen. Wenn es zu sehr knirschte, ja, dann vielleicht.

Rob Dunn sagt, dass Kinder in Haushalten mit Hunden seltener krank sind. Die Erde an deren Pfoten würde schon genügen, um das Immunsystem zu stärken. Die Erde an meinen Pfoten hat anscheinend auch genügt.

21. November

Vor ein paar Tagen hatte es geregnet, dann hatten wir drei Tage pralle Sonne: Heute ist also der perfekte Tag für die Ernte – von Seegras. Im Sommer wächst es in einer Tiefe von bis zu 14 Metern auf dem Meeresboden, im Herbst stirbt es ab und wird an die Ufer geschwemmt. Dort wurde es bislang mit Baggern abtransportiert und entsorgt – bis einige Leute auf die Idee kamen, dieses wertvolle alte Material wieder zu dem zu machen, was es bis in die fünfziger Jahre an der Küste war: Polster- und Dämmstoff.

Früher wurden damit Wände abgedichtet und Matratzen ausgestopft, meine Nachbarin Edeltraut hat als Kind noch auf Seegras geschlafen, erinnert sie sich. Seegras ist schimmelresistent und antiallergen, hat eine hervorragende Ökobilanz und fantastische Dämmwerte – und es brennt nicht, genau wegen dieser guten Eigenschaft wird es als Sondermüll behandelt. Anders als die heute üblichen synthetischen Dämmstoffe trocknet es sogar nach Feuchtigkeitsschäden schnell wieder ab und verliert auch dann seine

Qualitäten nicht. In Dänemark wurde es lange anstelle von Reet für Dächer genutzt, auf der Insel Læsø stehen heute noch zwanzig Häuser mit Seegrasdach. Und sogar das Rockefeller Center in New York, erbaut in den Dreißigerjahren, ist mit Seegras isoliert.

Ich habe zwei Schubkarren davon vom Strand geholt, ich will es als Mulch auf den Beeten mit den kälteempfindlichen Jungpflanzen nutzen, besonders für das junge Japanwaldgras, das eigentlich lieber im Frühjahr gepflanzt werden will, es braucht seine Zeit zum Einwurzeln. Durch den Regen müsste das Salz einigermaßen vom Seegras abgewaschen sein, es ist jetzt gut durchgetrocknet und duftet leicht nach Heu. Keine Ahnung, ob es funktioniert, vielleicht ist der Salzgehalt trotz Regenwäsche immer noch zu hoch und schadet so den jungen Pflanzen. Ein weiterer Versuch, wir werden sehen. Im Frühjahr bin ich klüger.

Der November in Zahlen

Neuangelegte Beete, dieses Jahr: 70 Quadratmeter
Jungpflanzen, gesetzt: 216
Davon Bäume und Sträucher: 9
Blumenzwiebeln, vergraben: 650
Zufriedenheit: ☺☺☺☺☺☺☺☺☺

Die große Stille

DEZEMBER

Der Garten schläft. Und man sollte ihn schlafen lassen, auch wenn es schwer fällt. Aber die längsten Nächte liegen bald hinter uns, und dann geht alles von vorn los. Genau wie im alten Jahr und doch ganz anders. Was natürlich auch damit zusammenhängt, dass ein Jahr Gärtnern nicht nur den Garten, sondern auch die Gärtnerin verändert hat.

1. Dezember

Ich habe mehrere Garten-Newsletter abonniert, die mir jeden Monat mitteilen, was zu erledigen ist. Eben kam einer für Dezember, der folgende To-dos auflistet:

Barbarazweige für Weihnachten schneiden. Vögel füttern. Eingelagertes Obst kontrollieren. Werkzeug säubern und einräumen. Saatgut für die kommende Saison auswählen. Kübelpflanzen vor Frost schützen.

Das war's. Und das ist, selbst wenn man sich sehr viel Zeit lässt, an einem bummeligen Wochenende erledigt. Der Dezember ist also frei, es gibt ernsthaft nichts mehr zu tun. Selbst in den Gartenzeitschriften geht es nur um Bratäpfelrezepte und Tannenzweiggestecke, da herrscht die pure Verzweiflung.

Also: Obst im Schuppen ist okay – check. Vögel versorgen sich noch selbst, es ist zu warm – check. Kübelpflanzen sind bereits eingeräumt – check. Werkzeug … okay, Werkzeug wäre wirklich mal dran. Mein Werkzeug sieht schlimm aus, besonders die Gartenscheren, meine geliebte Felco 2 und die zierliche japanische Blumenschere Okatsune 304, die so scharf wie rostanfällig ist.

Eigentlich sollte man nach jeder Benutzung den Pflanzensaft von den Klingen wischen, aber wer macht das schon? Dafür ist der Dezember erfunden worden: für das Auseinanderpfriemeln der Scheren, das Putzen mit Elsterglanz, das Schleifen mit einem Belgischen Brocken, das Ölen mit Kriechöl – lauter Empfehlungen von Leuten, die es besser wissen als ich.

Das Putzen der Spaten, Gabeln und Hauen macht mich fast sentimental. All die Geräte, die mir das ganze Jahr lang zur Hand gegangen sind, die ich oft achtlos im Beet liegen ließ – jetzt schicke ich sie frisch geduscht und gesalbt in den Winterschlaf.

Die Scheren werde ich vermutlich erst Ende Februar wieder brauchen, wenn ich die Stauden vor dem Neuaustrieb herunterschneide. Die Spaten und die Wiedehopfhaue dürfen noch weiterschlafen bis März, dann will ich bei frostfreiem Boden die Hortensien vor dem Haus ausgraben und in den Halbschatten versetzen, da werden sie sich wohler fühlen.

Vorher   Nachher

Ich putze und plane. Ich sehe mich jetzt schon mit den blitzenden Geräten wieder loslegen. Also die Hortensien nach rechts vor die Zypressen, an ihre Stelle vielleicht noch mehr Buschmalven *Lavatera* 'Barnsley' zu den fünf, die ich dieses Jahr gepflanzt habe? Die haben von Juli bis November durchgeblüht und werden toll aussehen vor verwittertem Grau, der Farbe, in der ich im Frühjahr mein Haus streichen will.

Die Wiedehopfhaue brauche ich dann für das hintere Beet, das soll noch etwas größer werden. Vielleicht die Rutenhirse raus und in die Grasinsel setzen, dafür Hohen Beinwell rein? Und vielleicht neben den Strandflieder ein paar blaublühende Austernpflanzen, die angeblich wirklich nach Austern schmecken sollen? Ach nee, die brauchen sandigen Boden, besser in einen Kübel. Als Einjährige auf jeden Fall Vogeläuglein, Muschel-

blume, Blaudolde, Acker-Rittersporn, Rapunzel-Glockenblume …
Und an den neuen Sichtschutz neben der Terrasse eine duftende
Clematis armandii oder eine Lonicera fragrantissima? Überhaupt
viel mehr Duftpflanzen überall. Nachtviolen? Und auf jeden Fall
einen weiteren Monty-Liebling, die orangeglühende mexikanische Sonnenblume *Tithonia rotundifolia*. Und zum Essen Knol-
len-Ziest. Und an den Zaun *Helianthus microcephalus* 'Lemon
Queen'. Und vielleicht das Dach des Schuppens mit *Sedum*
begrünen. Und …

Ich putze und träume.

2. Dezember

Was ich gelernt habe in diesem Jahr: sehr dankbar all die
Geschenke einzusammeln, die draußen für mich bereitliegen. Die

Brombeeren aus dem Wald und
die Schlehen aus den Hecken am
Feldrand, das angeschwemmte
Seegras, Steine und Hühnergötter vom Strand und die Fichten-
zapfen, die ich heute von einem
Spaziergang mitgebracht habe.
Ich verbringe jetzt mehr Zeit
drinnen, und ein bisschen Draußen muss immer heim mit mir
ins Warme.

3. Dezember

Wieder in der Stadt.

Wenn ich mit dem Hund morgens an die Alster gehe, nehme ich die Abkürzung durch einen Hinterhof. Im ersten Stock über einer Toreinfahrt ist um die Zeit schon Licht in der Küche, und fast immer sehe ich den älteren Bewohner mit dem Rücken zum Fenster die Zeitung lesen. Manchmal steht er an der Spüle; wenn er mich sieht, winkt er mir zu und ich winke zurück.

Ich weiß seinen Namen nicht, sonst hätte ich längst schon geklingelt und ihm gesagt, wie sehr ich mich über ihn freue. Über die orangerote Küche mit den vielen Bildern an den Wänden, über das Wohnzimmer daneben mit den deckenhohen Bücherregalen und dem Kronleuchter. Aber am meisten über sein Fensterbrett, das mir den Verlauf der Jahreszeiten anzeigt wie wenig sonst in der Stadt. Die Hyazinthen im März, die Osterdekoration, dann die Kräutertöpfe im Sommer und irgendwann, nämlich jetzt, die Weihnachtsdekoration, die er natürlich erst zum 1. Advent herausholt, wie sich das gehört. Alle Jahre wieder steht der hölzerne Elch in der roten Jacke am Fenster, und darüber hängt ein Herrnhuter Stern.

Ich komme langsam in der Stadt an, ich bemerke wieder das Liebgewonnene. Die Menschen, die das Leben hier mit mir teilen, auf distanziert vertraute Weise. Den Buchhändler an der Ecke, der vor dem Laden raucht. Den Marktmeister vom Öko-Wochenmarkt, der uns immer mit »Na, ihr beiden?« begrüßt und dann ein Leckerli für Fiete aus seinem Auto holt. Und dann all die namenlosen Bekannten auf der Straße, denen man zunickt, der Mann mit den drei hinkenden Hunden, der alte Herr am Vierländer Blumenstand.

Man kennt sich nicht, aber man erkennt sich wieder, und das ist ja schon mal was.

Abends schaue ich meine Fotos durch, die Jahreszeiten rauschen im Schnelldurchgang an mir vorbei. Es ist eigentlich paradox, dass ich im Jahr meiner Sesshaftwerdung die größte Bewegung empfunden habe. Der Garten hat sich von Tag zu Tag verändert, da war unaufhaltsamer Flow. Mich hat das zwischendurch fast verrückt gemacht, dass ich ihn nicht festhalten konnte. Jetzt ist er am schönsten! Nein, jetzt! Nein, jetzt! Sinnlos: Ein Garten lässt sich nicht konservieren, es gibt keinen perfekten Zeitpunkt für ihn, keinen Moment der Vollendung. Ich habe alle paar Tage fotografiert, und wenn ich mir jetzt die Bilder anschaue, kann ich nicht sagen, wann es am besten war. Immer anders. Dadurch schön.

Gelernt habe ich dabei vor allem die Schönheit des Vergehens. Die gefiederten Ähren des Plattährengrases und die kugelig-stachligen Samenstände des chinesischen Süßholzes schaue ich mir lieber an als die schönsten Blüten. Länger sowieso, sie bleiben stehen bis zum Neuaustrieb im März.

5. Dezember

Das Bundesamt für Naturschutz meldet, dass in Deutschland fast ein Drittel der heimischen Wildpflanzen auf der Roten Liste gefährdeter Arten stehen. Ein Drittel! Gründe sind bekannt: Überdüngung in der Landwirtschaft, Schadstoffe in der Luft.

Es gab ein paar zu viele Meldungen dieser Art im vergangenen Jahr. Bislang habe ich mir eingebildet, es genüge, vor der eigenen Haustür zu kehren und den eigenen Garten giftfrei und insektenfreundlich anzulegen. Schlecht ist das nicht, aber es ist nicht genug. Niemand rettet die Welt in seinem Garten.

So sehr ich es gebraucht hatte, mich ein Jahr lang zu vergraben und die bekloppte Welt zur Abwechslung mal leise köchelnd auf die hintere Herdplatte zu schieben, so sehr treibt es mich jetzt zurück in die Zivilisation oder das, was von ihr übrig ist. Auch da gibt es genug zu beackern.

Im Garten lernt man das, was die Psychologen Selbstwirksamkeit nennen. Das Gefühl, sein Leben selbst in der Hand zu haben. Die Zuversicht, dass man die Dinge aus eigener Kraft bewältigt: *Yes, I can.* Die Tragödie der Moderne ist, dass einem dieses Zutrauen immer mehr abhanden kommt. Stattdessen das hilflose Gefühl, dass man trotz aller Optionen und Freiheiten immer weniger machen kann und immer mehr mitmachen muss.

Dagegen hilft ein Garten. Bei mir jedenfalls, vielleicht funktioniert es nicht bei jedem.

Aber der Garten ist kein Selbstzweck. Vielmehr ist er ein Sanatorium, ein zivilisatorisches Genesungswerk, das einen gestärkt entlässt. Eine Krafttankstelle, an die man jederzeit zurückkehren kann.

Mein Plan für das nächste Jahr ist, wieder ein bisschen mehr mitzuspielen in der Welt da draußen. Nützlich zu werden. Denn bei aller Liebe zum Gärtnern: Wenn das Leben zu sehr um die eigene Scholle und den eigenen Bauchnabel kreist, dann ist das einfach nicht genug. Als erstes will ich mich zur Ersthelferin ausbilden lassen, weil ich im Falle eines Falles zupacken können möchte. Ich habe in diesem Jahr eine wachsende Ungeduld gespürt, wann immer sich ein Gefühl der Ohnmacht einstellte. Aber daran lässt sich was ändern. Wie »Die Ärzte« singen: »Es ist nicht deine Schuld, dass die Welt ist, wie sie ist. Es wär nur deine Schuld, wenn sie so bleibt.«

Und es wäre auch meine Schuld, wenn ich so bliebe. Um den Autopionier Henry Ford zu zitieren: »Wer immer tut, was er schon kann, bleibt immer das, was er schon ist.«

Deshalb werde ich ab Januar für die nächsten fünf Jahre Schöffin, Laienrichterin. Bei jedem Prozess kommen neben dem Berufsrichter auch zwei Schöffen zum Einsatz, die ohne Vorkenntnisse, aber mit gesundem Menschenverstand und Gerechtigkeitsgefühl urteilen sollen. Als ich hörte, dass in Hamburg für die nächste Amtsperiode von 2019 bis 2023 Laienrichter gesucht werden, habe ich mich im Herbst spontan beworben. Mich haben schon immer die Regeln interessiert, die Menschen sich geben, und das, was nach der Kollision mit der Realität davon übrigbleibt. Für ein Jurastudium ist es ein bisschen spät, deshalb diese Variante. Schöffen werden normalerweise, wenn sich nicht genügend Leute zur Verfügung stellen, von den örtlichen Verwaltungen per Zufallswahl bestimmt, gegen das Amt kann man sich kaum wehren. Es kann jeden zwischen 25 und 69 treffen, der nicht im Justizvollzug arbeitet oder Vorstrafen hat. In meinem Fall war es freiwillig, weil ich einfach mehr Verantwortung übernehmen möchte, und ich freue mich, dass es geklappt hat. Das nächste Abenteuer steht bevor.

Denn Selbstwirksamkeit funktioniert auch in der Gemeinschaft: Es gibt genug zu tun, und in meinem Garten ist mir die Lust darauf gewachsen. Dieses Jahr war ein Rückzug, aber auch ein Anlauf, ein Schwungholen. Ein paar Schritte zurück für ein neues Voran.

Es ist wie bei einem Flugunglück: Man muss sich zuerst selbst die Sauerstoffmaske aufsetzen, bevor man anderen helfen kann.

7. Dezember

Wieder auf dem Land.

Eigentlich macht man das traditionell am 4. Dezember, dem Tag der Heiligen Barbara: einen Zweig im Garten schneiden und im Haus in eine Vase stellen, damit er bis Weihnachten blüht. Tut er das, bringt es Glück im nächsten Jahr. Ich hole den Barbarazweig drei Tage zu spät ins Haus, dafür sind es gleich zwei: ein vom Sturm abgebrochener Zweig der Magnolie vom Nachbarn, der bei mir über den Zaun hing und möglicherweise schon zu vertrocknet ist. Und ein Ast der Felsenbirne, die ohnehin ausgelichtet werden musste.

Ein scheinbar toter Zweig in einer Vase, die Hoffnung auf ein gutes neues Jahr: Traditionen und Rituale wie dieses, die ich früher als hohle Routinen abgetan hätte, sind für mich jetzt wie kleine Anker im Leben: Sie geben Halt und verbinden das Gestern mit dem Morgen.

Lange habe ich mich gewundert, warum in der christlichen Mythologie der Anker das Symbol der Hoffnung sein soll. Dieses schwere, befestigende, sichernde Gerät soll das Ungreifbarste, Unbegreiflichste bedeuten, »das Federding«, wie die Dichterin Emily Dickinson die Hoffnung nannte? Wer hat sich das bloß ausgedacht? Inzwischen denke ich: ein Gärtner. Denn der feste Halt und die Bodenhaftung ist tatsächlich eng mit der Zuversicht, also dem Glauben an eine gute Zukunft verbunden.

Mein Garten ist in diesem Jahr zu einem Ankerplatz geworden. Ein Ort der Hoffnung, ganz und gar verbindlich. Dieses Gefühl, hier willst du bleiben, denn hier wird noch viel passieren mit dir, das wuchs mit jedem Tag, den ich in der Erde gewühlt habe. Heimat ist nicht der Ort, an dem man zufällig geboren wurde, sondern eine Entscheidung, ein Entschluss. Heimat muss man sich machen. Und in diesem Jahr habe ich damit begonnen.

8. Dezember

Die Pflanze, nach der ich in diesem Jahr am häufigsten geschaut habe, ist ein Walnuss-Sämling. Mein Nachbar Uwe brachte mir im

Frühjahr eine gekeimte Nuss, die er in seinem Garten gefunden hatte, offenbar von einem Eichhörnchen eingegraben. »Vielleicht kannst du ja was damit anfangen«, sagte er. Konnte ich. Ein Walnussbaum war immer mein Traum. Eine Bank unter einer Walnuss, das war meine Vision von einem Garten. Ich pflanzte die Nuss ein und schaute ihr beim Wachsen zu. In diesem Jahr hat sie sich verdoppelt, und das, obwohl ich sie im Sommer versehentlich abgebrochen hatte, ein anderer Topf war auf sie gefallen. Die Nuss hat sich berappelt und wuchs einfach weiter, das zähe kleine Ding. Im Oktober habe ich mit Zillmann über sie gesprochen, als es um Gewächse und langfristige Planung ging. Er sagte: »Ihr Garten ist zu klein für eine Walnuss, tun Sie sich das nicht an. Ich weiß einen Platz an einem Feld, da könnte sie hin.«

Und das ist jetzt der Plan: Ich päppele die kleine Walnuss im Kübel auf, und wenn sie groß genug ist, wird sie in die freie Wildbahn entlassen. Dort kann ich sie besuchen, sie wird immer noch mein Baum bleiben. In zehn bis zwanzig Jahren wird sie zum ersten Mal tragen, in 30, vielleicht auch erst in 40 Jahren kann man mit guten Ernten rechnen. Ich werde das also mit ziemlicher Wahrscheinlichkeit nicht mehr erleben. Was überhaupt kein Grund ist, die Walnuss nicht zu pflanzen, zu hegen, zu pflegen, zu lieben, solange ich kann.

Das Gärtnern ist eine Zeitmaschine. Einerseits ist man ganz im Hier und Jetzt, versunken und aufgelöst in der Arbeit, die da vor einem liegt, andererseits aber immer auch schon in der nächsten Gartensaison oder, im Fall von Sträuchern und Bäumen, mehrere Jahrzehnte weiter. Was ich heute tue, ist für morgen. Die Zukunft ist plötzlich sehr gegenwärtig und entwickelt eine fast unheimliche Sogkraft. Es gibt viele Geschichten über alte Gärtner, die einfach nicht aufhören können, die auch mit 95 noch säen und züchten. Wie der legendäre Potsdamer Gräser- und Rittersporznüchter Karl Foerster sagte: »Wenn ich wieder auf die Welt komme, werde ich wieder Gärtner, und das nächste Mal auch noch. Für ein Leben ist der Beruf zu groß.«

10. Dezember

Erste Überraschung: Jörg Pfennigschmidt lebt in einer Etagenwohnung ohne eigenen Garten, der Wohnblock ist von Rasen und einigen schütteren Sträuchern umgeben.

»Ich habe dem Hausmeister angeboten, dass ich die gesamte Rasenfläche auf eigene Kosten mit Stauden bepflanze und sie auch pflege, er müsste sich um nichts kümmern, er dürfte es nicht mal«, erzählt er mir. »Der Hausmeister hat abgelehnt. Einfach nö. Ich würde die Fläche im Fall eines Auszugs auch wieder rückbauen und erneut mit Rasen einsäen, meinte ich. Der Hausmeister wieder nur: nö.« Pfenningschmidt zuckt resigniert die Achseln. Er hat gelernt zu akzeptieren, dass die Welt sich manchmal gegen Verschönerung wehrt, sie sorgt offenbar für zu viel Unruhe.

Wir hatten uns zum Frühstück verabredet, ich wollte wissen, wie sein Jahr verlaufen ist. Zu Beginn des Jahres hatten wir noch viel gemailt, er hat sich willig in die Rolle des Gartengurus gefügt, die ich ihm auferlegt hatte. Dann ist jeder seiner Wege gegangen, das Jahr hatte einfach seine Eigendynamik entwickelt.

»Für mich als Gartengestalter«, sagt er, »war es dank der Dürre ein Superjahr. Überall war der Rasen verdorrt, die Leute waren plötzlich aufgeschlossen für trockenheitsverträgliche Pflanzungen.« Auf einen Golfplatz hat er 300 Quadratmeter Stauden gepflanzt, Gräser, Salbei, Euphorbien, Disteln, *Knautia*, *Perovskia*, viele andere nette Projekte folgten.

»Und jetzt freue ich mich auf den Winter. Ich habe keinen Bock mehr, ich kann keine Pflanzen mehr sehen.« Im März wird er sich dann umso mehr freuen, dass es wieder losgeht. Aber diese Pause, dieses unvermeidliche Nichtstun jedes Jahr sei hochwillkommen.

»Früher habe ich das nicht verstanden. Ich bin auch im Winter ruhelos in den Garten gegangen. Aber der Garten sagte: ›Und? Was willst du jetzt machen, Jörg? Geh jetzt mal schön wieder rein.‹«

Ich erzähle von meinen Gemüseexperimenten, meinen verschwundenen *Allium*, meinem Kampf gegen wucherndes Gras und wilde Brombeeren. Er revanchiert sich mit der Geschichte von einem Garten, den er angelegt hatte. 30 000 Tulpenzwiebeln gesetzt – alle verrottet, keine ist durchgekommen. »Da sieht man dann blöd aus als Zuständiger. Ein befreundeter Gärtner sagt immer: Ich stehe morgens als Fachmann auf und gehe als Idiot ins Bett.«

Ich finde das enorm tröstlich zu hören, dass auch Experten mit der Unregierbarkeit der Natur zu kämpfen haben. Für Pfenningschmidt besteht genau darin der Reiz.

»Alle Welt ist auf Optimierung aus, auf Perfektion – aber ein Garten wird diesen Zustand niemals erreichen. Er entzieht sich der totalen Kontrolle, da funken zu viele Parameter ins Gelingen hinein, das Wetter, irgendwelche Viecher, die alles fressen. Das halten die wenigsten Leute aus.«

Vielleicht ist das der Grund, warum mich dieses Jahr so unendlich froh gemacht hat: Es musste nichts gelingen, es war eine Expedition in ein unbekanntes Land mit unbekanntem Ziel. Eigentlich sogar ohne Ziel. Das Ziel steht nur im Weg, wenn man gärtnert.

17. Dezember

»Was war das Beste an diesem Jahr?«, fragt Elke, die Gartenredakteurin, beim Mittagessen.

»Dass es nicht um so Sachen wie ›das Beste‹ und ›das Schlechteste‹ ging«, sage ich. »Dass ich machen konnte, was ich wollte, ohne Erwartungen erfüllen zu müssen. Dass es bei aller Anstrengung wahnsinnig verspielt war. Und voller Aha-Momente.«

»Ach so? Was hast du denn gelernt?«

»Respekt vor Karotten«, sage ich. »Dass die so lange zum Wachsen brauchen, hatte ich nicht gewusst. Ein halbes Jahr bis zur Ernte! Nie wieder werde ich eine Karotte achtlos vertrocknen lassen und wegwerfen, das ist ja pures Gold.«

Sie lacht. »Und sonst?«

Ich muss ein bisschen überlegen.

»Geborgenheit. Vertrauen. Das Gefühl: Das wird schon. Das klappt schon. Und wenn dies nicht klappt, dann klappt was anderes. Das Denken in größeren Dimensionen. Wie sieht der Garten in fünf Jahren aus? Wie hoch ist der Baum in zehn Jahren? Es hat mich bisher nie interessiert, so weit in die Zukunft zu denken, jetzt tue ich fast nichts anderes mehr.«

Elke erzählt von einer Gärtnerin, die sie in diesem Jahr beeindruckt hat: die Äbtissin eines kleinen Klosters im Hirschberger Tal, in den polnischen Sudeten. Nicht, weil sie einen so grandiosen Klostergarten betreibt, eher im Gegenteil.

»Da sind nur ein paar Beete zwischen sehr viel Geröll, ein paar Reihen mit Blumen und Gemüse. Die Frau hat weder die Zeit noch die Mittel, sich richtig darum zu kümmern, und jedes Jahr werden die Beete von Unkraut überwuchert. Und jedes Jahr fängt sie wieder von vorn an. Diese stetige kleine unverdrossene Arbeit, genau darum geht es doch.«

»Einfach machen?«, frage ich.

»Einfach machen.«

20. Dezember

@themontydon meldet auf Instagram: »Went to the palace today«.
Zu sehen ist er in Cut, Weste und magentafarbener Krawatte. Piek-
fein, nicht wiederzuerkennen. Was ist denn da los?

Der Mann hat von Prince Charles einen OBE verliehen bekommen, den britischen Ritterorden, »the palace« meint Buckingham.
Kurze Zeit später kommentiert Monty: »Bin schon wieder zuhause
und voller Hundehaare. Also alles ganz normal.«

Liebe Güte. Ich hatte gehofft, dass der lange Entzug über die
Wintermonate mich von meiner Verknalltheit heilen würde, aber
so wird das natürlich nichts.

21. Dezember

Wintersonnenwende. Für Gärtner schöner als Weihnachten und
deshalb gratulieren sich alle gegenseitig auf Facebook und Instagram dazu: »Happy solstice!«

Heute ist die längste Nacht, der kürzeste Tag des Jahres, ab
23.22 Uhr wird alles wieder besser: Die Tage werden länger, alles
bewegt sich auf die wärmeren Jahreszeiten zu. Das wird sich jetzt
zwei weitere Monate lang überhaupt nicht so anfühlen, aber es
hilft, sich hin und wieder daran zu erinnern.

Licht und Schatten, damit habe ich mich auch zum ersten Mal
bewusst beschäftigt. Im Garten gerät alles ganz schnell vom Klei-
nen ins Große. Eigentlich wollte ich nur wissen, wo der beste Platz
für meinen Salat ist, und war im nächsten Moment bei Themen wie
Einstrahlwinkel und Erdachsenstand. Wie hoch die Sonne im
Sommer steht und wie tief im Herbst, wie lange sie im Mai auf die
Terrasse scheint und wie früh im November die Dunkelheit vom
Wald herüberwandert: All das kenne ich jetzt so genau wie die
Länge und Breite meines Gartens. Der Blick auf Mond und Sterne
war das Gutenachtritual, und ich kann jetzt Rigel und Beteigeuze
am Abendhimmel identifizieren.

Wenn man ein Stück Erde beackert, in meinem Fall ganze 0,000 000 000 535 475 Prozent der Landmasse, bekommt man plötzlich ein Gefühl für den Planeten, der kreiselnd und trudelnd mit 100 000 Stundenkilometern um die Sonne rast. Auf diesem Karussell dreht man einige Runden mit, mit Glück ein paar mehr, eine Fahrt, die man mit siebeneinhalb Milliarden Mitreisenden unternimmt. Gärtnern schafft eine eigentümliche Verbundenheit mit der Erde und mit *der* Erde. Was mir vorher nicht klar war: wie rührend hauchfein die Schicht ist, durch die der blaue Planet zum grünen Planeten wird. Nur ein paar Zentimeter sind nötig, um allem Wachstum auf Erden Halt zu geben, selbst große Bäume wurzeln meist nicht tiefer, als man einen Zollstock in den Boden stecken  könnte, viele nicht mal einen halben Meter. Das ist so dünn, als ob gerade mal etwas Staub auf den Planeten geatmet wurde.

Abends zünde ich wie jeden Tag meine dänische Kalenderkerze an, auch so ein neues Ritual. Ist jetzt nicht mehr lang. Gar nicht mehr lang.

22. Dezember

Am Rhododendron sitzen dicht an dicht die Knospen, man sieht jetzt schon, was für ein Feuerwerk hier schlummert, das im Mai abgefackelt werden wird.

Manchmal frage ich mich, was Walter wohl zu seinem Garten sagen würde. Denn sein Garten ist es gefühlt immer noch, meiner wird es erst werden. Hätte er Spaß an dem ganzen wilden Staudenzeug, das ich gepflanzt habe, wäre er böse darüber, dass er seinen heiligen Rasen so gnadenlos dezimiert habe, würde er den Kopf schütteln über mein seltsames rollendes Gewächshaus? Jeder Gärtner ist nur der Verwalter, mit einem Vertrag auf Zeit. Die Apfelbeeren und die Kornelkirschen, die ich gepflanzt habe, wird eines Tages jemand ernten, den ich nicht mehr kennenlernen konnte. Vielleicht, wer weiß, wird er sie auch roden, weil er immer von einem Birnbaum geträumt hat. Denn dieser Garten wird sich weiter verändern, nicht nur unter meiner Obhut, sondern auch danach. Und ich werde die Veränderungen für mich und für meine Nachfolger so angenehm wie möglich machen: Ich werde Schubkarrenladung um Schubkarrenladung von Kompost auf die Beete fahren, und mit jeder Schicht wird der Boden nahrhafter, hoffentlich lockerer und leichter zu bepflanzen. Boden gut machen, die Erde verbessern, zumindest auf diesem kleinen Fleck: Wenn ich sonst nichts schaffe, aber das kriege ich hin.

23. Dezember

Es wird nicht langweilig hier. Immer, wenn ich denke, dass jetzt aber echt mal Ruhe einkehrt, dann …

Wir haben einen Vorweihnachtsspaziergang am nahen Binnensee gemacht, mit Rina und Oskar, wie zuletzt jeden Sonntag. Fiete rast plötzlich ins Schilf und bleibt verschwunden. Reagiert nicht auf Rufe. Wir lauschen: nichts, kein Geräusch. Ein Rascheln? Könnte auch der Wind sein. »Fiete! Hier!« Nichts. Nach einigen Minuten ziehe ich mir seufzend Schuhe und Socken aus, krempele die Jeans hoch und steige ins eisige Wasser zwischen das Schilf. Schon nach wenigen Schritten versinke ich bis zu den Knien im Schlick und komme kaum voran. »Fiete? Fiete!« Nichts.

Weiter. Er wird irgendwo steckengeblieben sein, so wie ich. Wenn ich mich schon kaum bewegen kann im weichen Schlick, dann er erst recht nicht. »FIIIIEEEETE!« Nichts.

Panik steigt in mir auf. Was, wenn er versunken und ertrunken ist? Oh Gott, bitte nicht, bitte, bitte nicht. Weiter. Einfach nur weiter. Endlich sehe ich ihn zwischen den Schilfhalmen, er hat sich auf eine kleine Insel gerettet. »Fiete! Du verdammtes …! Rina, ich hab ihn!«

Keine Ahnung, wie ich mit dem Hund heil an Land gekommen bin. Die Hose bis oben nass, die Beine zerkratzt, die Füße blutig von dem scharfkantigen Schilf, ich merke nichts davon. Vor Erleichterung muss ich einfach nur hysterisch lachen. Scheiß-köter, blöder. Blöder Scheißköter. Tu das nie wieder. Was würde ich ohne dich machen?

24. Dezember

»Und?«, frage ich. »Wie hast du dich entschieden?«

»Ich will es jetzt doch mit der Dialyse probieren«, sagt mein Vater am Frühstückstisch.

Halleluja! Ein Weihnachtswunder. Was für ein Glück! Große, große Erleichterung.

»Super! Ich bin so wahnsinnig froh, dass du es dir anders überlegt hast. Was hat den Ausschlag gegeben?«

Wir hatten uns vor ein paar Wochen eine Dialysepraxis angeguckt und mit einer älteren Patientin gesprochen. Es ging darum, sich ein genaues Bild zu verschaffen, was da passiert, wie es da aussieht, wie es sich anfühlt. Wie sollte man sich auch sonst entscheiden? Die Angst ist immer dann am größten, wenn sie am unkonkretesten ist. »Gar nicht so schlimm da«, hatte mein Vater hinterher gefunden. War aber noch nicht sicher, was er tun wollte.

»Ich dachte, ich verpasse vielleicht was«, sagt er jetzt und grinst.

28. Dezember

Wieder an der See, willkommen geheißen von der ersten Blüte des Barbarazweigs. Das nächste Jahr wird also ein glückliches Jahr,

aber das habe ich auch vorher schon gewusst. Ich habe ja dafür gesorgt, mit allem, was ich dieses Jahr gepflanzt habe.

Ich mache erste Notizen für die Arbeiten in den nächsten Wochen: Heckenrosen schneiden, den Wasserdost versetzen, Regenrinne reparieren, Rasenkanten abstechen …

Es geht weiter, immer weiter.

29. Dezember

Die letzte Folge von *Gardeners' Question Time* dieses Jahr. Die Experten sind gut drauf.

»Wir haben große Probleme mit Kaninchen, die alles bei uns fressen. Können Sie irgendwelche Stauden, Sträucher oder Blumen empfehlen, die sie in Ruhe lassen?«

Expertin Christine Walkden: »Nein.«

Gelächter im Publikum.

»Sie haben mich gefragt.«

Experte Matthew Wilson: »Kaninchen haben nur eine Methode, um herauszufinden, ob etwas essbar ist: Sie essen es.«

Eine Hörerin hat einen Vorschlag eingesandt, was man mit dem ausgedienten Weihnachtsbaum anfangen kann: Nadeln abfallen lassen, ihn ins Beet rammen und als Klettergerüst für Wicken benutzen. Das Foto wird herumgereicht.

Matthew Wilson: »Doll. Sieht genau aus wie ein toter Weihnachtsbaum mit Wicken drin.«

Ich hätte vorher nicht gedacht, dass Gärtnern auch lustig sein kann. Es schien mir immer so ernst, so staatstragend. Stattdessen habe ich wahnsinnig oft gelacht in diesem Jahr: manchmal über meine eigene Dämlichkeit, gelegentlich vor Erschöpfung, aber am allermeisten vor Überraschung und Entzücken. Als im Juli die erste Kaiserwindenblüte ihr blaues Rad aufgespannt hat, stand ich lachend davor, als ich die ersten Kartoffeln aus der Erde gezogen habe, habe ich die ganze Zeit gekichert wie ein Kind.

Die Garten-Experten verabschieden sich bis zum nächsten Jahr, und ich miste aus, was ich nicht mehr brauche: alte Saatkataloge, denn in wenigen Tagen kommen schon die neuen, zerfledderte Gartenzeitschriften, längst über den Haufen geworfene Pflanzpläne. Im Flur hängt schon der neue Müllabfuhrkalender, den alten werfe ich ins Feuer. Dramatischere Gesten kriegt man hier auf dem Land irgendwie nicht hin.

30. Dezember

Das nächste Jahr wird genauso und ganz anders. Ich werde säen und pflanzen, über das Wetter schimpfen, jäten, düngen, hoffentlich was zu essen bekommen. Ich werde mich freuen über das, was angewachsen ist, und ich werde mich wundern über die vielen

Zwiebelblumen, die aus der Erde kommen. Echt? Habe ich die da reingesetzt?

Das Wetter wird anders sein, der Garten wird anders sein – reicher, üppiger, eingewachsener –, ich werde eine andere sein. Reicher, üppiger, eingewachsener. Ein wenig schlauer. Noch nicht schlau.

Ich werde also weiter lernen. Es wird weiter werden. Und vergehen. Und dann wieder werden. Und ich werde immer noch lernen.

Was ich aber nie verstehen werde: warum es klappt. Wieso es zu 95 Prozent gut geht. Es gibt ein berühmtes Zitat des Musikkritikers Joachim Kaiser, das sich auf Konzerte genauso gut wie auf den Garten anwenden lässt: »Alles Misslingen hat seine Gründe, aber alles Gelingen sein Geheimnis.« Und dieses Geheimnis soll unbedingt eins bleiben.

Der Garten wird mit mir wachsen und ich mit ihm. Er stülpt mein Inneres nach außen. Was ich schön finde und was nicht, was ich zulasse und was nicht, wo ich es ordentlich haben mag und wo wild, all das bildet sich ab in ihm. Was für andere Leute Unkraut ist, nenne ich Wildstaude. Was für andere Leute der Gipfel der Gartenkunst ist – Rosen –, hebele ich heraus. Ohne dabei auszuschließen, dass ich in fünf oder zehn Jahren die größte Rosenliebhaberin der Gegend bin. Wer weiß, was da noch alles in mir wuchert?

Im Briefkasten liegt der neue Kräuterkatalog von Rühlemann, der erste von vielen, und auch hier beginnt es von vorn: Abelie, Ackerhellerkraut, Adonis, Agastache, Agretti, Aibika, Ajmud, Ajowan, Akebie, Alant, Aloe Vera …

31. Dezember

Auf dem Tisch steht die blaue Glasschale, die mich durch das Jahr begleitet hat. Darüber hängt der Barbarazweig, inzwischen voll erblüht. Katharina und ich stoßen auf das Jahr an, das ebenfalls auf dem Tisch steht: Zum Roastbeef vom Highlander-Rind von den

Salzwiesen hinterm Leuchtturm essen wir die letzten Kartoffeln, die ich im April gelegt und im September geerntet habe, dazu einen Salat aus Mizuna, Tatsoi und Treviso, im August gesät und vor einer Stunde gepflückt, mit roten Zwiebeln, die seit September zum Trocknen im Gartenschuppen hingen. Als Aperitif Sloe Gin aus Schlehen, gesammelt im November. Wir essen das Jahr auf.

Vor einem Jahr haben wir auch schon hier gesessen, um zusammen das alte Jahr zu beenden und das neue zu beginnen.

»Okay, du wirst jetzt also Euer Ehren«, sagt Katharina. »Schöffin. Ich hätte mit vielem gerechnet, was dieses Gartenprojekt dir bringt, aber nicht damit.«

»Ich habe mit gar nichts gerechnet«, sage ich. »Vor allem nicht damit, dass wir jetzt was zu essen haben.«

Wir gehen das vergangene Jahr durch, wir erzählen uns unsere Pläne, ein liebgewonnenes Ritual, das nach 30 Jahren Freundschaft immer besser wird.

»Habe ich mich verändert?«, frage ich.

»Also ein besserer Mensch bist du nicht geworden durch das Buddeln, falls du das meinst«, grinst sie. »Aber gnädiger. Ja, das trifft es am besten: gnädiger.«

Gnädiger. Wenn das stimmt, wäre es schön. Ich glaube, ich weiß, was sie meint: geduldiger, nachsichtiger, milder. Anderen und nicht zuletzt mir selbst gegenüber – eine Haltung, die mir tatsächlich bislang eher Mühe gemacht hatte.

Ich bin nicht die Einzige, die das nicht so einfach findet. Eine Zeitlang habe ich mal Freunde und Bekannte damit gequält, dass ich sie aufgefordert habe: »Sag etwas Gutes über dich«. Nahezu alle waren völlig überfordert von der Bitte. »Was genau meinst du mit gut?« Meist kam was Ironisches als Antwort oder eine Einschränkung (»Normalerweise bin ich ganz gut organisiert, aber ...«), doch frei heraus etwas vorbehaltlos Nettes über sich selbst zu sagen, das brachten die meisten nicht über die Lippen. Selbstbezichtigungen fallen leicht, Selbstlob hingegen – und so empfanden alle den eigentlich simplen Akt, gut von sich zu denken und zu reden – gehört sich nicht, das stinkt, so wurde es uns schon als Kind eingebläut.

Was kann ich gut, was sind meine Stärken, was steckt in mir? Und was davon habe ich bislang zu kurz kommen lassen? Das sind die Fragen, die ich mir inzwischen stelle. Ich habe einen Garten gebaut, den Anfang eines Gartens zumindest. Mit Hilfe anderer, aber vor allem allein, *learning by digging*. Ich habe eine neue Brüder- und Schwesternschaft der Gärtner kennengelernt, gespeist von der gleichen Leidenschaft. Und gleichzeitig war ich für mich. Bei mir. Selbstvergessen, wie bei einer Meditation.

Der Garten zieht alle Stecker raus und verstöpselt einen neu. Einige Einstellungen wurden neu justiert, einige Geschwindigkeitsbegrenzungen eingeführt. Ich habe monatelang auf einen Kohlrabi gewartet, den man in jedem Supermarkt für 99 Cent kaufen kann, habe ein halbes Jahr lang Tomaten aufgepäppelt, die im Sommer jeden Tag der Aufmerksamkeit bedurften. Wenn das nicht gnädig werden lässt, dann weiß ich's auch nicht. Gnädig und geduldig. *Instant gratification*, die Währung unserer Zeit, gewöhnt man sich auf diese Weise ziemlich schnell ab.

Die Grundhaltung »Das mache ich jetzt mal, dann sehe ich schon«, das zuversichtliche Ausprobieren von Lösungen, die sich oft erst nach Monaten, wenn nicht Jahren als richtig oder falsch entpuppen werden, war eine der wichtigsten Lektionen dieses Jahres. Früher hätte ich gern schneller Ergebnisse gesehen, gern bald gewusst, ob ich auf dem richtigen Weg bin. Jetzt gehe ich einfach los. Irgendwo werde ich schon ankommen, und sei es am Ende einer Sackgasse. Auch dort kann es ja so schön sein, dass man nicht umkehren mag.

Wenn man etwas Neues beginnt, weiß man anfangs gar nicht, welche Werkzeuge man dafür zur Verfügung hat. Welche bislang nie genutzten Fähigkeiten hat man, welche unentdeckten Talente? Woher soll man das auch wissen?

Jetzt, am Ende des Jahres, weiß ich ein bisschen besser über meinen Werkzeugkoffer Bescheid. Anscheinend habe ich einen grünen Daumen, von dem ich bislang nichts wusste. Anscheinend mehr Geduld als vermutet. Anscheinend mehr Kraft, mehr Durchhaltevermögen. Und anscheinend noch mehr Glück als schon gewusst. Vor allem aber das Talent, dieses Glück auch zu empfinden. Und dafür zu sorgen.

Ich habe zum Beispiel gelernt, für mich allein zu kochen. Ein Dinner für zwölf fand ich nie ein Problem, aber für mich allein? Undenkbar. Eine Schale Müsli, ein Käsebrot, ein schnelles Omelette waren alles, womit ich mich abspeiste. Das hat sich in diesem Jahr geändert, und das hat mit dem Garten zu tun. Es wäre unverschämt gewesen, das mühsam gezogene Gemüse achtlos zu verkochen. Es verdiente etwas Besseres – und ich letztlich auch.

Und so fing ich an, für mich selbst zu sorgen. Dinner for One, mit Geduld und Hingabe. Blumenkohl mit Koriander und Chaat Masala, Risotto mit süßen Zuckerschoten oder bitterem Treviso, gebratener Brokkoli mit Anchovis und Chili – Gerichte, die Vorbereitung brauchen, Planung und Zeit. Nicht wahnsinnig viel, aber eben doch mehr, als sich ein Käsebrot zu machen und es neben dem Laptop herunterzuschlingen.

Jetzt verstehe ich den Begriff Selbstversorgung erst wirklich. Ich ernähre mich aus eigener Kraft. Aber wichtiger noch: Ich sorge für meine eigene Kraft.

Selbstversorgung. Selbstfürsorge.

Zu einem besseren Menschen wird man vielleicht nicht als Gärtner. Aber bestimmt zu einem aufmerksameren. Schon das Leben mit Hund lehrt einen, dass andere Lebewesen anderen Gesetzen folgen. Die zu beobachten und zu verstehen, hilft bei der friedlichen Koexistenz, und dasselbe gilt für Pflanzen. Die machen ihr Ding, ich mache meins, zusammen machen wir einen Garten.

Am Nachmittag sind wir noch mal hinausgegangen, Katharina und ich. Ich hatte den Marschrüffel aus dem Winterschlaf geholt, um einen allerletzten Strauch einzugraben, einen kleinen *Euonymus alatus*, der mit Glück 2,50 Meter hoch wird, im Herbst strahlend rote Blätter trägt und im Winter seine bizarren Korkflügel an den Ästen zeigt. Gesehen habe ich so einen Strauch zum ersten Mal im September im litauischen Palanga, im Landschaftspark der Grafen Tyszkiewicz. »Was ist das dort, das ist ja schön«, hatte ich den Gartenreiseführer Carsten Seick gefragt, und er hatte geantwortet: »Ein Pfaffenhütchen. Toller Strauch, super Herbstfärbung, sehr empfehlenswert.«

Und jetzt zieht die weite Welt zu mir in den Vorgarten.

Ich grabe das Loch, lockere die Erde, lockere die Wurzeln, senke das Pfaffenhütchen behutsam in sein neues Zuhause, gieße es mit Regenwasser an.

Und sage: »Willkommen daheim.«

Das Jahr in Zahlen

Ernte 2018: 3 Kopf Blumenkohl, 2,7 Kilo Erbsen, ausgelöst, 1,6 Kilo Zuckerschoten, 0,5 Kilo Erdbeeren, 6 Karotten, 12,7 Kilo Kartoffeln, gemischt, 12 Kohlrabi, 2,3 Kilo Mairübchen, 2,9 Kilo Melothria-Gurken, 3,4 Kilo Buschbohnen, 6,3 Kilo Stangenbohnen, 1 großes Weckglas Borlotti-Trockenbohnen, 10 Kilo Tomaten, gemischt, 83 Radieschen, 1,5 Kilo Schalotten, 2,4 Kilo rote Zwiebeln, 12 Knoblauchknollen, 9 Paprikaschoten, 44 Chilischoten, Salat, Salat, Salat und Kräuter

Totalausfall: Brokkoli, Soja

Kosten für Saatgut und Jungpflanzen, geschätzt: 70 Euro

Nicht so toll: das selbstgemachte Sauerkraut. Zu salzig, zu sauer. Nächstes Mal früher essen.

Supertoll: der ganze Rest

Plan fürs nächste Jahr: Kürbis, Melone, mehr Gurken, noch mehr Tomaten, viel mehr Erbsen.

Dezember 2020

WIE ES WEITERGING

»Und? Haben Sie den Garten noch?« Diese Frage habe ich oft gehört in den vergangenen zwei Jahren, seitdem das Buch erschien, bei Interviews und Lesungen. Ich habe dann nur verständnislos geguckt. Na klar doch! Wie sollte es denn bitte ohne gehen? Aber die Wahrheit ist natürlich: Nicht ich habe den Garten, sondern er hat mich, mit Haut und Haaren, ohne jede Gegenwehr. Inzwischen wohne ich von März bis November durchgehend in der Hütte, die immer noch keine Waschmaschine hat (dafür aber immer noch den Holzofen) und die dringend mal gestrichen werden müsste. Aber irgendwie komme ich nicht dazu, hier die Zivilisation einziehen zu lassen. Der Dschungel da draußen ist einfach wichtiger. Einnehmender, ergreifender.

Und das sogar an grauen Tagen wie diesem. Von meinem Tisch aus sehe ich die Hängende Wildbirne, die ich vor fünf Jahren als ersten Baum gepflanzt habe. Die kleinen harten Früchte überlasse ich den Vögeln, wie so vieles im Garten, mir geht es um ihre schmalen silbergrauen Blätter, die sie fast wie einen Olivenbaum aussehen lassen. Wenn ich jetzt an ihr vorbeigehe, denke ich oft: »Ich kannte dich schon, da warst du noch soooo klein.«

Ich weiß noch, wie ich sie in der Baumschule ausgesucht und den Kübel in meinen Kleinwagen gewuchtet habe, die Zweige kitzelten auf der Heimfahrt meine Ohren. Jetzt ist sie mehr als drei Meter hoch, obwohl sie laut Fachliteratur eigentlich nur zehn bis zwanzig Zentimeter im Jahr zulegen sollte. Unglaublich, dass sie überhaupt überlebt hat trotz aller Fehler, die ich gemacht habe. Damals habe ich sie einfach in irgendein Loch gestopft, das bestimmt zu eng gegraben war, ich habe nicht mal die Erde gelockert. Sie hat keinen Bodenverbesserer und keine Mykorrhiza-Pilze zum Anwachsen mit auf den Weg bekommen, ich habe sie nicht mit Pfählen gegen den strammen Ostwind abgestützt und auch sonst nahezu alles ignoriert, was die Fachwelt zum Baumpflanzen zu sagen hat. Und doch steht sie da und wächst und wächst und zeigt mir besser als jeder Kalender, wie die Zeit vergeht.

Der Garten ist zwei Jahre älter, ich bin zwei Jahre weiter. Noch immer nicht weit genug, aber darum geht es auch gar nicht. Der Garten und ich, wir wachsen langsam zusammen. Ich verstehe immer besser, was hier gedeiht und was nicht. Ich lese immer weniger Gartenzeitschriften und Bücher, sondern schaue meinen Pflanzen zu. Wachsen hat gar nicht so viel mit Größerwerden zu tun, wie ich dachte. Sondern mit Einsicht. Was geht, was nicht? An welchen Träumen hält man fest, welche lässt man los?

In den zwei Jahren habe ich viel von dem Trotz verloren, mit dem ich hier anfangs meine Pläne durchsetzen wollte. Von Rittersporn träume ich zwar immer noch klammheimlich, aber nachdem die dreißigste (oder vierzigste?) Staude das Zeitliche gesegnet hat, habe ich's dann endlich eingesehen. Manche Lieben müssen unerwidert bleiben. Oder werden schlicht auf neue Lieblinge umgeleitet, denn blau und kerzenförmig geht auch anders, mit der Prärielilie *Camassia leichtlinii spp. suksdorfii* 'Caerulea' zum Beispiel, der Pflanze mit dem so ziemlich längsten Namen in meinem Garten, die meinen Matschboden absolut vergöttert und jeden Mai strahlendblaue Sternblüten produziert.

Ich gleite also langsam in Phase 2 meines Gärtnerlebens, in der es darum geht, gesammelte Erfahrungen tatsächlich zu beherzigen: Einige Pflanzen sind umgezogen. Die Hortensien, die vor dem Haus immer in der Sonne verbrannten, wohnen jetzt hinten im Halbschatten, der *Viburnum opulus* steht neben Walters Räucherofenfundament des guten Glücks (der Name hat sich festgesetzt), weil er da mehr Platz hat. Die Aster, die sich durch Ausläufer breit und immer breiter gemacht hatte, wird jetzt knallhart dezimiert: Bis hierhin und nicht weiter. Der Beinwell, der ebenfalls an der Weltherrschaft arbeitet, darf sich am Waldrand ein Gefecht mit den Brennnesseln liefern – mir egal, wer gewinnt. Die Artischocke ist vom Gemüsehochbeet zu den Stauden gewandert, sie war sowieso immer mehr Dekoration als Nahrung und nimmt im Hochbeet zu viel Platz weg. Als Gärtner wird man zum Zirkusdirektor, der Flöhe und Löwen gleichermaßen bändigen muss.

Der kindische Schöpferstolz, den ich als blutige Anfängerin hatte (»Das habe alles ICH gemacht«) und von dem im Buch noch zu lesen ist, hat sich inzwischen ganz und gar in gerührte Verwunderung verwandelt. Denn ein Wunder bleibt es, was die Natur da Jahr um Jahr produziert. Und ein ungeheurer Trost, besonders in Zeiten wie diesen: Es ist schlimm gerade. Aber es geht weiter. Und es wird wieder gut.

Im Corona-Jahr 2020 hat mich der Garten am Leben gehalten, und ich bin bestimmt nicht die Einzige, der es so gegangen ist. Wenn einem auch sonst die Hände gebunden sind, kann man sie zumindest in die Erde stecken. Wenn man den Menschen fernbleiben soll, rückt man anderem Leben umso näher. Das ohnmächtige Gefühl, aus allen Verlässlichkeiten gerissen zu werden, verwandelt sich beim Säen und Pflanzen in die Befriedigung, zumindest ein kleines Stück Welt so gestalten zu dürfen, wie es einem gefällt.

Eben habe ich die jüngste Folge von *Gardeners' World* gesehen, die letzte in diesem Jahr. »Und was für ein Jahr das war«, sagte Monty Don (natürlich schwärme ich immer noch für ihn). »Die einzige Konstante war der Garten. Und die Erfahrung: Nicht wir kümmern uns um unsere Gärten, sondern unsere Gärten kümmern sich um uns.« Das ist wahr. Der Garten war im letzten Jahr noch mehr Zufluchtsort als ohnehin schon. Ein Seelsorger, eine grüne Umarmung. Der ganze Ort war wie ein stützendes Bambusgerüst, an dem man sich entlangranken konnte in diesen stürmischen Zeiten. Ich bin in meinem Garten bei Trost geblieben, ganz wortwörtlich: getröstet, beruhigt, geerdet.

Das galt auch für private Stürme: Kurz nach Fertigstellung des Buchs starb mein Vater, es war Winter, es ging schnell, es war furchtbar. Nach der Trauerfeier habe ich jedem der Gäste völlig verheult ein Töpfchen mit Schneeglöckchen in die Hand gedrückt mit der Bitte, sie irgendwo einzupflanzen, ob im eigenen Garten oder irgendwo im Wald, auf dem Balkon oder heimlich im Park, durch den man jeden Tag geht. Ein Jahr später kamen die Anrufe, WhatsApp-Nachrichten, E-Mails mit Fotos: »Die Schneeglöckchen blühen! Ich denke gerade an ihn.« Auch das: ein Trost. Die Schneeglöckchen, die nun jedes Jahr um seinen Todestag herum blühen, sind Erinnerung und zugleich neues Leben, die Verheißung eines weiteren Frühlings.

Denn das ist vielleicht das Wichtigste, was mein Garten mir beigebracht hat: Nichts bleibt, wie es ist, und das ist eine gute Sache. Vor

Jahren, als es mir in einem schlimmen Liebeskummer hundeelend ging, trug ich lange einen schmalen Silberring mit der Inschrift »This too will pass« – auch dies geht vorbei. Es war eine Durchhalteparole, aber auch ein kleiner Hoffnungsschimmer: Es wird besser. Und das wurde es. Gleichzeitig war der Ring eine Mahnung, die glücklichen Tage nicht achtlos für selbstverständlich zu halten, denn auch sie sind ja vergänglich. Umso kostbarer sind sie.

Gerade habe ich wie jedes Jahr Barbarazweige geschnitten, auch das eine liebgewonnene Tradition. Magnolien- und Zierkirschenzweige, Anfang Dezember ins Haus geholt, blühen mit Glück kurz vor Weihnachten, also genau dann, wenn die Welt am dunkelsten, die Nacht am längsten ist.

Wir Gärtner sind Optimisten, aus Prinzip und aus Erfahrung. Gärtnern ist eine Tätigkeit voll Vertrauen, dass es weitergeht und dass man die Zukunft selbst in der Hand hat. Der nächste Frühling, der nächste Sommer sind jetzt schon ganz gegenwärtig: Gestern habe ich 300 Tulpenzwiebeln in abgeerntete Tomatenkübel gesetzt, dunkelorange leuchtende ‘Cairo’, weinrote ‘Jan Reus’, die violett überhauchte Papageien-Tulpe ‘Irene Parrot’ – sie sieht aus wie das Stillleben eines Alten Meisters –, die kleine Viridiflora-Tulpe ‘Artist’ mit ihrem müden Lachsrosa, die gefüllte ‘Palmyra’, die sich so elegant aufblättert, die schwarzviolette ‘Havran’, seidig glänzend wie ein

Herrenpyjama. Gedüngt werden sie im Frühjahr mit Tomatendünger, den mögen sie besonders gern, und wenn sie Ende April, Anfang Mai fertig sind mit ihrer Show, ziehen wieder die Tomatensetzlinge in die Töpfe ein, ein ewiger Kreislauf aus Schönheit und Nahrung, Köstlichkeiten beide.

Diese Vorfreude auf das, was halbwegs verlässlich passieren wird, ist ein weiterer segensreicher Aspekt des Gärtnerns, das habe ich im vergangenen Jahr gemerkt, als alle Pläne zerschossen wurden, ob für Reisen, Verabredungen, Veranstaltungen, oder, wie in meinem Fall, ein neues Buchprojekt und die Feier meines 60. Geburtstags. Die Corona-Regeln haben sich ständig geändert, planbar war da nichts, man fuhr auf Sicht und hangelte sich von Woche zu Woche. Die Tage waren oft wie Mehltau, einer wie der andere, ohne Freude und ohne Vorfreude. Es sei denn, man hatte einen Garten und wusste genau: Erst blühen die Schneeglöckchen, dann die Lenzrosen, dann die Narzissen, dann die Tulpen, dann die Allium, dann der Storchschnabel, dann … Die Natur zieht wie alle Jahre ihr Ding durch, egal, was in der Welt da draußen los ist.

Die letzten Winter waren so warm, dass die alte Maxime des Staudenpapstes Karl Foerster, »Es wird durchgeblüht«, sich fast von allein erledigt: Draußen schiebt der unermüdliche Storchschnabel 'Rozanne' selbst jetzt im Dezember immer noch Blüten ans Licht, der Zweizahn blüht zum dritten Mal, das Spanische Gänseblümchen hat auch noch nicht genug. Gleichzeitig legt der erste winterblühende Strauch los, *Viburnum bodnantense* 'Dawn', ein duftender Winterschneeball, den ich mal geschenkt bekommen habe. Die Blüten geben sich quasi die Klinke in die Hand, ohne Pause geht es so durchs Jahr.

Ich hingegen habe inzwischen gelernt, auch einfach mal nichts zu machen, im Sommer unterm Baldrian zu dösen (von der Liege aus betrachtet sogar *noch* beruhigender …) und den Hummeln bei der Arbeit zuzusehen. Es sind inzwischen mehr Tiere im Garten, bilde ich mir ein. Wildbienen, Schwebfliegen, Zaunkönige, Libellen, Waldeidechsen, Igel, eine gottlob nur sehr gelegentlich auftauchende Ringelnatter, Eichhörnchen, natürlich weiterhin Maulwürfe, leider Wühlmäuse und neuerdings Schmetterlinge in solchen Mengen, dass ich mir ein Bestimmungsbuch zugelegt habe. Es mag daran liegen, dass ich konsequent auf Chemie verzichte, aber vermutlich auch daran, dass all das Viehzeug bei mir jede Menge Versteckmöglichkeiten hat: Die riesige Rhododendronhecke allein ist schon ein Ökotop, die Nähe zum Wald hilft auch und vor allem mein Entschluss, nicht ständig hinter den Pflanzen herzuräumen, sondern sie einfach auch mal in Frieden kompostieren zu lassen. Man kann das bio nennen oder faul, es spart jedenfalls Arbeit und nützt der Natur. Und macht im Fall des tollen Brandkrauts *Phlomis russeliana* sogar richtig Spaß: Im Winter wirken die etagenweise angeordneten Samenstände wie Frikadellen auf Schaschlikspießen.

Natürlich ist der Garten noch längst nicht fertig, das ist ein Garten ja nie. Im Oktober kam Thorsten Zillmann mit seinem Minibagger vorbei, um weitere Beete aus der immer kleiner werdenden Rasenfläche zu schälen – inzwischen bin ich schlau genug, die Schwerstarbeit den Maschinen zu überlassen und denjenigen, die sie bedienen können. Ich habe drei Tonnen Kompost verteilt und mich ein weiteres Mal ans Werk gemacht: Die Gräserinsel wanderte an den Zaun, an ihre Stelle habe ich Wasserdost und Phlox, Blutweiderich und Mädesüß, Herbstanemonen und Storchschnabel, Witwenblumen und Monarden, Wiesenknopf und Kerzenknöterich gepflanzt. Im Frühjahr werden noch Bartfaden und Schöte
rich dazukommen, allein schon, weil ich die Namen so schön finde, aber auch, weil beide unermüdlich von Mai bis Oktober blühen.

Jawohl, es ist Liebesmüh, all das zu machen, gar keine Frage, und es sagt viel über unsere Zeit, dass dieses schöne Wort automatisch an das Adjektiv »vergeblich« gekoppelt wird. Denn genau das ist Liebesmüh nahezu nie und beim Gärtnern schon gar nicht. Natürlich kann ich mir auch ein Pfund Tomaten im Supermarkt kaufen, statt monatelang auf sie zu warten. Aber nicht kaufen kann ich mir die ungeheure Befriedigung, sie zu ernten, zu salzen, zu essen und zu wissen: Ohne mich hätte es die gar nicht gegeben.

Was habe ich noch gelernt im Garten? »Man entwickelt eine krasse Akzeptanz gegenüber Dingen, die man ohnehin nicht ändern kann«, sagte eine Langstreckenwanderin neulich im Fernsehen. Sie meinte das Wetter, den Regen, die Kälte. Ja. Kommt mir bekannt vor. Und noch eins entwickelt man: das, was die Briten »cathedral thinking« nennen. Als im Mittelalter die Kathedralen gebaut wurden, haben die Arbeiter, die das Fundament gelegt haben, die Fertigstellung nie erlebt, es war ein Werk über Generationen. Dieses Denken in großen Zeiträumen, von denen man nur einen Wimpernschlag miterlebt, lernt man auch im Garten. Von dem derzeit noch brusthohen Weinbergpfirsichbäumchen, das ich im vorletzten Winter gesetzt habe und das im vergangenen Sommer gerade mal zwei Früchte getragen hat, werden erst meine Nachfolger so richtig was haben. »Cathedral thinking« eben: Man baut an etwas mit, dessen Ende man nie erleben wird – kein Grund, die Arbeit sein zu lassen.

Und noch eins lernt man, ganz schnell sogar: auf die glücklichen Zufälle zu vertrauen. Auf Einjährige, die sich selbst aussäen, auf Stauden, die größer werden als gedacht, auf ein längst tot geglaubtes Pflanzenmitbringsel von vor drei Jahren. Und wenn all das zusammenkommt, entsteht unerwartet etwas Schönes.

Auf das wunderbar Unberechenbare zu vertrauen und gleichzeitig mit beiden Beinen fest auf dem Boden zu stehen, scheint mir ein Idealzustand im Leben zu sein. Heute das Morgen pflanzen, abends wissen, was man getan hat. Lebendigkeit spüren, die eigene und die der Natur – das sind Bedürfnisse geworden, die ich früher weder als solche registriert noch gar ernst genommen hätte. Aber das Wichtigste, was mir mein Garten beigebracht hat, ist der Blick nach vorn: Mach einfach. Wird schon. Das Leben geht weiter, und du bestimmst, wie.

Literaturempfehlungen

Marie-Luise Kreuter, *Der Biogarten* (blv)
*Die schwergewichtige Bibel des ökologischen Gärtnerns. Die Basics für Nutz-
und Ziergarten, geduldig erklärt.*

Franz Böhmig, *Rat für jeden Gartentag* (Ulmer)
*Ein alter DDR-Klassiker, inzwischen in der 30. Auflage. 1686 Tipps, sor-
tiert nach Monaten, zum Immer-mal-wieder-drin-Blättern. Durchlesen ist
sowieso unmöglich.*

Alice Holden, *Anpflanzen. Fang an mit zehn einfachen Gemüsesorten* (Tempo)
*Der Grundkurs im Gemüseanbau. Unkaputtbare Sorten von Kräutern bis
Bohnen, die auch Neulinge hinkriegen, plus ein paar wertvolle Grundregeln
und Rezepte, was man mit der Ernte anfängt: Aller Anfang ist einfach.*

Elke von Radziewsky, *Der Selbstversorger-Garten* (blv)
*Planen, pflanzen, pflegen. Obst, Gemüse und Kräuter. Schön geschrieben und
voller praktischer Tipps und Empfehlungen für die besten Sorten.*

Charles Dowding, *Gemüsegärtnern wie die Profis: Boden schonen – Ertrag
steigern* (blv)
*Der Pionier der Nicht-umgraben-Bewegung und sein Standardwerk: Die
Methode wird in schönen Bildern erklärt. Das Buch ist so erfrischend wie die
Videos des Meisters auf YouTube.*

Lucy Bellamy, *Von Null auf Garten* (Ulmer)
*Kompakte Anleitung für die Anlage eines Wildstaudengartens mit toller
Pflanzenauswahl. (Toll, weil ich alle abgebildeten Pflanzen mag, natürlich.)
Das Ziergarten-Pendant zu Alice Holden.*

Piet Oudolf und Noel Kingsbury, *Neues Gartendesign mit Stauden und
Gräsern* (Ulmer)
*Oudolf ist der Gottvater des naturalistischen Gartenstils und nicht erst seit
der Gestaltung der New Yorker High Line einer der bekanntesten Garten-
designer der Welt. Dies ist sein ABC.*

Bezugsquellen

Stauden und Sträucher

Staudengärtnerei Gaißmayer
Jungviehweide 3
89257 Illertissen
www.gaissmayer.de
*Dieter Gaißmayer ist ein sehr enga-
gierter Staudenzüchter mit Vorliebe
für vergessene Sorten. Empfehlenswert sein Buch* Alte Staudenschätze.
*In seiner Bioland-Gärtnerei mit
schönem Schaugarten und Café
finden regelmäßig Vorträge und
Seminare statt. Prima auch das
Online-Magazin.*

Baumschule Horstmann
Schäferkoppel 3
25560 Schenefeld
www.baumschule-horstmann.de
*Reine Versandgärtnerei mit
sehr guter Auswahl. Hübsche
Entscheidungshilfe zur Orien-
tierung im großen Angebot:
der interaktive Pflanz-o-mat,
in den man u.a. Licht- und
Bodenverhältnisse eingeben
kann.*

Stauden-Stade
Beckenstrang 24
46325 Borken-Marbeck
www.stauden-stade.de
*Über 3000 Sorten, große Auswahl
an Kletterpflanzen. Auf der Website
finden sich Empfehlungen für
Themengärten von Steinbeeten bis
Insektenweide.*

Kräuter

Deaflora Aromapflanzen
und Kräuter
Dr.-Wolff-Str. 6
14542 Werder/Havel
www.deaflora.de
*3300 Pflanzen und Samen,
viele Raritäten. Die Gärtnerei
ist von April bis September
geöffnet, Samen sind nur online
erhältlich.*

Rühlemann's Kräuter und
Duftpflanzen
Auf dem Berg 2
27367 Horstedt
www.ruehlemanns.de
*Daniel Rühlemann hat sich schon
1991 mit seiner Gärtnerei auf
Kräuter spezialisiert. Fast alle der
mehr als 1300 Arten und Sorten
sind selbst produziert unter Einsatz
von ausschließlich biologischen
Mitteln. Sehr informative Website.*

Saatgut, Kartoffeln, Gemüsejungpflanzen

Bioland Hof Jeebel
Biogartenversand
Jeebel 17
29410 Salzwedel
www.biogartenversand.de
Reiner Onlineshop mit umfang-
reichem Bio-Sortiment, Spezialität:
Pflanzkartoffeln. Dazu Garten-
geräte von Baack, Krumpholz
und Sneeboer, Biodünger von
Wurmhumus bis Seetang sowie
Anzuchtplatten und -erden.
Alles von guter Qualität.

Dreschflegel
In der Aue 31
37213 Witzenhausen
www.dreschflegel-saatgut.de
Eine Kooperative aus 17 biologi-
schen Saatvermehrerhöfen, die sich
auf den Erhalt alter Gemüsesorten
spezialisiert hat. Der gedruckte
Katalog ist eher karg, es empfiehlt
sich der Onlineshop.

Bio-Saatgut Gaby Krautkrämer
Weingartenstr. 58
97252 Frickenhausen a.M.
www.bio-saatgut.de
Wunderbare Auswahl. Gaby
Krautkrämer führt auch einen Blog,
www.gartenmeinung.de

Syringa
Bernd Dittrich
Bachstr. 7
78247 Hilzingen-Binningen
www.syringa-pflanzen.de
Duft- und Aromapflanzen in
Bioqualität, große Auswahl an
Päonien. Im Sommer gibt es
Mondscheinführungen durch
die Gärtnerei.

Bingenheimer Saatgut
Kronstr. 24
61209 Echzell-Bingenheim
www.bingenheimersaatgut.de
Ein Klassiker des Öko-Gartens.
420 Sorten, davon 150 in Demeter-
qualität erzeugt, sämtlich in
Deutschland und umliegenden
Ländern.

Blumenzwiebeln

Albrecht Hoch
Potsdamer Str. 40
14163 Berlin
www.albrechthoch.de
Gegründet 1893. Und immer noch
einer der besten Zwiebellieferanten
der Republik.

Horst Gewiehs GmbH
Italienischer Weg 1
37287 Wehretal
www.gewiehs-blumenzwiebeln.de
… und der ist auch nicht schlecht.

Platz für Notizen